Leo Brugger

WANDERBABYS

60 Wanderungen mit dem Kinderwagen in Südtirol – Dolomiten

TAPPEINER.

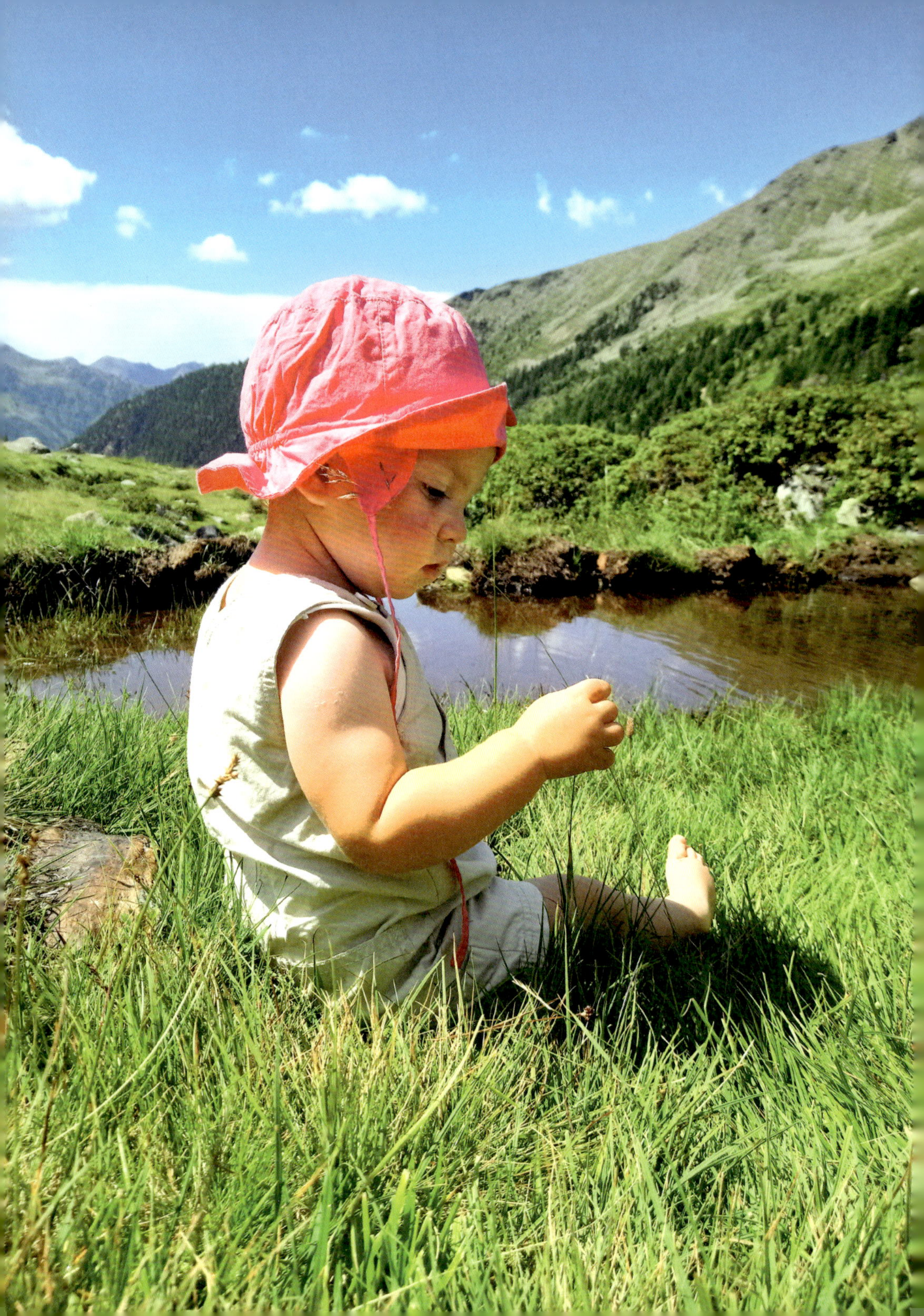

INHALT

BOZEN UND UMGEBUNG

EISACKTAL UND WIPPTAL

PUSTERTAL UND AHRNTAL

DOLOMITEN

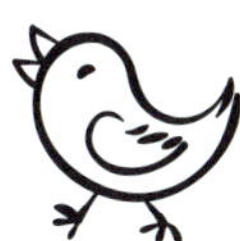

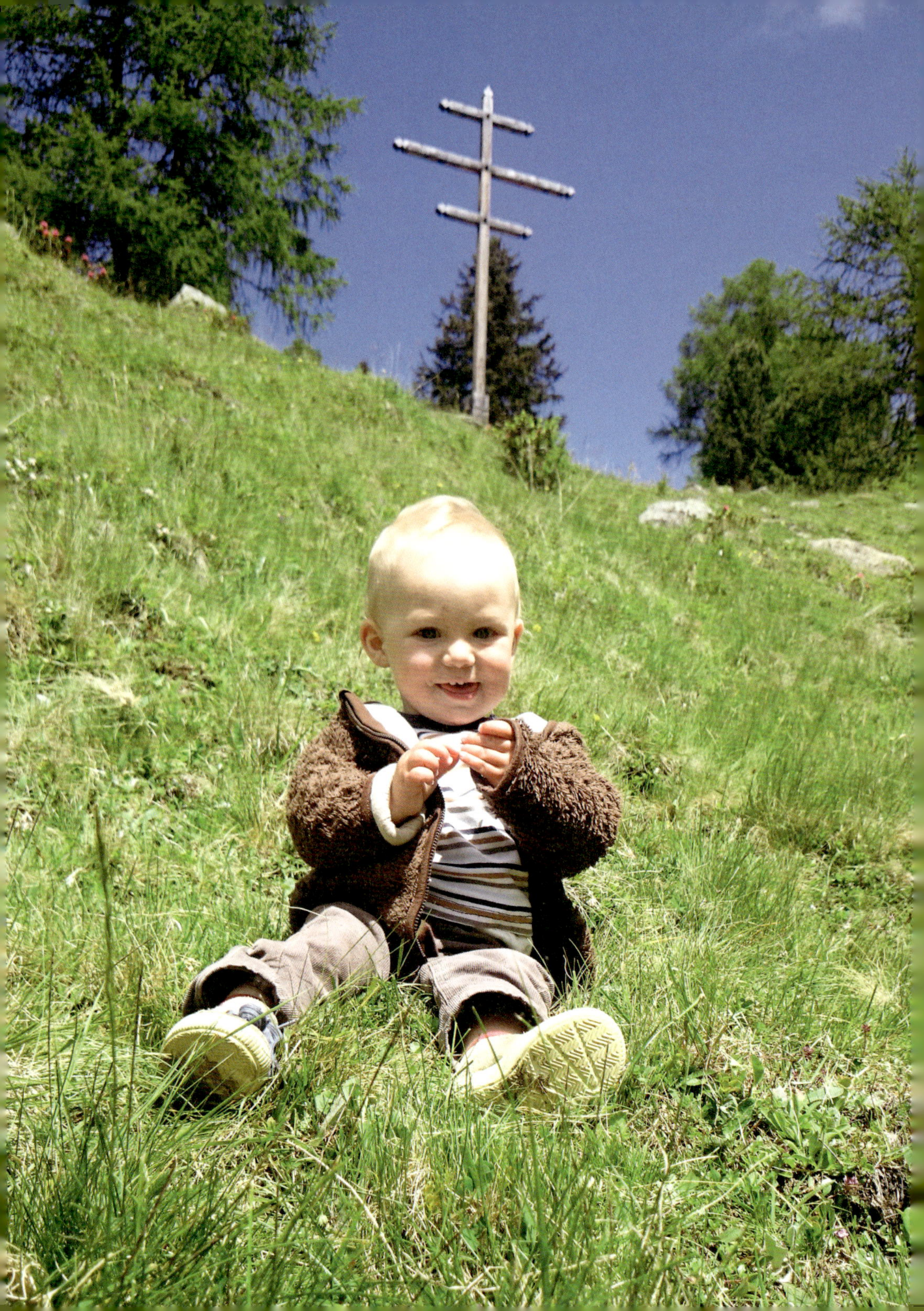

EINLEITUNG

Was besonders wichtig ist!

Im Mittelpunkt aller Überlegungen muss immer das Kind stehen. Da sind die Eltern gefragt! Wie lange bleibt Ihr Kind im Kinderwagen, schläft es dort auch, will es sich viel bewegen? In welchen Abständen wird gestillt, was isst das Kind? Bitte überlegen Sie sich diese und noch weitere Punkte genau. Und bitte planen Sie – besonders die ersten – Touren sehr sorgfältig. Beachten Sie dabei auch die eigene Fitness: Etwa 15 kg wiegt der Kinderwagen, dazu die Ausrüstung und natürlich Mamas und Papas Liebling, da kommen schnell an die 30 kg und mehr zusammen. Und das schieben Sie ein paar hundert Höhenmeter über einen holprigen Waldweg.

Beginnen Sie mit einer einfachen Wanderung. Sie sollte nicht zu lang sein und auch der Anfahrtsweg sollte sich in Grenzen halten. Tasten Sie sich einfach langsam vor und genießen Sie die Zeit in der Natur!

Ausrüstung

Grundsätzlich gilt für die Erwachsenen die Mitnahme der normalen Wanderausrüstung (feste, aber bequeme Bergschuhe, mehrschichtige Kleidung, Regen- und Sonnenschutz, Wechselwäsche, kleines Erste-Hilfe-Set). Im Wesentlichen trifft dies in entsprechender Form auch für das Kleinkind zu, zusätzlich sollten die normalerweise verwendeten Wickelsachen mitgenommen werden. Eine warme Decke (Schaffell) erweist einen dankbaren Dienst und kann vielfältig verwendet werden. In kälteren Monaten ist es empfehlenswert eine Wärmeflasche und dafür warmes Wasser in einer Thermosflasche mit dabei zu haben. Weiters sollte

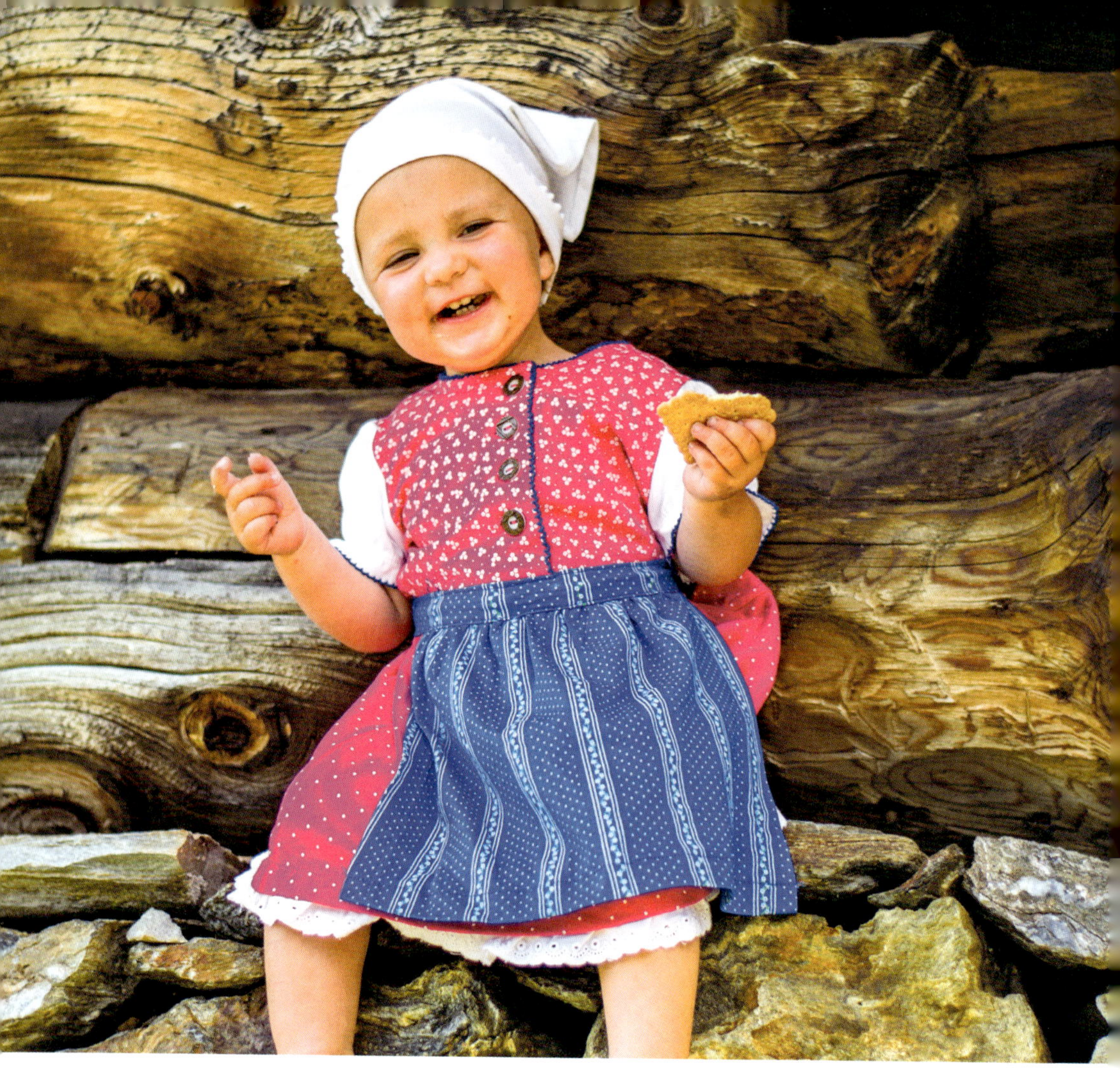

eine über die Ohren schließende Mütze nicht vergessen werden, so wie auch eine Wind- und Wettercreme, die das Kind schützt.

Vergessen Sie nie: Grundsätzlich gilt, im Gebirge sind die Temperaturunterschiede größer und die Wetterschwankungen stärker. Dem sollte man bei der Wahl der Ausrüstung Rechnung tragen. Für die Verpflegung ist Folgendes wichtig: genügend Flüssigkeit für Groß und Klein, leichte Zwischenmahlzeiten (Snacks), und für das Kind seine gewohnte Nahrung.

Kinderwagentypen

Sämtliche in diesem Führer beschriebenen Wanderungen wurden mit einem 4-rädrigen Wagen durchgeführt. Dieser besitzt große luftgefüllte Reifen, was als unabdingbare Voraussetzung für fast alle alpinen Wanderungen erachtet wird. Kinderwägen solcher Bauart sind unter dem verwendeten Begriff „alpintauglich" zu verstehen. Selbstverständlich können die Wanderungen auch mit einem 3-rädrigen Kinderwagen durchgeführt werden, der jedoch v. a. im schotterigen Gelände schwieriger zu lenken ist.

Allgemeine Empfehlungen für Kinderwägen abseits von Straßen:

- Schwenkschieber
- mittelstarke Federung
- Sonnen- und Regenschutz
- bei lenkbaren Rädern sollten diese blockierbar sein
- Feststellbremsen für alle Räder
- geringes Eigengewicht

Einige Wanderungen können mit allen Kinderwagentypen durchgeführt werden, wie z. B. Buggys oder Geschwisterwagen. Dafür wird der Hinweis „Kinderwagen: alle" verwendet.
Um bei Reifenpannen nicht im Regen zu stehen, wird die Mitnahme eines vollständigen Flicksets (Pumpe, Kleber, Anrauhplättchen, Flicken) empfohlen.

Schwierigkeitsgrade

Für die Klassifizierung der Wanderungen werden Kinderwagen als Symbole verwendet, wobei 4 als anstrengend und 1 als leicht zu verstehen ist. Die Bewertung erfolgte nach den folgenden Gesichtspunkten: Gehzeit, Steilheit der Wanderung und Wegbeschaffenheit. Die Gehzeiten beziehen sich auf ein mittleres Gehtempo und setzen eine durchschnittliche Wanderkondition voraus.

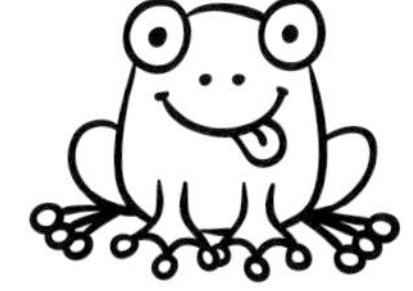

Erklärung der Klassifizierung

- einfache, unbeschwerliche Wanderungen mit ebenem Wegverlauf; großteils asphaltiert; für alle Kinderwagentypen geeignet.
- etwas längere Wanderungen, die kurze Abschnitte mit geringer Steigung aufweisen, meist nicht asphaltierte Wege.
- Wanderungen, für die man 2 bis 3 Stunden benötigt, mit nahezu kontinuierlicher Steigung, nicht asphaltierter Wegverlauf, stellenweise technisch etwas anspruchsvoller.
- Wanderungen, die entweder besonders steil sind oder deren Gehzeit zwischen 3 und 4 Stunden beträgt, kurze Tragepassagen können auftreten, kein asphaltierter Wegverlauf.

Gehzeit und Höhenangaben

Bei allen Gehzeitangaben handelt es sich um die Gesamtgehzeit (Hin- und Rückweg), ohne Pausen und bei einem durchschnittlichen Gehtempo. Kleine Kinder und Babys bleiben erfahrungsgemäß problemlos im Wagen, sodass die Zeiten eingehalten werden können. Mit zunehmendem Bewegungsbedürfnis wollen die Kinder häufig die Natur selber erleben und dies auf eigenen Füßen. So kann sich die Gehzeit mitunter auch verdoppeln. Sie als Eltern kennen Ihr Kind am besten und sollten daran denken.
Die angegebenen Höhenunterschiede sind Richtwerte und beziehen sich nur auf den Aufstieg. Sollte die Wanderung auf und ab verlaufen, so wird dies nicht hinzugerechnet.

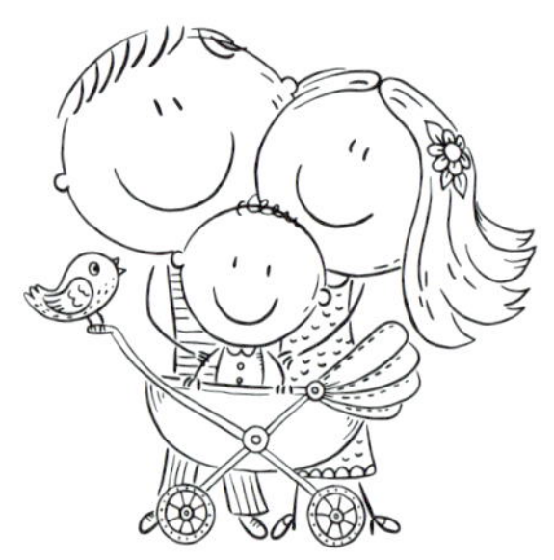

Wegbeschaffenheit

Grundsätzlich werden die Wege in geteert (asphaltiert) und nicht asphaltiert eingeteilt. Forststraßen sind in der Regel nicht geteert und können je nach Situation auch ausgewaschene Passagen enthalten. Größere Steine, Wurzeln und Spurrillen können

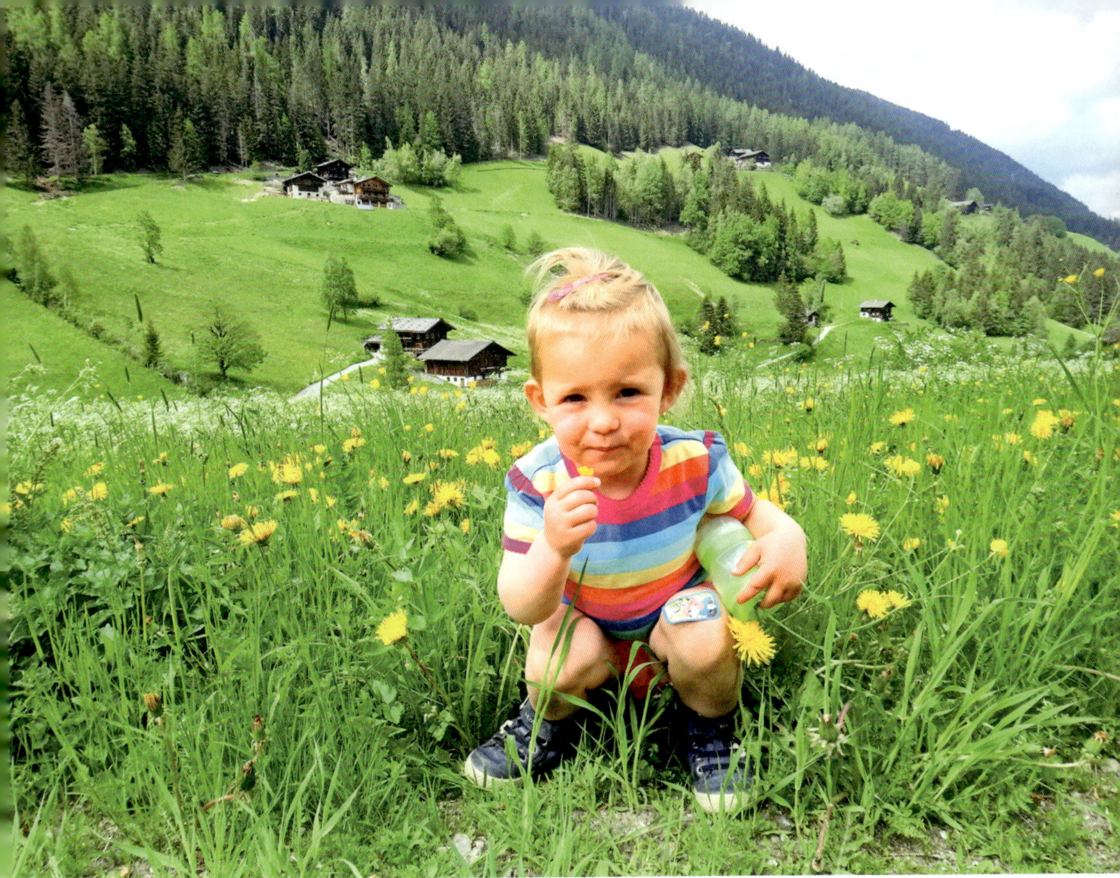

das Schieben immer wieder beschwerlicher machen. Nach einer längeren Schlechtwetterperiode kann sich die Wegbeschaffenheit auch deutlich verschlechtern. Dies gilt verstärkt für Wanderwege, welche zumeist schmäler und weniger gut ausgebaut sind.

Tipp

Der „Tipp" verweist entweder auf eine Möglichkeit, die jeweilige Tour zu verlängern oder auf eine zusätzliche, optionale Aktivität in der direkten Umgebung der Wanderung.

Luftbildfotografien und Kartenausschnitte

Die Übersichten sollen dem Leser zur besseren Orientierung dienen. Die darauf eingezeichneten Routen geben immer nur einen ungefähren Wegverlauf wieder.

Sehenswertes

Angeführt sind hier Sehenswürdigkeiten und Besonderheiten der näheren und weiteren Umgebung, deren Besuch gegebenenfalls mit der Wanderung kombiniert werden kann. Natürlich sind hierfür zusätzliche Informationen einzuholen.

Wetter

Das Wetter ist der bestimmende Faktor einer jeden Wanderung, deshalb muss man sich schon vor Beginn darüber informieren: die Wettervorhersage für Südtirol https://wetter.provinz.bz.it oder telefonisch unter den Nummern +39 0471 270555 oder +39 0471 271177. Auch während der Wanderung sollte immer wieder auf das Wetter geachtet werden, um sich böse Überraschungen zu ersparen.

Notrufnummer

Über die **Notrufnummer 112** kann in Südtirol auch bei Bergunfällen Hilfe angefordert werden.

www-Adressen

Sämtliche Internetadressen sind gewissenhaft überprüft worden und entsprechen dem Stand bei der Drucklegung. Für etwaige Änderungen kann keine Verantwortung bzw. Haftung getragen werden. Es wird empfohlen, die angegebenen Adressen und Links zu besuchen, denn sie bieten eine Vielzahl von zusätzlichen Informationen und runden somit das Buch ab.

Vorabinformationen

Der Zustand und die Schwierigkeit der Wege unterliegen vielen Faktoren, wie zum Beispiel Wetter, Jahreszeit und dem konditionellen Zustand des Wanderers. Wichtig ist vor Antritt der Wanderungen den Wetterbericht zu konsultieren, sich im Tourismusverein über den Wegzustand zu informieren und eine entsprechende Ausrüstung mitzunehmen.

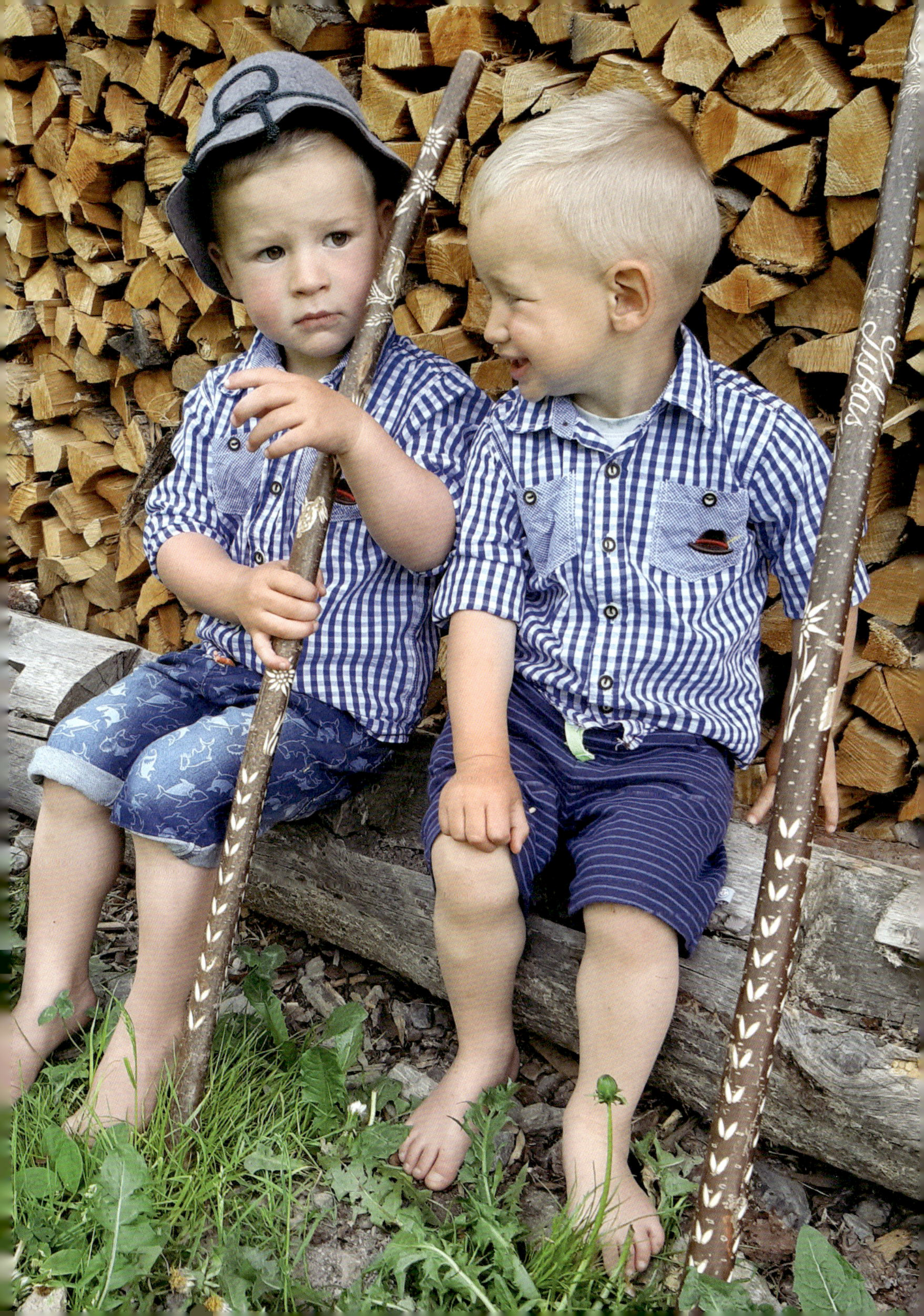
Lukas

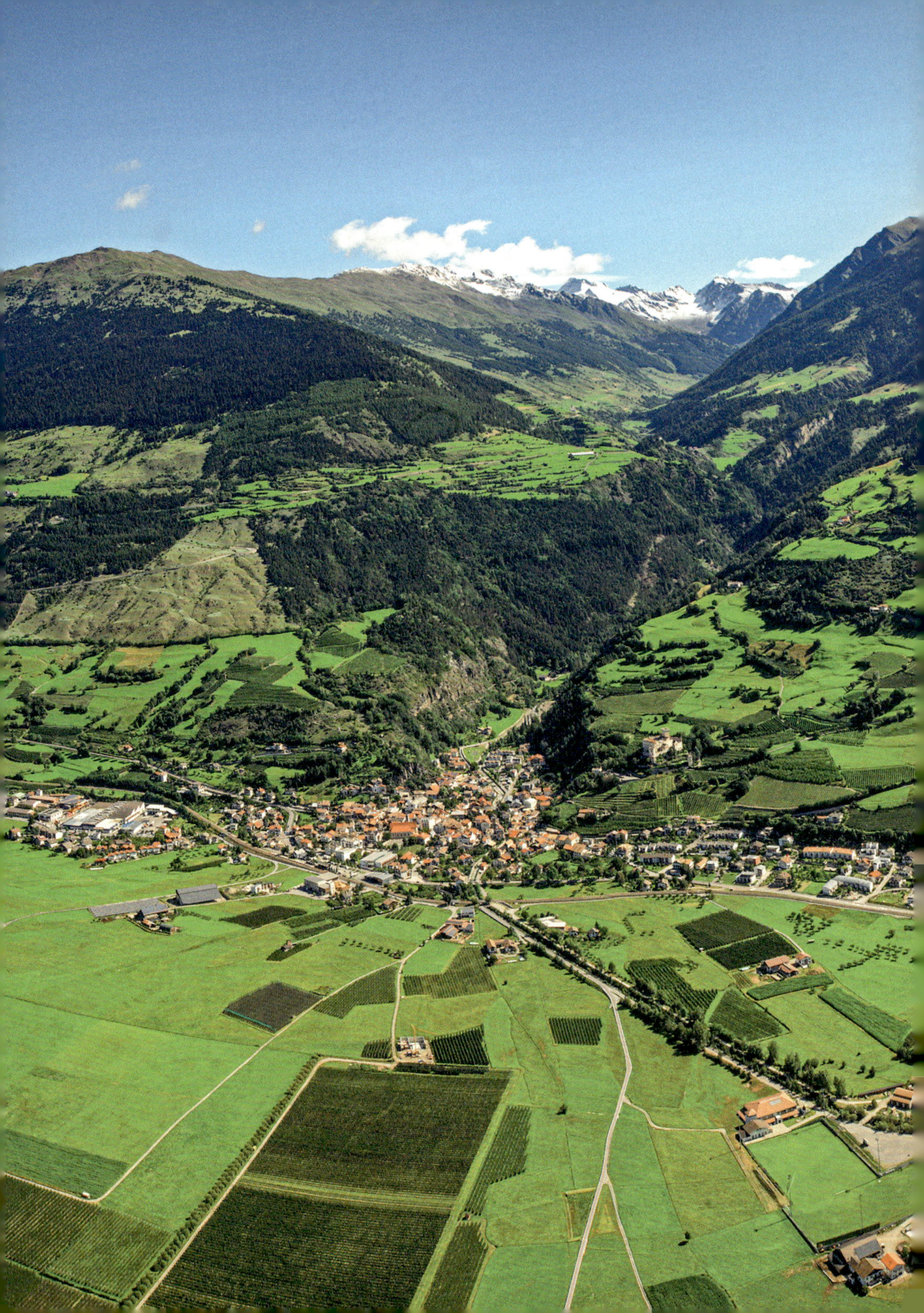

VINSCHGAU

ZUR RESCHNER ALM IM OBEREN VINSCHGAU

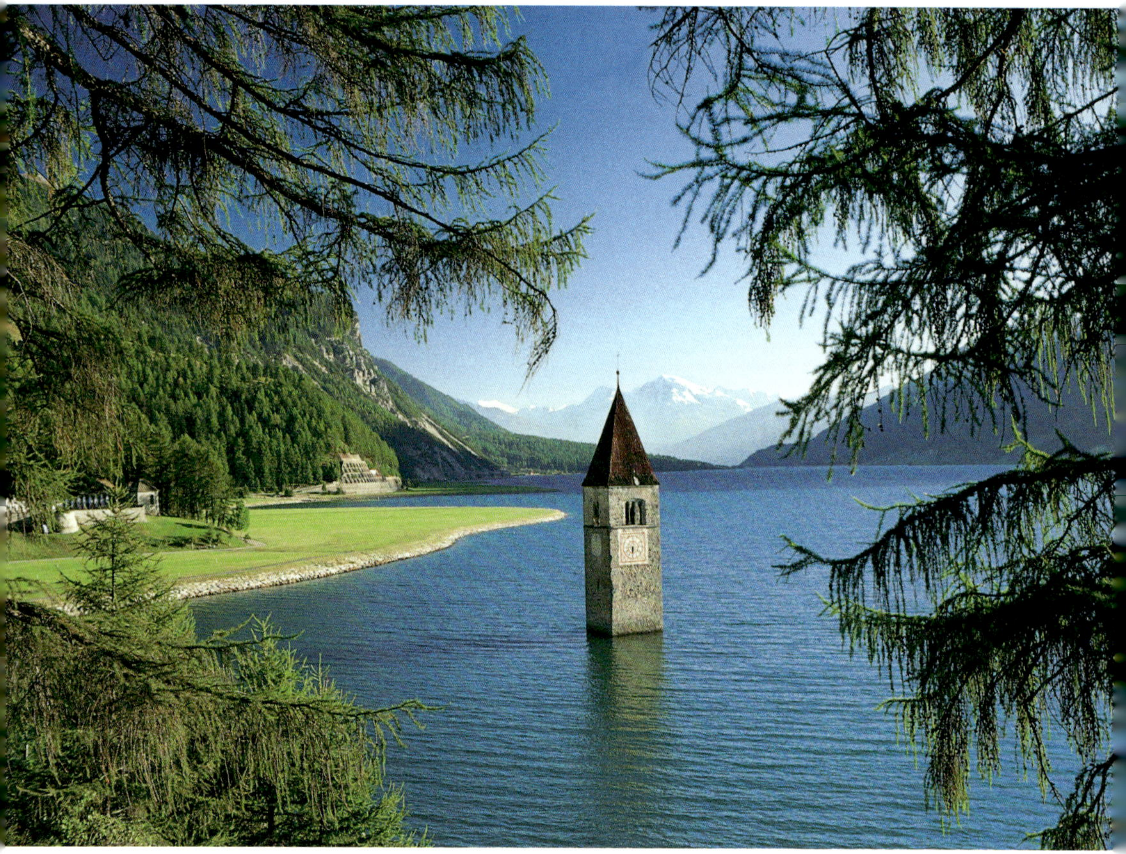

Wanderung im Dreiländereck

Vom Parkplatz gehen wir leicht ansteigend durch einen lichten Wald. Bald schon öffnet sich dieser vollends und gibt uns den Blick auf bewirtschaftete Almwiesen frei. Zu unserer Rechten erhaschen wir bald schon Blicke auf den malerischen Reschensee. Immer wieder wechseln sich Wälder mit Wiesenhängen ab. Die Steigung ist konstant und bequem zu bewältigen. Wir bleiben immer auf der Forststraße, die im letzten Drittel die Markierung 5–4 trägt. Kurz vor der Alm können wir den oberen Vinschgau

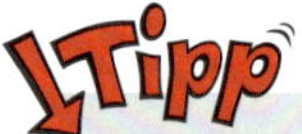

Von der Reschner Alm kann man den Piz Lad (2808 m) besteigen.

und die faszinierende Ortlergruppe fast vollständig überblicken. Die Alm (2020 m) befindet sich im sogenannten Dreiländereck (Schweiz, Österreich, Italien). Ein gleichnamiger Aussichtspunkt ist zu Fuß, vorbei an ehemaligen Militäranlagen, erreichbar (nicht mit dem Kinderwagen!).
Der Abstieg erfolgt über den Aufstieg. Es besteht die Möglichkeit über den Weg Nr. 5 auf- bzw. abzusteigen (ohne Kinderwagen).

Einkehrmöglichkeiten: Reschner Alm, im Dorf Reschen
Sehenswertes in der Umgebung: Reschensee mit Kirchturm von Altgraun, Schloss Nauders (www.schloss-nauders.com) in Nauders (Österreich) und die Festung Nauders

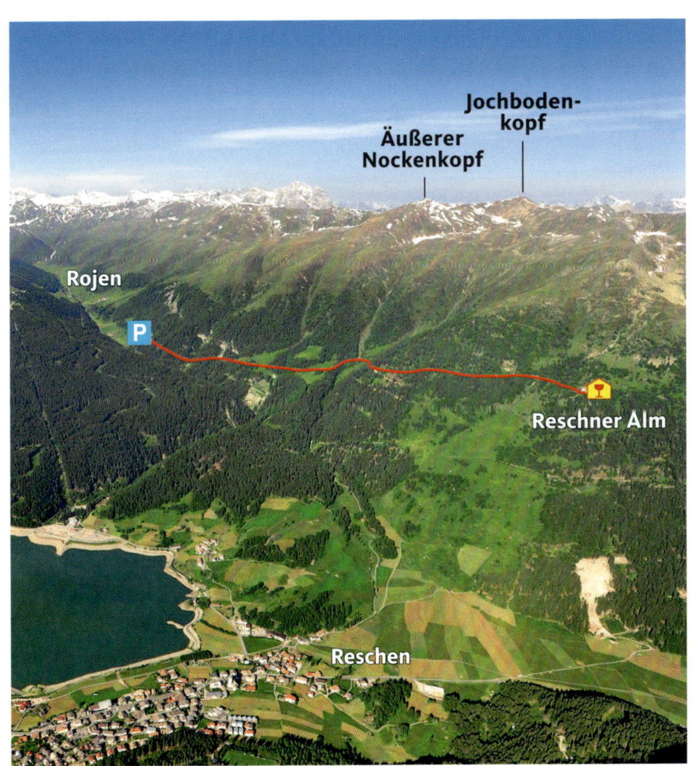

Anfahrt
über den Ort Reschen Richtung Rojen bis zur ersten Rechtsabzweigung (1792 m) kurz vor der Ortschaft

Ausgangspunkt
Reschen im oberen Vinschgau

Parkplatz
gleich bei der Abzweigung

Höhenunterschied
ca. 250 m

Wegbeschaffenheit
leicht ansteigende, ungeteerte Forststraße, angenehm befahrbar

Gesamtgehzeit
2 ½ bis 3 Stunden

Jahreszeit
Sommer und Herbst

Kinderwagen
alpintauglich, 3 oder 4 Räder

Informationen
Tourismusverein Reschenpass
www.reschenpass.it

Schwierigkeit

2 AM WATLES ZU DEN PFAFFENSEEN

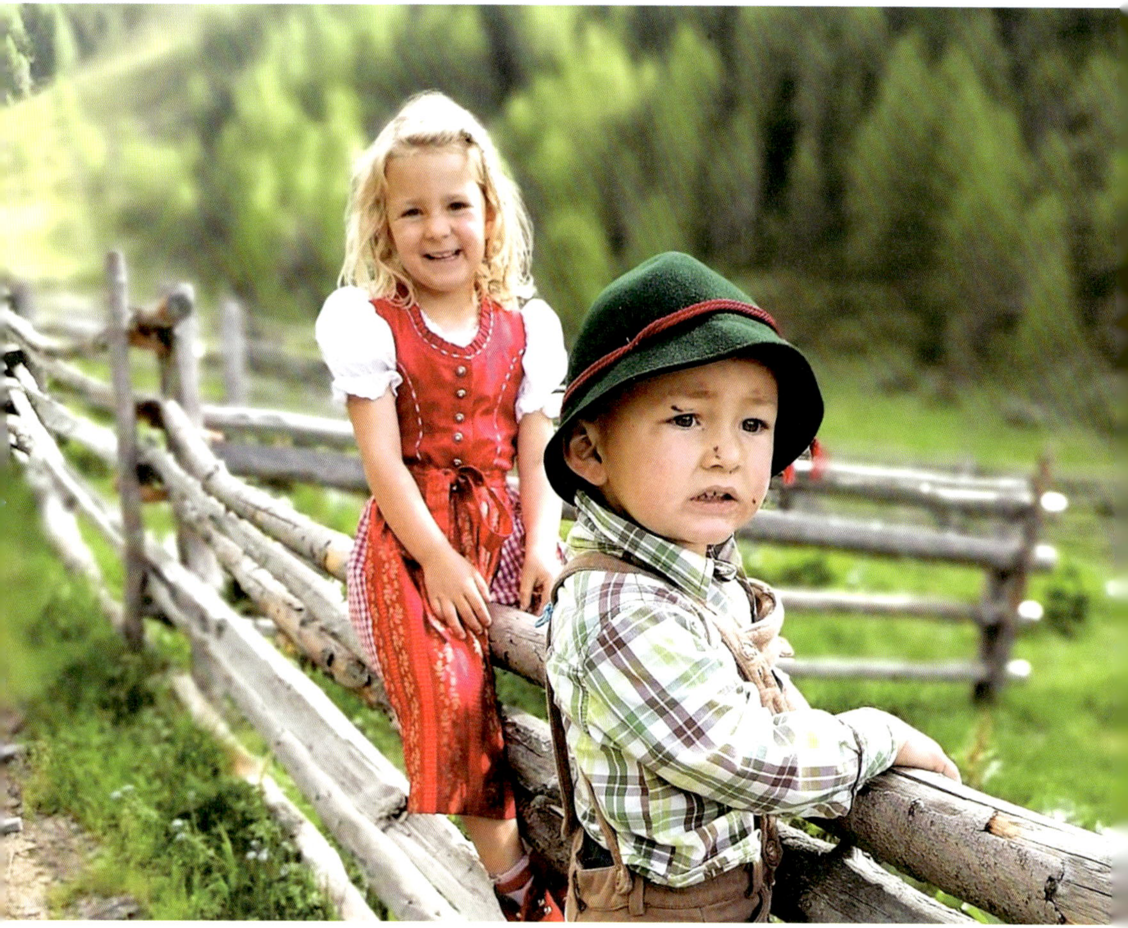

„Kinderland“ hoch über Burgeis

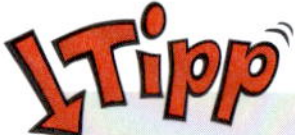

Von Plantapatsch kann man den Gipfel des Watles (2549 m) leicht besteigen.

Von der Bergstation der Seilbahn wandern wir kurz hinüber zur Plantapatsch-Hütte und folgen der Markierung 3, kurz darauf zweigen wir rechts ab und folgen der Markierung 4A hinüber zu den beiden Pfaffenseen. Die Wanderung verläuft durchwegs oberhalb der Waldgrenze, die Aussicht auf den vergletscherten Alpenhauptkamm ist prächtig und natürlich ist auch die Seen-

landschaft des Obervinschgaus eindrücklich. Auf dem Rückweg dann ist König Ortler der dominierende Augenfang.
Rückweg wie Hinweg. Nahe der Bergstation lockt der Watles dann mit einer Vielzahl von Spiel- und Unterhaltungsmöglichkeiten für Kinder: großer Spielsee mit Goldschürfen, Kneipp-Parcours, Tubing-Bahn (nicht nur für die Kleinen äußerst unterhaltsam!), Streichelzoo und Bogensportanlage.

Einkehrmöglichkeiten: Plantapatsch-Hütte
Sehenswertes in der Umgebung: Kloster Marienberg, St. Benedikt in Mals, Glurns, Churburg in Schluderns

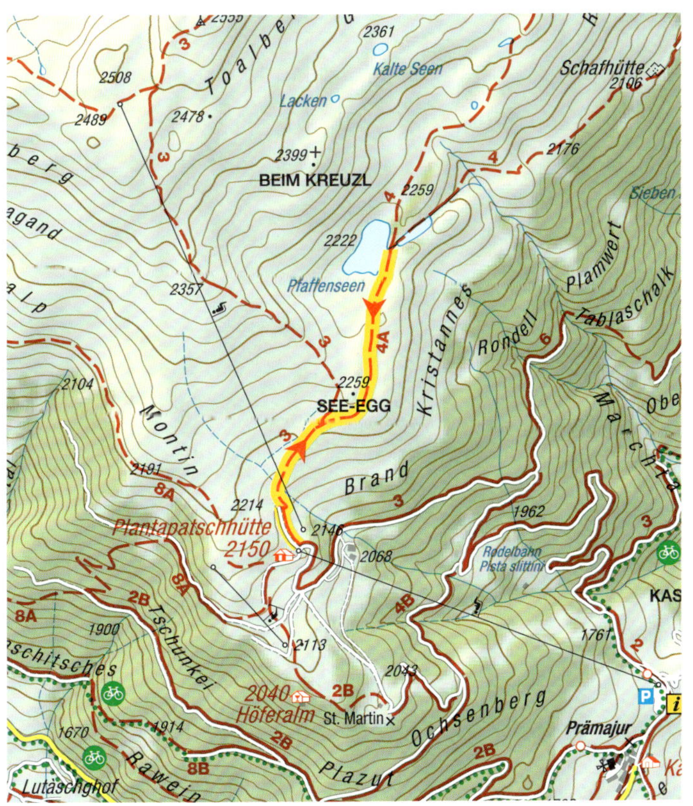

Anfahrt
über Mals nach Burgeis, weiter Richtung Schlinig und rechts ab nach Prämajur

Ausgangspunkt
Talstation Watles-Sessellift in Prämajur

Parkplatz
Talstation Watles-Sessellift in Prämajur

Höhenunterschied
ca. 110 m

Wegbeschaffenheit
leicht ansteigender, ungeteerter Weg, gut zu befahren

Gesamtgehzeit
etwas mehr als 1 Stunde

Jahreszeit
Sommer bis Frühherbst

Kinderwagen
alpintauglich, 3 oder 4 Räder

Informationen
Tourismusverein Obervinschgau
www.ferienregion-obervinschgau.it

Schwierigkeit

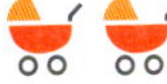

3 MELAGER ALM IM LANGTAUFERER TAL

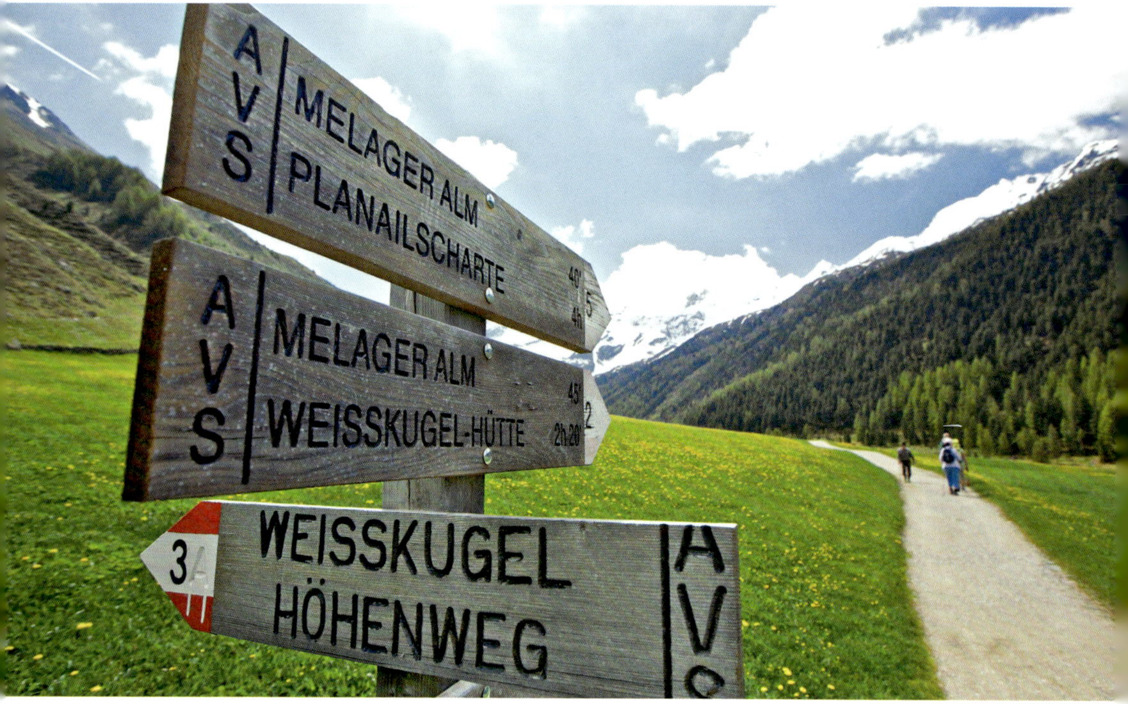

Unter den Gletschern der Ötztaler Alpen

Wir überqueren den Karlinbach links von der Talstation des Masebenliftes (1860 m) und folgen den Markierungen, die uns sogleich auf eine breite Forststraße (im Winter Langlaufloipe) führen. Nun geht es gemächlichst taleinwärts durch einen lieblichen Wald, der uns Schatten spendet. Immer wieder laden uns Bänke zum Verweilen ein. Nach etwa einer halben Stunde wechselt das Gelände. Wir verlassen den Wald und kommen in eine beeindruckende Almlandschaft mit fantastischen Weitblicken. Wir begleiten den Karlinbach bis zur Melager Alm (1970 m), wo wir uns stärken können. Bei gutem Wetter sieht man einige Gletscher der Ötztaler Alpen: Weißkugel (3738 m), Langtauferer Spitz (3526 m), Bärenbartkogel (3327 m).

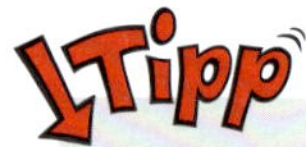

In ca. 2 Stunden gelangt man weiter zur Weißkugelhütte (2542 m, ohne Kinderwagen).

Unser Rückweg erfolgt orografisch rechts über den Weg Nr. 2 bis zur Weggabelung, die uns über eine Brücke wieder auf die Forststraße bringt.

Variante: Nicht den Bach queren, auf Weg Nr. 2 bleiben bis ins Dorf Melag, dann der Straße entlang bis zum Auto.

Verlängerung: Wem die Tour zu kurz erscheint, der kann das Auto im Weiler Patzin (taleinwärts rechts abzweigen) parken, dort den Fluss queren und auf den Forstweg Nr. 15 starten.

Einkehrmöglichkeiten: Melager Alm und im Dorf Melag

Sehenswertes in der Umgebung: Reschensee mit Kirchturm von Altgraun, Schloss Nauders (www.schloss-nauders.com) in Nauders (Österreich) und die Festung Nauders

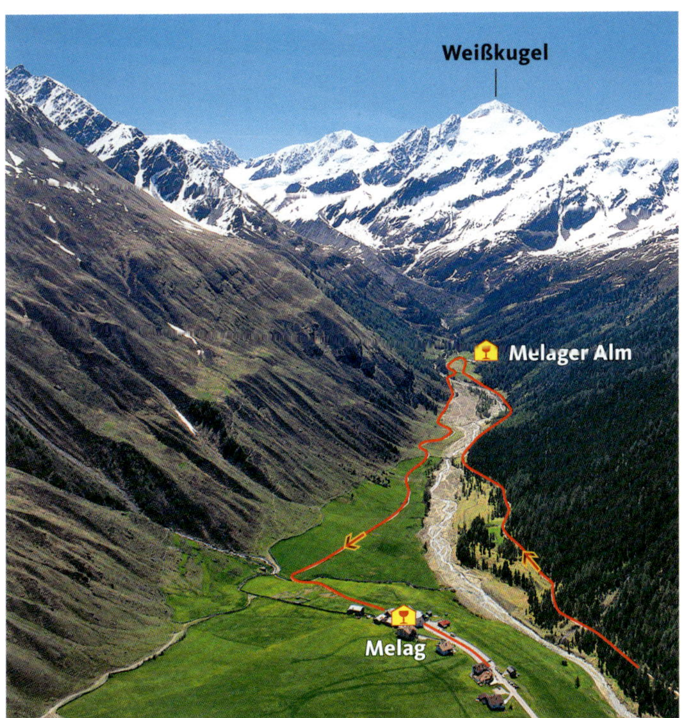

Anfahrt
durch den Vinschgau bis Graun, dort der Beschilderung nach Langtaufers folgen

Ausgangspunkt
im hinteren Langtauferer Tal

Parkplatz
Talstation Sessellift Maseben

Höhenunterschied
je nach Start 220 m bzw. 100 m

Wegbeschaffenheit
ungeteerte Forststraße

Gesamtgehzeit
knappe 2 Stunden; bei Variante Patzin plus 1½ Stunden

Jahreszeit
ganzjährig

Kinderwagen
alle

Informationen
Tourismusverein Reschenpass
www.reschenpass.it

Schwierigkeit

4 RUND UM DEN HAIDER SEE

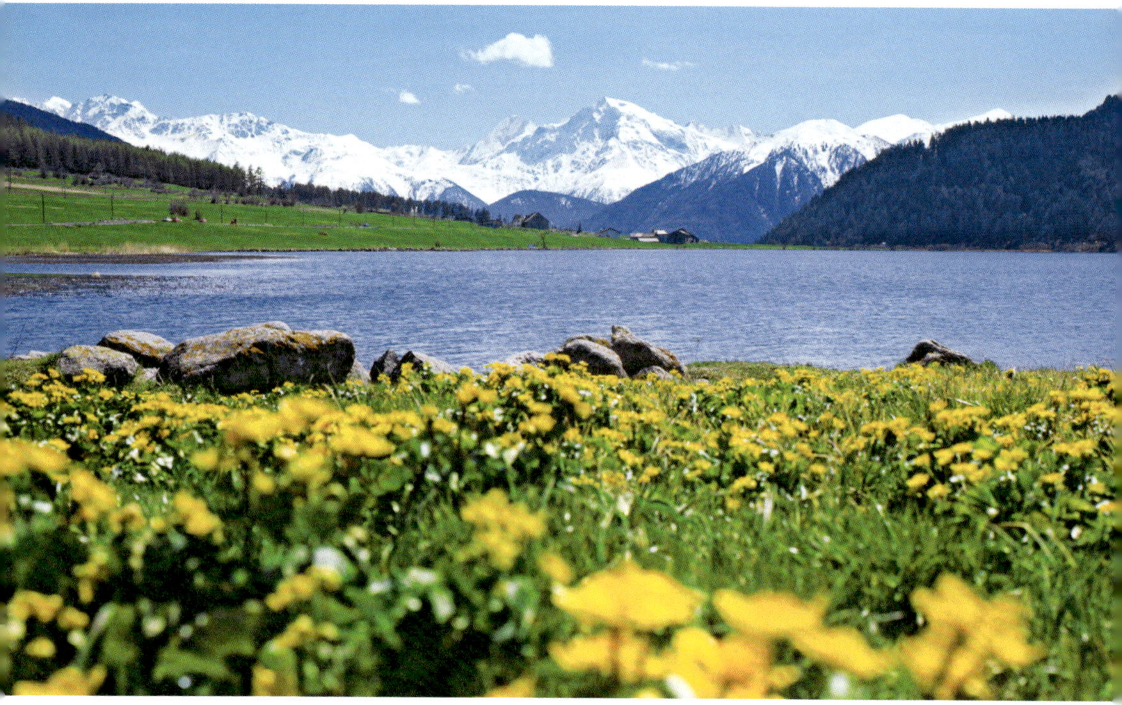

Unterwegs zwischen Biotop und Radweg mit Blick auf den Ortler

Wir beginnen unsere Umrundung, indem wir in Richtung Mals losgehen. Bald schon betreten wir einen neu errichteten Holzsteg, der uns durch das wunderschöne Seebiotop führt. Enten und anderes Getier begleiten unsere Wanderung durch diese Welt. Über eine schwimmende Brücke verlassen wir wieder diese urige Umgebung und gelangen auf den asphaltierten Radweg, auf dem wir in Richtung Reschen wandern. Im leichten Auf und Ab geht es durch einen schönen Wald. (Bitte hier vorsichtig sein, denn die Radfahrer kommen mitunter sehr schnell daher!) Auf dieser Seite des Sees finden wir lauschige Plätze zum Verweilen und Rasten, Bänke und Tische sind dafür genügend vorhanden.

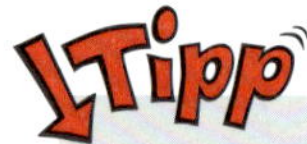

Wer noch Lust hat, kann den Themenweg „Zipf und Zapf" in St. Valentin begehen.

Nach einer knappen Stunde haben wir das obere Seeende und damit das Dorf St. Valentin auf der Haide erreicht.
Achtung: nach erfolgter Überquerung einer Brücke scharf rechts halten und dem alten Wegweiser „Uferweg" folgen. Nun geht es über einen geschotterten Weg in Richtung Mals auf der linken Seeseite weiter, wo wir durch ein Moor (Biotop) spazieren. Der Blick ist nun wieder frei, um bis zum Ausgangsort der Wanderung das beeindruckende Panorama von See und Ortlermassiv im Hintergrund (3905 m) zu genießen.

Einkehrmöglichkeiten: Gasthof Alpenrose, Gasthäuser im Dorf
Sehenswertes in der Umgebung: Reschensee mit Kirchturm von Altgraun; gleich nach der Grenze in Österreich: Schloss Nauders (www.schloss-nauders.com), Festung Nauders

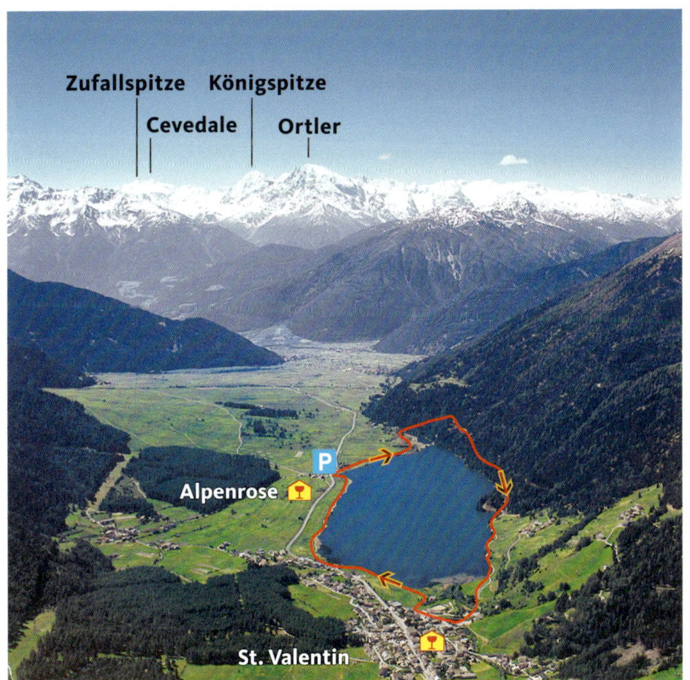

Anfahrt
durch den Vinschgau in Richtung Reschenpass bis Fischerhäuser (kurz vor St. Valentin auf der Haide)

Ausgangspunkt
St. Valentin auf der Haide (1449 m) im oberen Vinschgau

Parkplatz
Gasthaus Alpenrose

Höhenunterschied
leichte Seeumrundung mit so gut wie keinem Höhenunterschied

Wegbeschaffenheit
angenehmer Weg zu 50 Prozent geteert, Rest Schotterweg bzw. Holzsteg

Gesamtgehzeit
gemütliche 2 Stunden

Jahreszeit
ganzjährig

Kinderwagen
alle

Informationen
Tourismusverein Reschenpass
www.reschenpass.it

Schwierigkeit

5 GENUSSWANDERUNG ZUR SCHLINIGER ALM

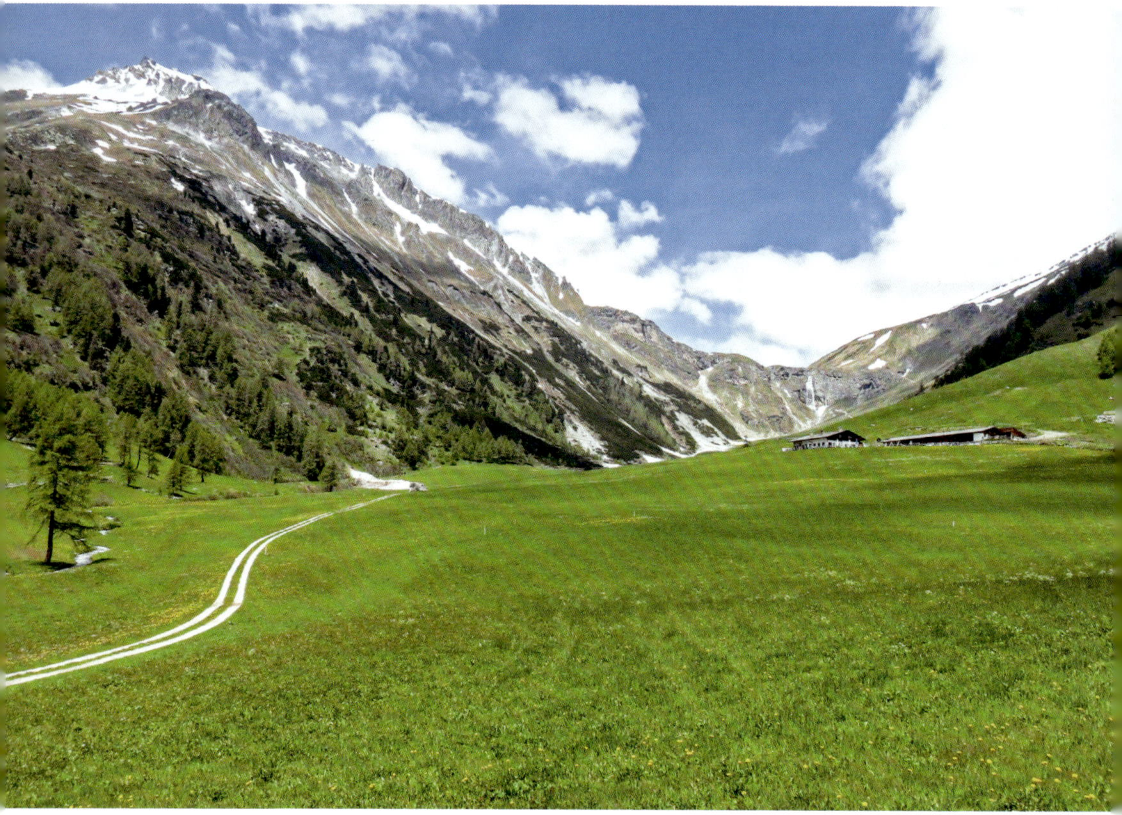

Wanderung im Grenzgebiet zur Schweiz

Wir starten am Ende der Ortschaft der Teerstraße folgend. Unser Weg wird von einem Kreuzweg begleitet. Bald schon öffnet sich der Talkessel und macht den Blick frei auf die umliegende Bergwelt der Sesvennagruppe: Muntpitschen (3162 m), Föllakopf (2878 m), Piz Sesvenna (3205 m) usw. Mühelos erreichen wir nach einer Stunde die Schliniger Alm (1886 m). Dort können wir uns stärken und die Kinder finden Platz zum Spielen. Wer noch Lust hat, kann mit dem Kinderwagen zur unbewirtschafteten Inneren Alm weiterwandern (ca. eine Viertelstunde).

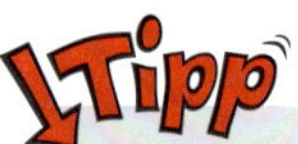

Aufstieg zur Sesvennahütte (2258 m) in ca. 1 ¼ Stunden, wo die Uinaschlucht besichtigt werden kann.

Anfangs nehmen wir denselben Weg zurück, allerdings halten wir uns dort, wo die geteerte Straße beginnt, rechts, queren den Metzbach und bleiben auf einer breiten nicht asphaltierten Forststraße. Längs des Weges begleiten uns verschiedene Stationen eines Erlebnisweges. Nach ca. einer Stunde erreichen wir wieder das urige Bergdörfchen Schlinig.

Einkehrmöglichkeiten: Gasthäuser in Schlinig, Schliniger Alm
Sehenswertes in der Umgebung: Kloster Marienberg, Churburg in Schluderns (www.churburg.com), historische Kleinstadt Glurns mit ihren Stadtmauern

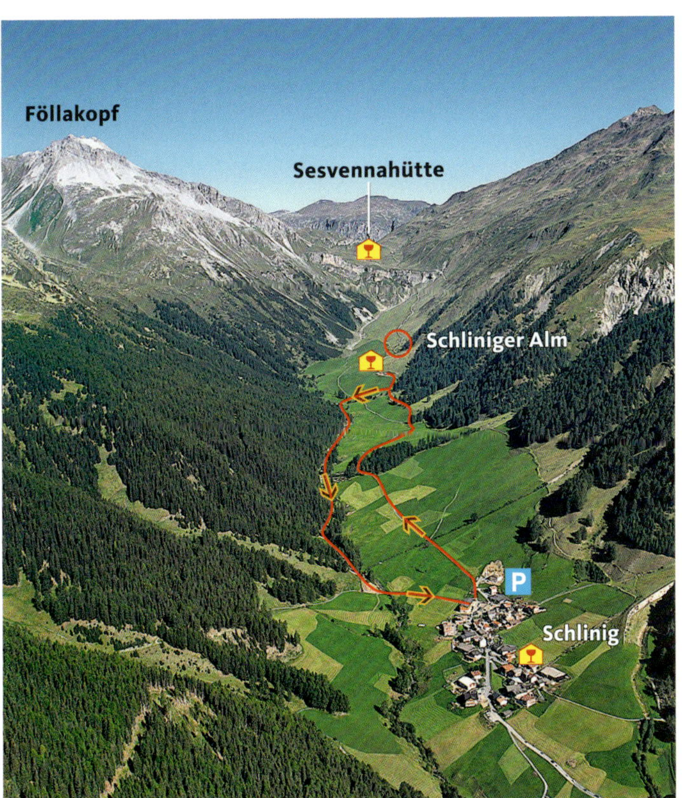

Anfahrt
durch den Vinschgau bis Burgeis und dann nach Schlinig (1738 m)

Ausgangspunkt
Schlinig im Obervinschgau

Parkplatz
direkt in Schlinig

Höhenunterschied
ca. 130 m

Wegbeschaffenheit
teils asphaltiert, teils ungeteerte Forststraße

Gesamtgehzeit
ca. 2 Stunden

Jahreszeit
ganzjährig, je nach Schneelage (Langlaufloipe)

Kinderwagen
alle

Informationen
Tourismusverein Obervinschgau
www.ferienregion-obervinschgau.it

Schwierigkeit

6 HEILIGE DREI BRUNNEN

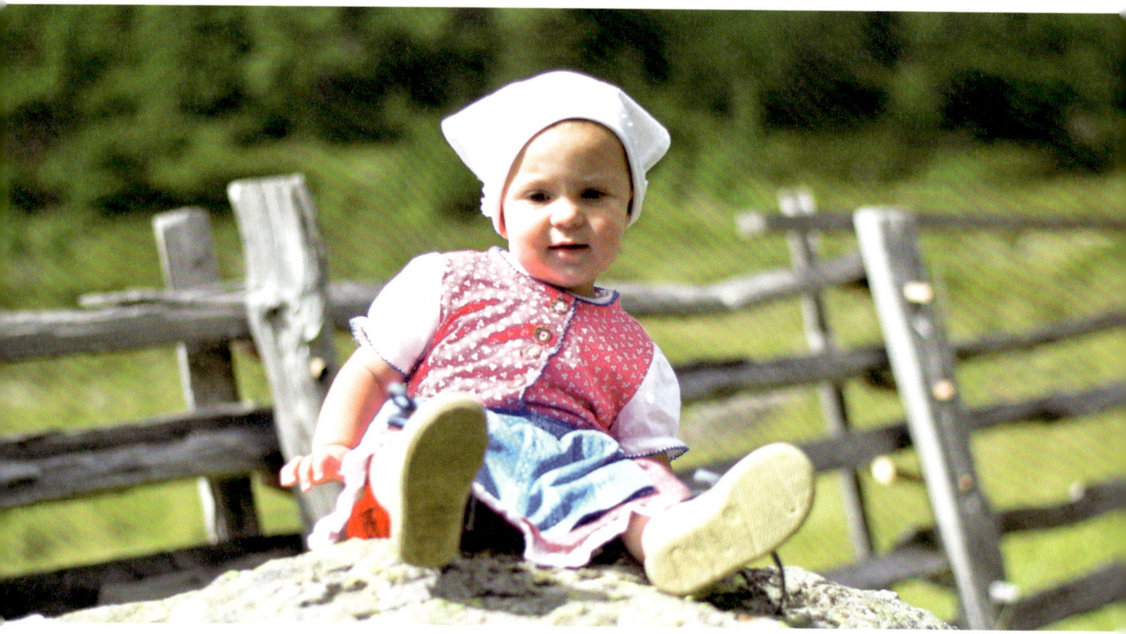

Zu einem uralten Quellheiligtum

Die Heiligen Drei Brunnen sind ein beliebter Wallfahrtsort, der sehr gut auch mit dem Kinderwagen besucht werden kann. Aus den Felswänden im Talgrund stürzen zwar drei Wasserfälle, die drei Brunnen befinden sich aber im Brunnenhaus neben dem hübschen Wallfahrtskirchlein, wo man das angeblich heilsame Wasser trinken kann. Vom Parkplatz der Kleinbodenbahn zuerst kurz die Straße aufwärts bis zur Kehre beim Hotel Schöne Aussicht, dort nach links der Beschilderung „Drei Brunnen" (Nr. 16) folgen. Der Weg führt durch (!) das Nationalpark-Haus mehr oder weniger flach in den Talgrund, vorbei an der unschönen ehemaligen Polizei-Alpinschule. Eine längere Holzbrücke führt hinüber zum Kirchlein – man beachte dabei das „graue" Wasser vom Gletscher mit seiner Gletschertrübe und das klare Wasser der Wasserfälle.

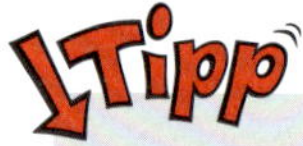

Die Churburg mit dem Rittersaal lässt alle Kinderherzen höherschlagen!

Einkehrmöglichkeiten: Hotel Schöne Aussicht, Trafoi

Sehenswertes in der Umgebung: Besucherzentrum naturatrafoi, Historisches Museum Straßensperre Gomagoi, MMM Ortler in Sulden, Churburg in Schluderns

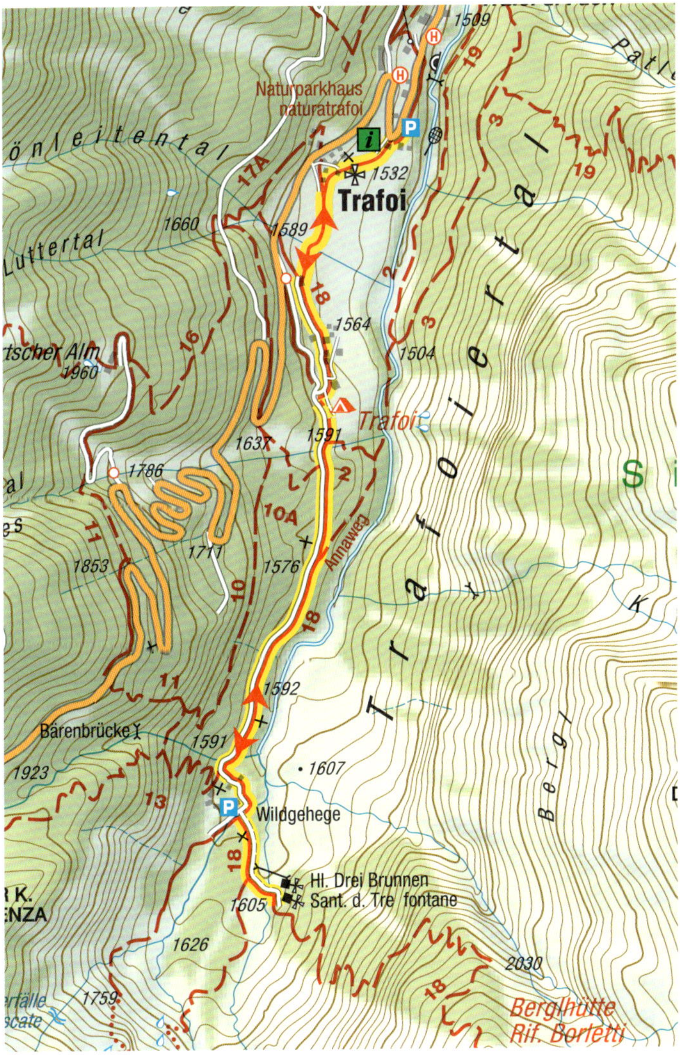

Anfahrt
durch den Vinschgau bis Spondinig, dort abbiegen Richtung Stilfser Joch

Ausgangspunkt
Trafoi

Parkplatz
Parkplätze an der Kleinbodenbahn

Höhenunterschied
130 m am Rückweg

Wegbeschaffenheit
meist ungeteerter Weg

Gesamtgehzeit
ca. 2 Stunden

Jahreszeit
Sommer bis Herbst

Kinderwagen
alpintauglich, 3 oder 4 Räder

Informationen
Tourismusverein Obervinschgau
www.ferienregion-obervinschgau.it

Schwierigkeit

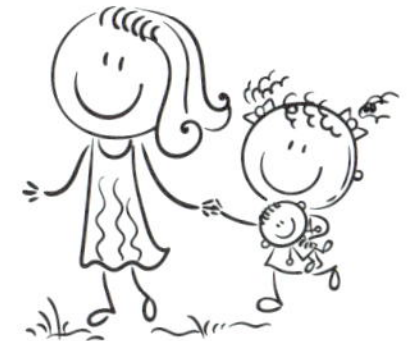

7 ZUR LYFIALM IM HINTEREN MARTELLTAL

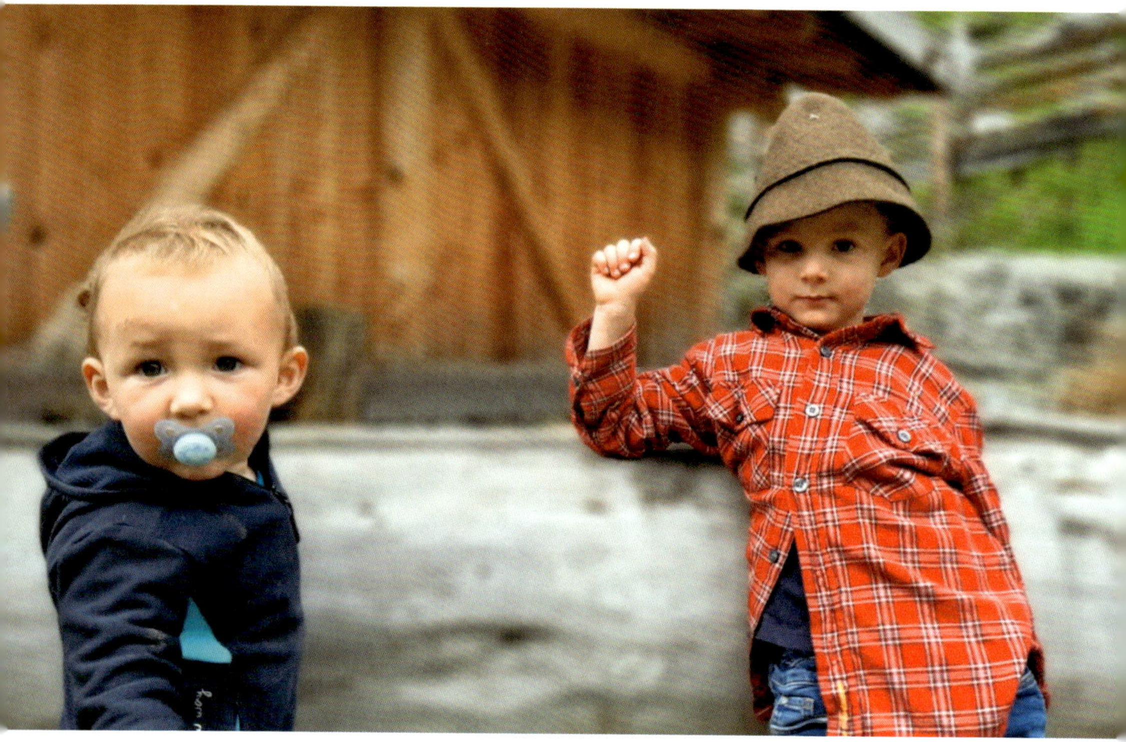

Wo Schweine noch im Freien leben ...

Vom Parkplatz gehen wir ein kleines Stück der Straße zurück und zweigen dann links der Markierung 6–8 folgend ab. Es geht gleich schon recht zackig aufwärts an einem verlassenen Gehöft vorbei, immer dem Fahrweg entlang. Nach ungefähr 20 Minuten haben wir beim Bach, der durch das Pedertal fließt, die Höhe von 2120 m erreicht, und es geht wieder leicht abwärts (nicht verwundern!). Im Anschluss verläuft der Weg kurz gemütlich weiter und dann eine gute halbe Stunde steil ansteigend bis zur Lyfialm (2165 m). Er führt durch einen niederwüchsigen, urigen Kiefern- und Lärchenwald, der uns immer wieder den Blick auf die beeindruckende Bergwelt des hinteren Martelltales

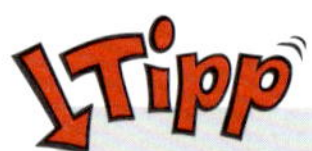

Es gibt die Möglichkeit das Pederköpfl (2487 m) über den Weg Nr. 10 zu besteigen (ohne Kinderwagen) und über die Peder-Stier-Alm abzusteigen (Rundweg).

frei gibt. Die Lyfialm ist eine gepflegte und schmucke Alm mit Übernachtungsmöglichkeit, wo man selbstgemachten Käse kaufen kann. Wer Glück hat, kann auch die frei lebenden Schweine sehen.

Einkehrmöglichkeiten: Lyfialm, Enzianhütte (2055 m) und Gasthof Schönblick (2055 m)
Sehenswertes in der Umgebung: Nationalparkhaus Culturamartell (www.culturamartell.com)
Interessantes: MEG-Erzeugergenossenschaft Martell, wo Produkte wie Beeren, Gemüse und Kirschen aus heimischem Anbau erworben werden können.

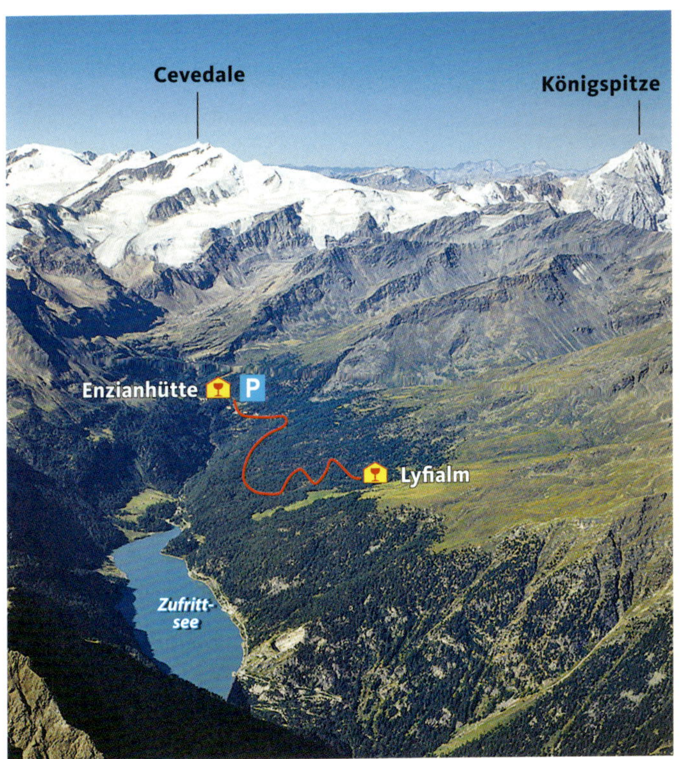

Anfahrt
durch den Vinschgau bis Latsch, dort Beschilderung ins Martelltal folgen bis zum Gasthaus Enzian (2055 m) am Ende des Tales

Ausgangspunkt
am Ende des Martelltales

Parkplatz
am Ende des Martelltales bei der Enzianhütte, gebührenpflichtig

Höhenunterschied
ca. 200 m

Wegbeschaffenheit
nicht geteerte Forststraße, teilweise recht steil ansteigend, dann aber auch wieder abschüssig

Gesamtgehzeit
2 bis 2 ½ Stunden

Jahreszeit
Frühsommer bis Spätherbst

Kinderwagen
alpintauglich, 3 oder 4 Räder

Informationen
Tourismusverein Latsch
www.latsch.it

Schwierigkeit

8 MARZONER ALM

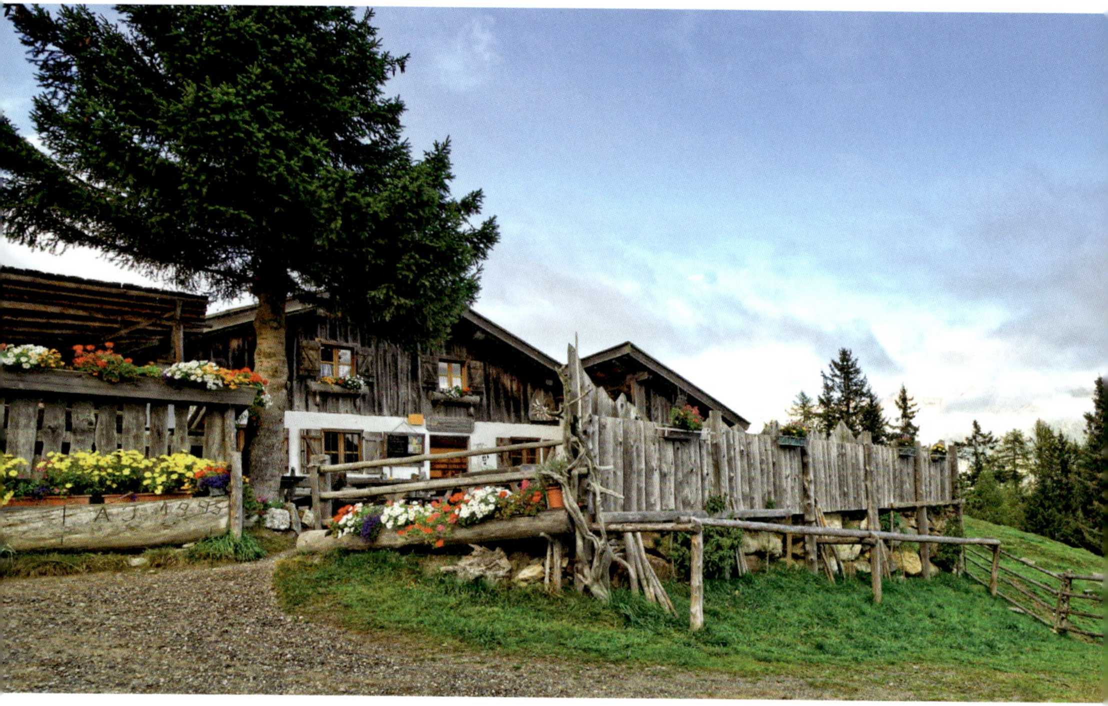

Eine ehemalige Dauersiedlung

Im Hochmittelalter, also im 13. und 14. Jahrhundert, förderten in unserem Land Graf Meinhard II. und mit und nach ihm viele weitere Adelige die Besiedelung und Bewirtschaftung hoch gelegener Gebiete, in denen allerdings kein Ackerbau mehr möglich war. Es wurden sogenannte Schwaighöfe errichtet, wobei die Grundherren das Milchvieh und das Geschirr für die Milchverarbeitung bereitstellten. Die bewirtschaftenden Bauern waren im Gegenzug zu Abgaben von Schmalz und Käse, in manchen Fällen auch Geld verpflichtet. Einer dieser Höfe war die heutige Marzoner Alm, in den ältesten vorhandenen Urkunden aus 1292 „Muntmetzan“ genannt. Doch die Dauersiedlung ist schon seit Jahrhunderten Geschichte.

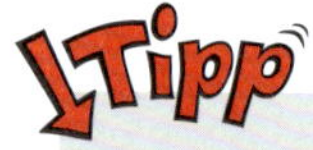

Das Messner Mountain Museum im Schloss Juval ist auf jeden Fall einen Besuch wert!

Vom Parkplatz Alte Säge (nomen est omen!) wandern wir in sanfter Steigung auf dem Zufahrtsweg zur Alm. Ein kleiner Kinderspielplatz und einige gehaltene Haustiere sorgen bei den Kleinen für Kurzweil. Die Alm wird auch gerne als Zwischenziel für eine Tour zu den Zirmtaler Seen genutzt.
Rückweg wie Hinweg. (Die Runde über die Freiberger Mahd ist nicht kinderwagentauglich!)

Einkehrmöglichkeiten: Marzoner Alm
Sehenswertes in der Umgebung: Schloss Kastelbell (Ausstellungen, Schlossführungen), Messner Mountain Museum Schloss Juval, Schloss Goldrain, St.-Prokolus-Kirche in Naturns

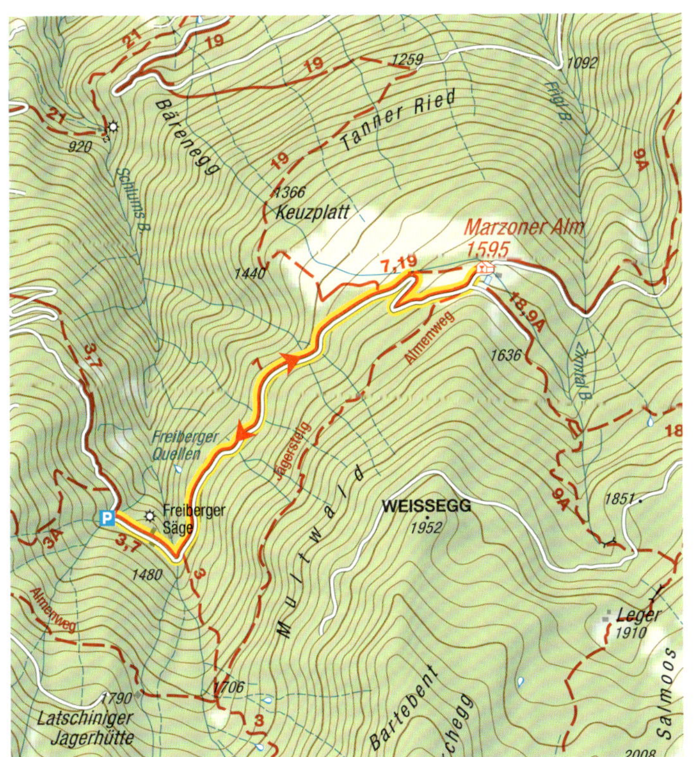

Anfahrt
durch den Vinschgau bis Kastelbell, dort abbiegen nach Latschinig-Freiberg

Ausgangspunkt
Nörderberg Kastelbell

Parkplatz
Parkplatz Alte Säge

Höhenunterschied
140 m

Wegbeschaffenheit
ungeteerter Weg

Gesamtgehzeit
ca. 1 ½ Stunden

Jahreszeit
Sommer und Herbst

Kinderwagen
alpintauglich, 3 oder 4 Räder

Informationen
Tourismusverein Kastelbell-Tschars
www.kastelbell-tschars.com

Schwierigkeit

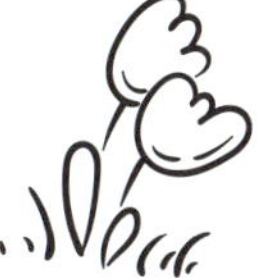

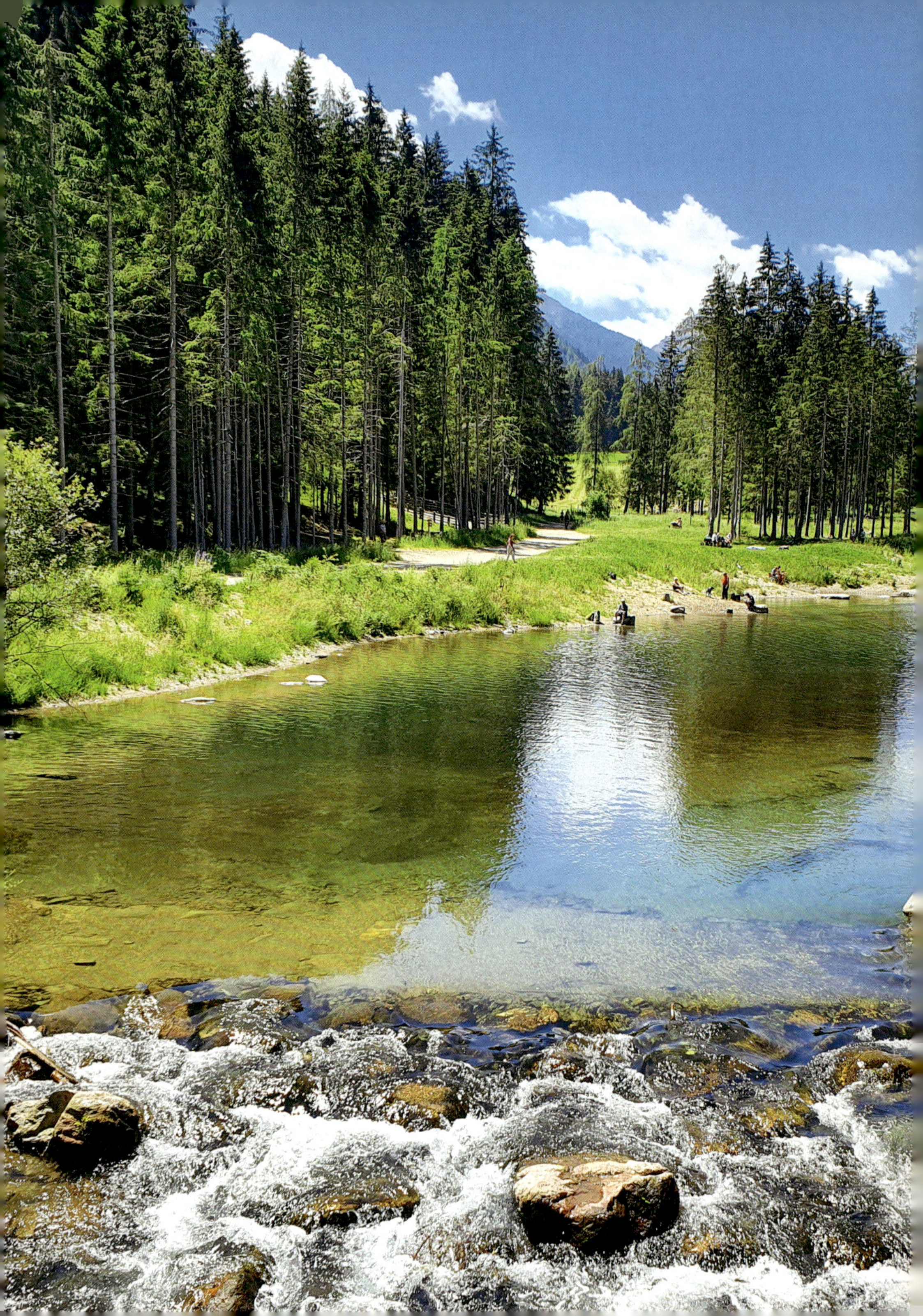

MERAN UND UMGEBUNG

9 ZUM EISHOF IM PFOSSENTAL

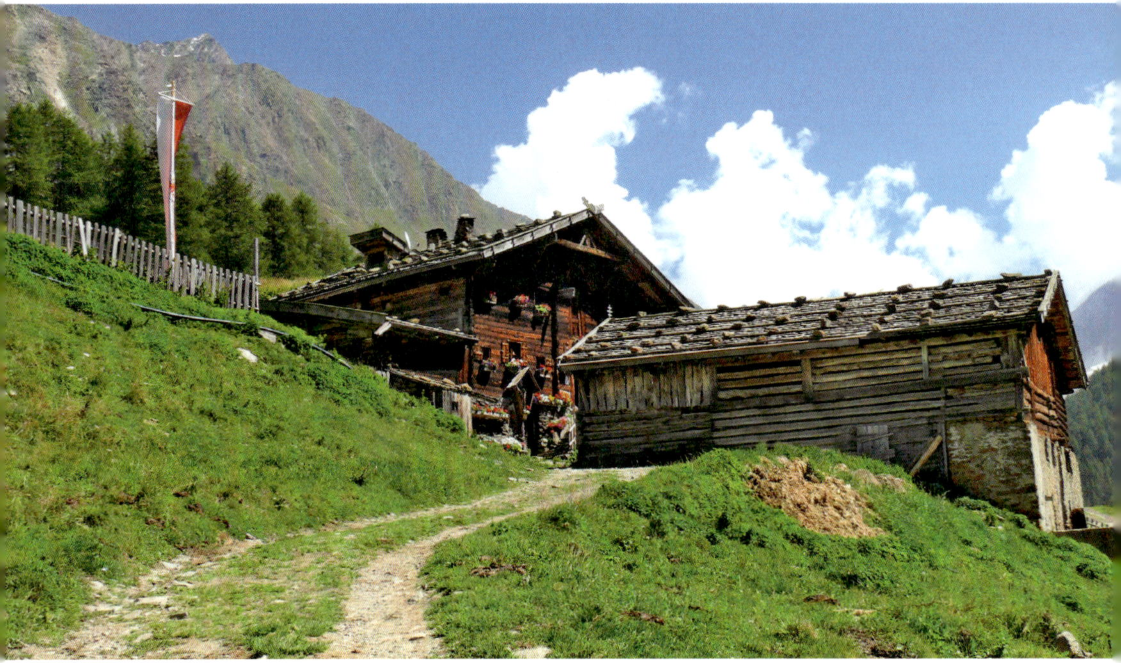

Murmeltiere und Gämsen inklusive

Vom Gasthof Jägerrast-Vorderkaser führt der Weg Nr. 24 (Meraner Höhenweg) zum Eishof. Anfänglich steil ansteigend, verläuft er immer orografisch rechts vom Pfossentalbach. Man wandert in einem engen Tal, das sich erst nach knapp einer Stunde öffnet (Mitterkaser) und den Blick auf Weideflächen und erste Gipfel der Texelgruppe freigibt. Vorbei an den malerischen Almen, für die scheinbar die Zeit stehen geblieben ist, wird der Weg flacher und man kann das Panorama genießen. Nach der Rableidalm folgt erneut ein kurzes, steileres Wegstück, es bleibt aber immer eine angenehme Forststraße, die vielleicht nach schweren Gewittern etwas holprig werden kann. Kurz vor unserem Ziel führt der Weg durch ein kleines Hochgebirgswäldchen, das bald schon wieder von den Almwiesen abgelöst wird und uns zum Eishof führt (bis

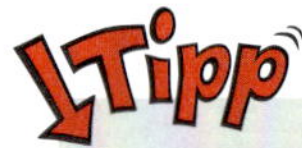

Es lohnt sich das idyllische, ruhige Dörfchen Karthaus zu besuchen und dort die Klosteranlage Allerengelberg zu besichtigen.

hierher insgesamt zwei Stunden). Der Rückweg verläuft über den gleichen Weg, der uns immer wieder mit neuen Blicken überrascht (Gletscher der Marzellspitzen, Similaun, usw.). Der Eishof befindet sich im Naturpark Texelgruppe, sodass man oft die Gelegenheit hat, Murmeltiere, Gämsen und andere Tiere hautnah zu erleben. Die Landesforstverwaltung hat längs der gesamten Route einen Almerlebnisweg errichtet. In 18 Stationen werden dem Wanderer die Schönheiten und die Besonderheiten der Almwelt näher gebracht.

Einkehrmöglichkeiten: Gasthof Jägerrast (1693 m), Mitterkaseralm (1954 m), Rableidalm (2004 m), Eishof (2071 m)

Sehenswertes in der Umgebung: archeoParc in Unser Frau in Schnals, Klosteranlage von Karthaus, Schloss Juval, St.-Prokulus-Kirchlein und Museum in Naturns

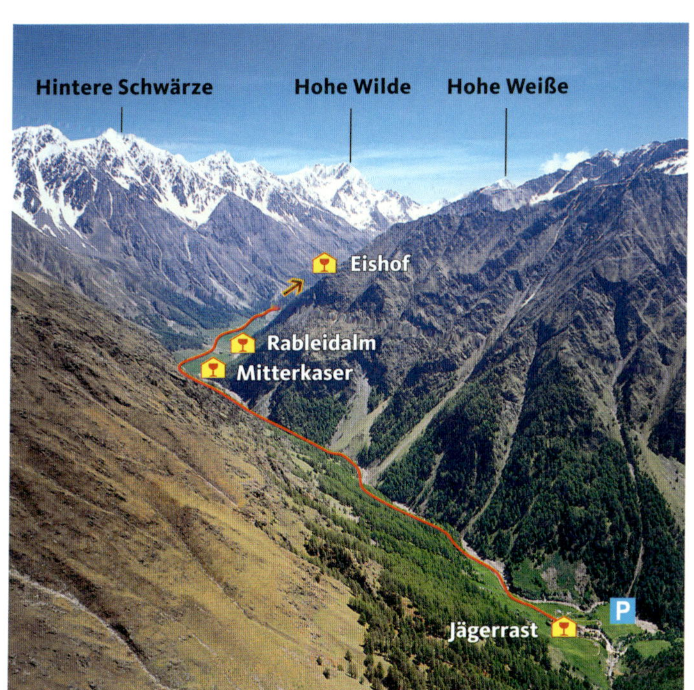

Anfahrt
bei Naturns ins Schnalstal, kurz vor Karthaus rechts ab ins Pfossental bis zum Parkplatz am Gasthof Vorderkaser (1693 m)

Ausgangspunkt
Pfossental, Seitental des Schnalstales

Parkplatz
beim Gasthof Vorderkaser gegen Gebühr, wobei ein Teil davon bei Konsumation im Gasthof verrechnet wird

Höhenunterschied
ca. 400 m

Wegbeschaffenheit
durchgehend nicht asphaltierte, teils grob schotterige Forststraße

Gesamtgehzeit
3 bis 4 Stunden

Jahreszeit
Sommer bis Spätherbst

Kinderwagen
alpintauglich, 3 oder 4 Räder

Informationen
Tourismusverein Schnalstal
www.schnalstal.com
Tourismusverein Naturns
www.naturns.it

Schwierigkeit

 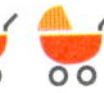  

10 WALDERLEBNISPFAD ASCHBACH

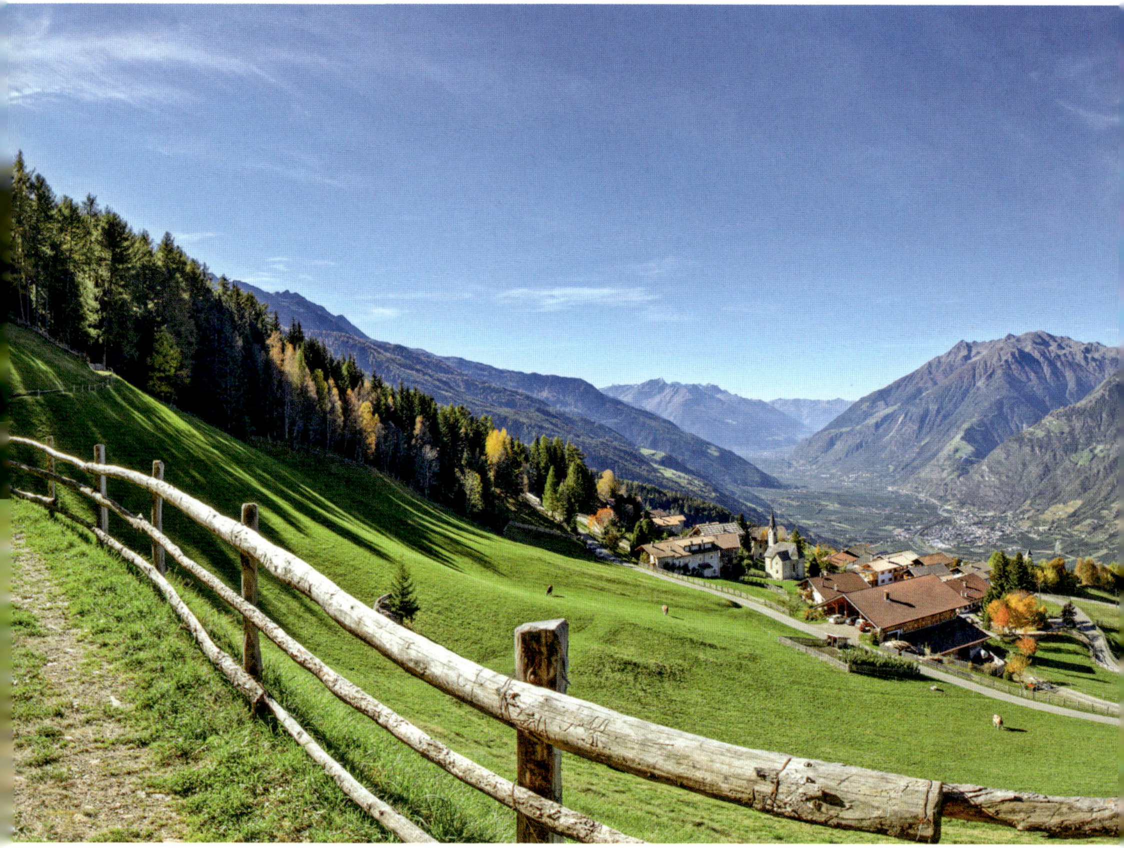

Wald spielerisch erleben

An der Bergstation der Seilbahn halten wir uns links und folgen auf dem Forstweg der Markierung 27A in Richtung Eggerhof. Nach etwa fünf Gehminuten zweigt der beschilderte Walderlebnispfad nach rechts ab. Nun marschieren wir kontinuierlich durch lichten Wald aufwärts und erreichen nach gut einem Kilometer auf 1420 m den höchsten Punkt der knapp vier Kilometer langen Wanderung. Von ein paar kurzen Gegensteigungen abgesehen wandern wir nun gemütlich in einem weiten Bogen um

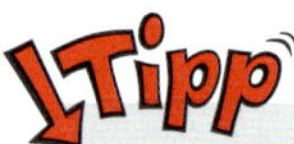

Ausdauernde folgen der Forststraße von der Bergstation nach rechts bis aufs Vigiljoch; 400 Höhenmeter.

das Kirchlein herum zurück zum Ausgangspunkt. Mehrere Schautafeln und Objekte – wie etwa eine große Pilzfamilie – vermitteln auf unterhaltsame Art Einblicke in das Ökosystem Wald, auf Holz, Tier- und Pflanzenwelt. Und gegenüber, am Sonnenhang, zieht sich der Naturpark Texelgruppe hin – mit grandioser Aussicht.

Einkehrmöglichkeiten: Aschbacher Hof
Sehenswertes in der Umgebung: die Kirchlein zum Heiligen Herzen Jesu im Dorf und Maria Schnee unterhalb davon, Peter-Mitterhofer-Museum in Partschins, Eisenbahnwelt mit Südtirol in Miniatur in Rabland, k.u.k. Museum Rabland, Partschinser Wasserfall

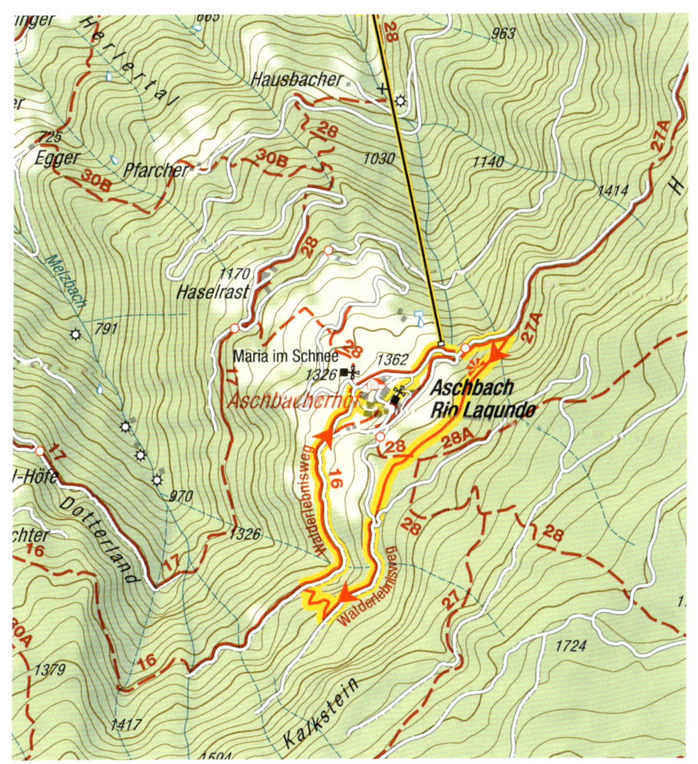

Anfahrt
nach Rabland im unteren Vinschgau, südseitig abbiegen zum Bahnhof und der Talstation der Seilbahn Aschbach

Ausgangspunkt
Bergstation Seilbahn Aschbach

Parkplatz
an der Talstation bzw. vor der Etschbrücke

Höhenunterschied
ca. 200 m

Wegbeschaffenheit
leicht ansteigender, ungeteerter Weg, gut zu befahren

Gesamtgehzeit
1½ bis 2 Stunden

Jahreszeit
Sommer bis Frühherbst

Kinderwagen
alpintauglich, 3 oder 4 Räder

Informationen
Tourismusverein Partschins-Rabland-Töll
www.partschins.com

Schwierigkeit

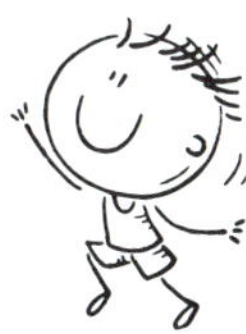

11 LAZINSER ALM IM HINTERPASSEIER

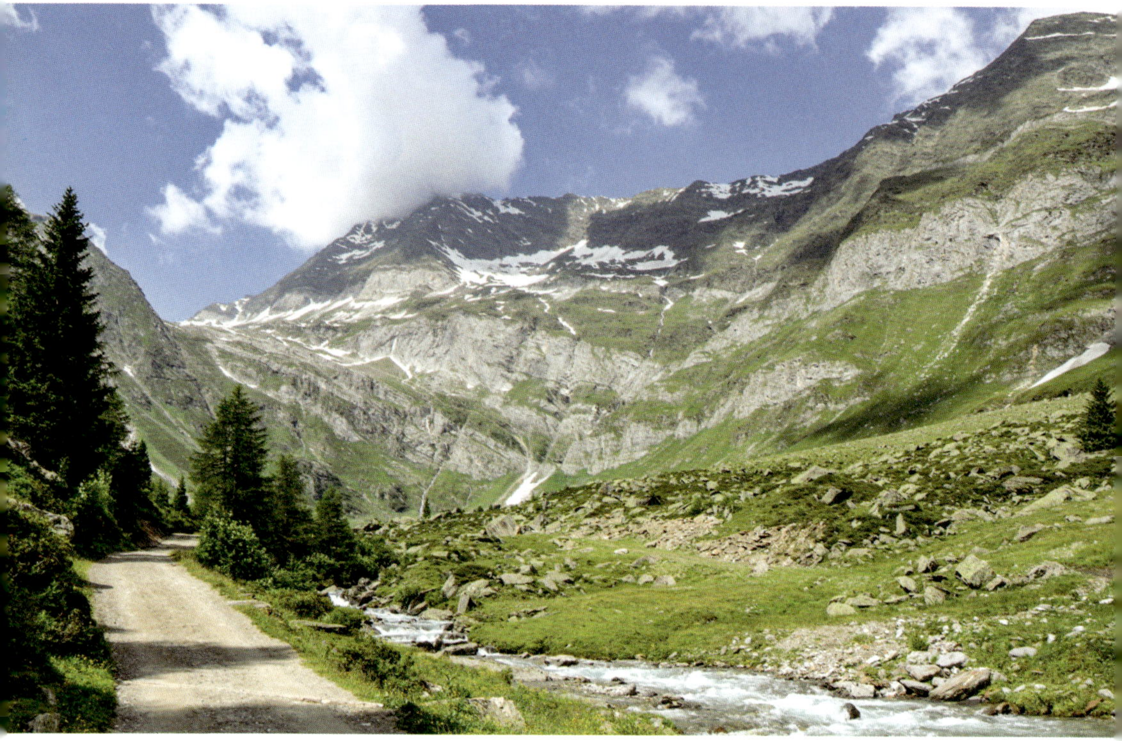

Oase der Ruhe und Stille

Der Weg beginnt direkt am Parkplatz in Pfelders links bei einem großen Naturparkschild, wo wir den Weg Nr. 8 wählen. Im Folgenden wandern wir entlang der Forststraße. Diese ist im Winter eine Langlaufloipe, was eine angenehme Steigung verspricht. Sie verläuft orografisch rechts und bringt uns direkt zum Lazinser Hof (1772 m). Bis hierhin benötigt man etwa eine Stunde. Nun tut sich einem das beeindruckende Tal auf und es scheint so, als sei die Zeit stehen geblieben. Der urige Lazinser Hof legt davon ein gutes Zeugnis ab. Der weitere Verlauf unserer Wanderung ist etwas ebener und vermittelt einen Eindruck von der schönen Pfelderer Bergwelt. Nach einer weiteren halben Stunde

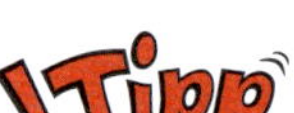

Von der Lazinser Alm aus kann man zur Stettiner Hütte (2875 m) hinaufwandern.

erreichen wir unser Ziel, die Lazinser Alm (1860 m). Dort können wir uns stärken und ein wenig ausruhen.
Der Rückweg erfolgt über den Hinweg. Es besteht die Möglichkeit beim Lazinser Hof den Pfelderer Bach zu queren und über den Weg Nr. 24 „Meraner Höhenweg" nach Zeppichl und dann über eine Teerstraße (10 Min.) nach Pfelders zurückzukehren. Diese Variante ist unwesentlich anstrengender.

Einkehrmöglichkeiten: in Pfelders verschiedene Gasthöfe und Restaurants, Lazinser Hof, Lazinser Alm und Gasthof Zeppichl
Sehenswertes in der Umgebung: MuseumPasseier in St. Leonhard in Passeier (www.museum.passeier.it); Museum Hinterpasseier in Moos (www.museum.hinterpasseier.it), Erlebnisbergwerk und Schutzhütte am Schneeberg in Passeier (www.schneeberg.org)

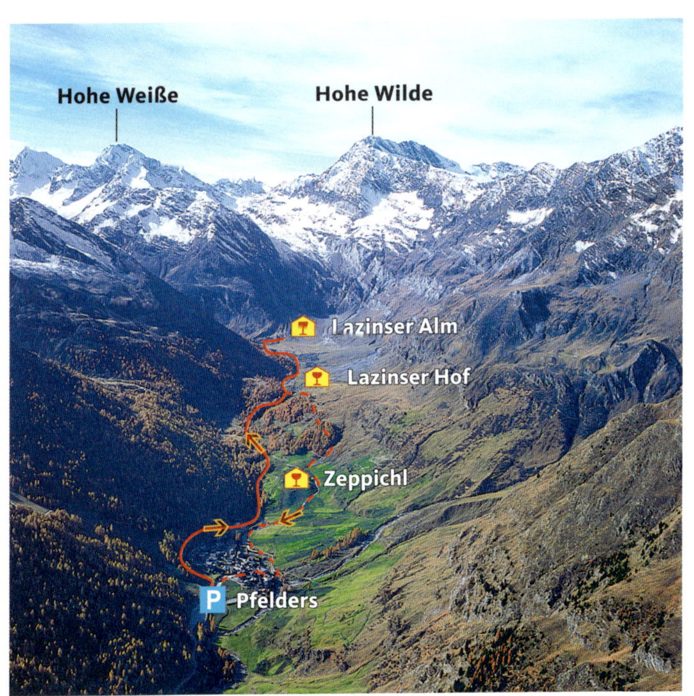

Anfahrt
ins Passeiertal bis nach Pfelders

Ausgangspunkt
Pfelders – Hinterpasseier

Parkplatz
großer Parkplatz am Ortsanfang von Pfelders (1628 m) beim Sessellift

Höhenunterschied
ca. 240 m

Wegbeschaffenheit
ungeteerte Forststraße, bei Rückweg über Zeppichl kurz etwas anstrengendere Wegverhältnisse

Gesamtgehzeit
2 ½ bis 3 Stunden

Jahreszeit
Sommer und Herbst, im Winter breiter, gespurter Weg bis zur Lazinser Alm

Kinderwagen
alpintauglich, 3 oder 4 Räder

Informationen
Tourismusverein Passeiertal
www.passeiertal.it

Schwierigkeit

12 ULFASER ALM IN MOOS IN PASSEIER

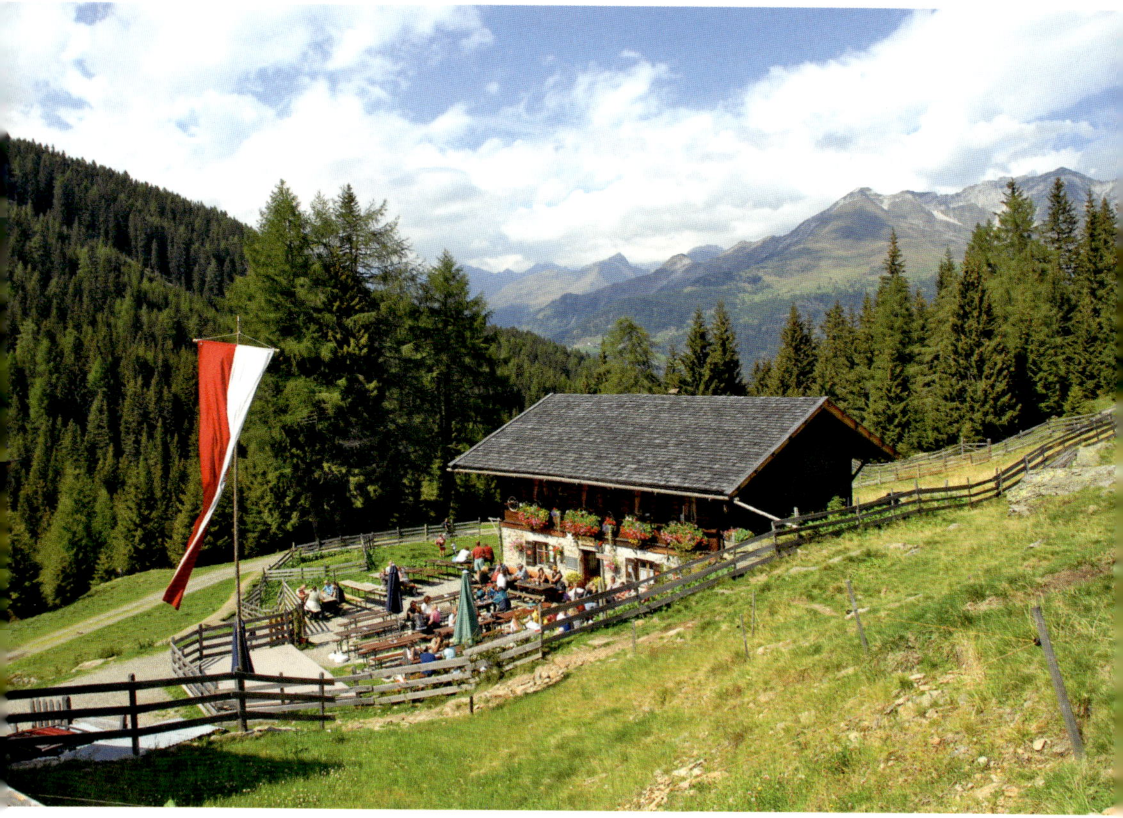

Unterwegs in der nördlichen Texelgruppe

Schon am Parkplatz (1500 m) bekommen wir einen Vorgeschmack von der urigen und einzigartigen Umgebung, wo scheinbar die Zeit stehen geblieben ist (Mühle am Wegesrand, Holzzäune, Bauernhäuser). Wir verlassen die Lichtung mit dem wunderschönen Panorama und folgen der Forststraße durch einen dichten, mystischen Fichten- und Tannenwald. Nach etwa einer halben Stunde angenehmer, ebener Wanderung queren wir über eine Brücke den Saldernbach. Die nächste Viertelstunde verläuft unser Weg zwar etwas anstrengender,

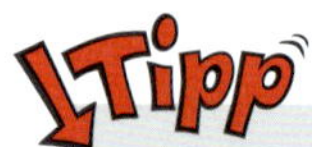

Es besteht die Möglichkeit, von der Ulfaser Alm den Waalweg bis zur Waalerhütte (1520 m) weiterzuwandern. Als naheliegende Gipfel bieten sich die Hahnlspitze (1999 m) und die Matatzspitze (2179 m) an.

aber immer noch sehr lohnend in einen wunderschönen Talkessel. Nach einer großen Kehre sieht man plötzlich die gepflegte und einladende Ulfaser Alm (1601 m). Der Rückweg ist gleich wie der Hinweg.

Einkehrmöglichkeiten: Ulfaser Alm
Sehenswertes in der Umgebung: MuseumPasseier in St. Leonhard in Passeier (www.museum.passeier.it); Museum Hinterpasseier in Moos (www.museum.hinterpasseier.it), Erlebnisbergwerk und Schutzhütte am Schneeberg in Passeier (www.schneeberg.org)

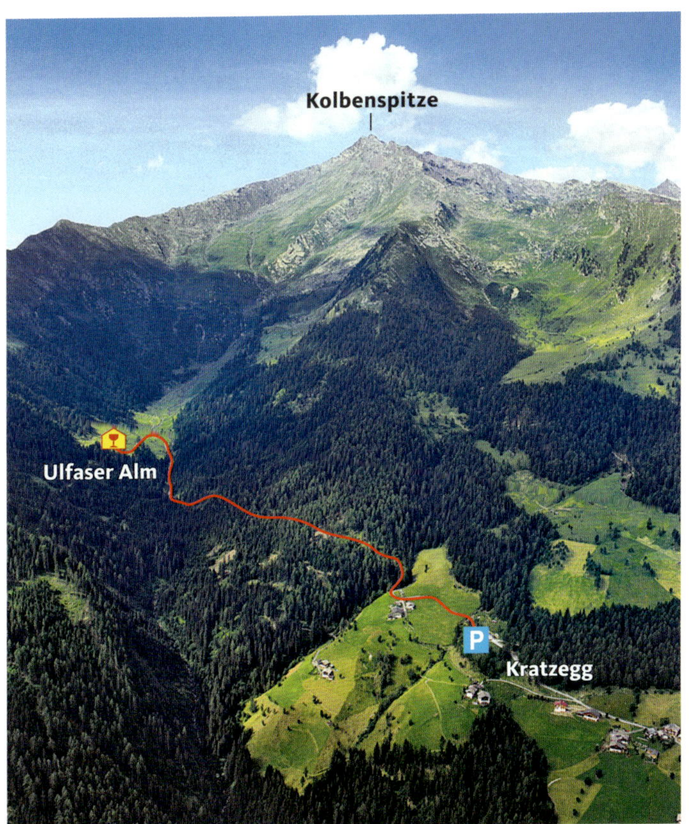

Anfahrt
ins Passeiertal bis Moos/Platt, weiter Richtung Pfelders, bald links ab, der Beschilderung Ulfas folgend, weitere 4 km auf schmaler, aber guter Straße

Ausgangspunkt
Ulfas – Hinterpasseier

Parkplatz
am Ende der Straße bei Kratzegg

Höhenunterschied
ca. 100 m

Wegbeschaffenheit
Forststraße mit einigen kurzen, etwas anstrengenden Passagen

Gesamtgehzeit
ca. 1 ½ Stunden

Jahreszeit
Sommer und Herbst

Kinderwagen
alpintauglich, 3 oder 4 Räder

Informationen
Tourismusverein Passeiertal
www.passeiertal.it

Schwierigkeit

13 KLAMMEBEN – GOMPM-ALM – TALL

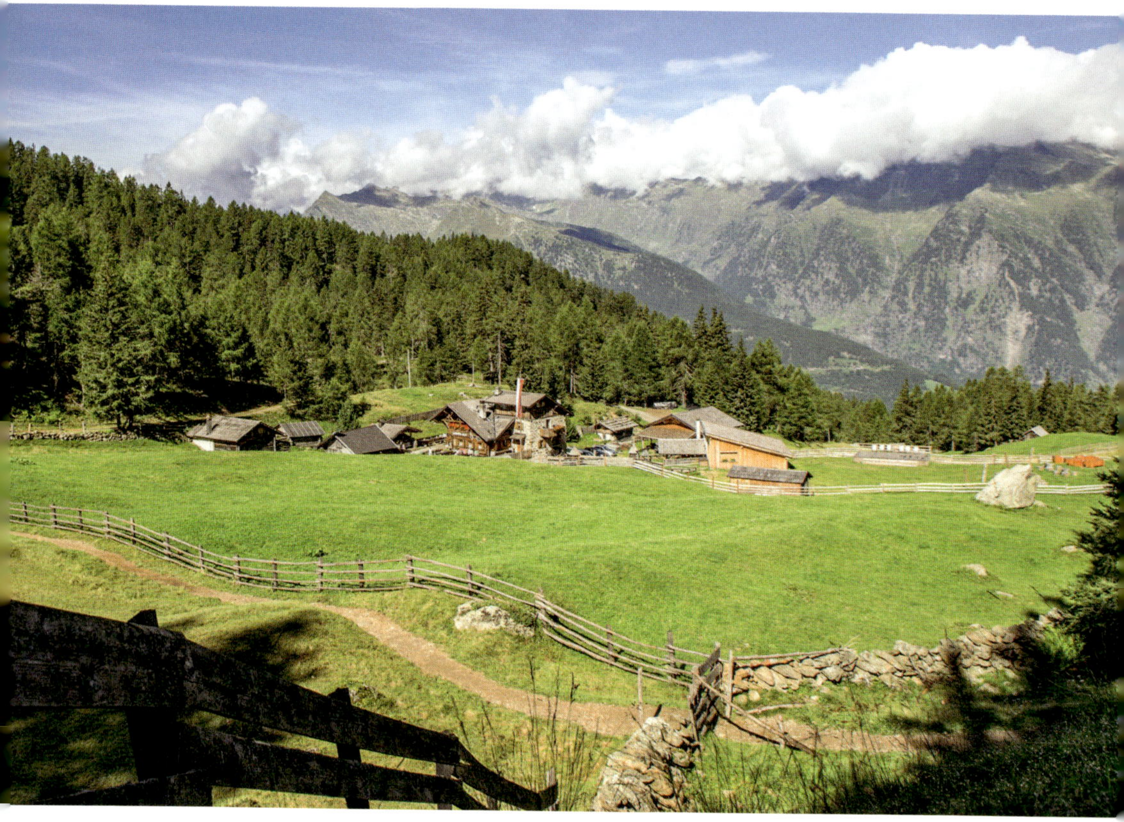

Zur etwas anderen Alm

Von der Bergstation der Seilbahn in Klammeben wandern wir gemächlich hinüber zur Hirzerhütte und folgen von dort der Markierung 5 auf dem Almweg durch die Gampenwiesen zur Gompm-Alm. Wir bedenken dabei, dass wir uns oberhalb der Waldgrenze auf knapp 2000 m bewegen. Diese etwas andere Alm hat sich seit Jahren durch ausgefallene Veranstaltungen und interessante Musikevents einen Namen gemacht. Das mag nicht unbedingt jedermanns Sache sein, aber es lohnt sich durchaus, immer mal wieder vorbeizuschauen.

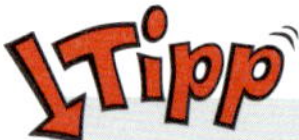

Von der Hirzerhütte kann über den E5 die Hirzerspitze (2780 m) bestiegen werden (nicht mit dem Kinderwagen).

Von der Gompm-Alm wandern wir nun in recht sanftem Gefälle über die Forststraße mit der Markierung 4 durch den Wald hinunter bis zum Gasthof Hochwies, wo wir die geteerte Straße erreichen. Und nach etwa einer halben Stunde sind wir in Prenn (Tall) angelangt.
Talfahrt mit der Hirzer-Seilbahn ab der Mittelstation Prenn.

Einkehrmöglichkeiten: Gompm-Alm, ein Gasthaus und zwei Jausenstationen entlang des Weges
Sehenswertes in der Umgebung: Wallfahrtskirche „Zu den Sieben Schmerzen Mariens“ in Riffian, MuseumPasseier in St. Leonhard in Passeier (www.museum.passeier.it); Museum Hinterpasseier in Moos (www.museum.hinterpasseier.it)

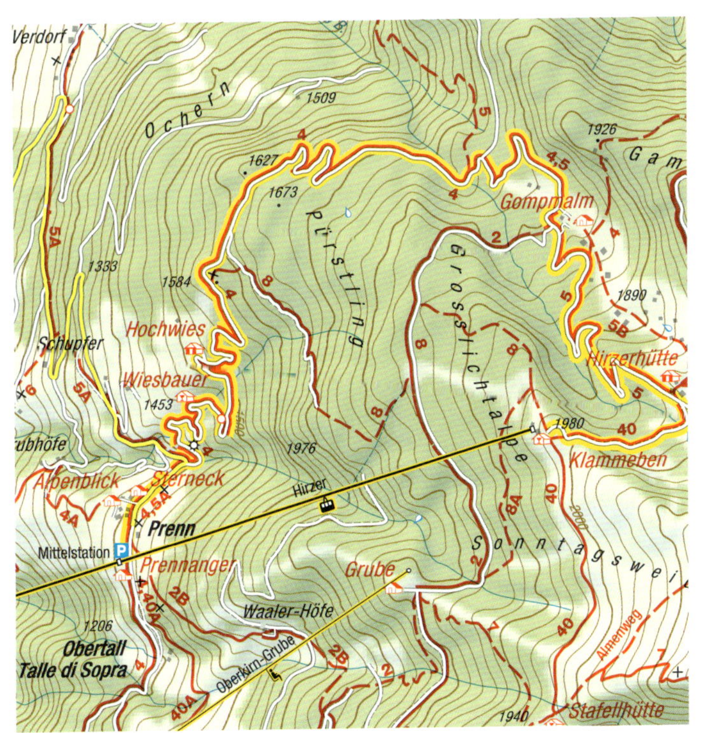

Anfahrt
über Meran ins Passeiertal
bis Saltaus

Ausgangspunkt
Talstation der Hirzer-Seilbahn,
Saltaus in Passeier

Parkplatz
Talstation Hirzer-Seilbahn

Höhenunterschied
ca. 100 m im Aufstieg,
ca. 700 m im Abstieg

Wegbeschaffenheit
leichter, teils ungeteerter Weg,
gut zu befahren

Gesamtgehzeit
etwas mehr als 2 Stunden

Jahreszeit
Sommer bis Frühherbst

Kinderwagen
alpintauglich, 3 oder 4 Räder

Informationen
www.hirzer.info
www.passeiertal.it

Schwierigkeit

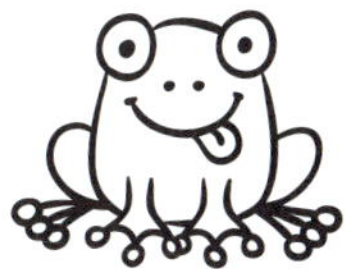

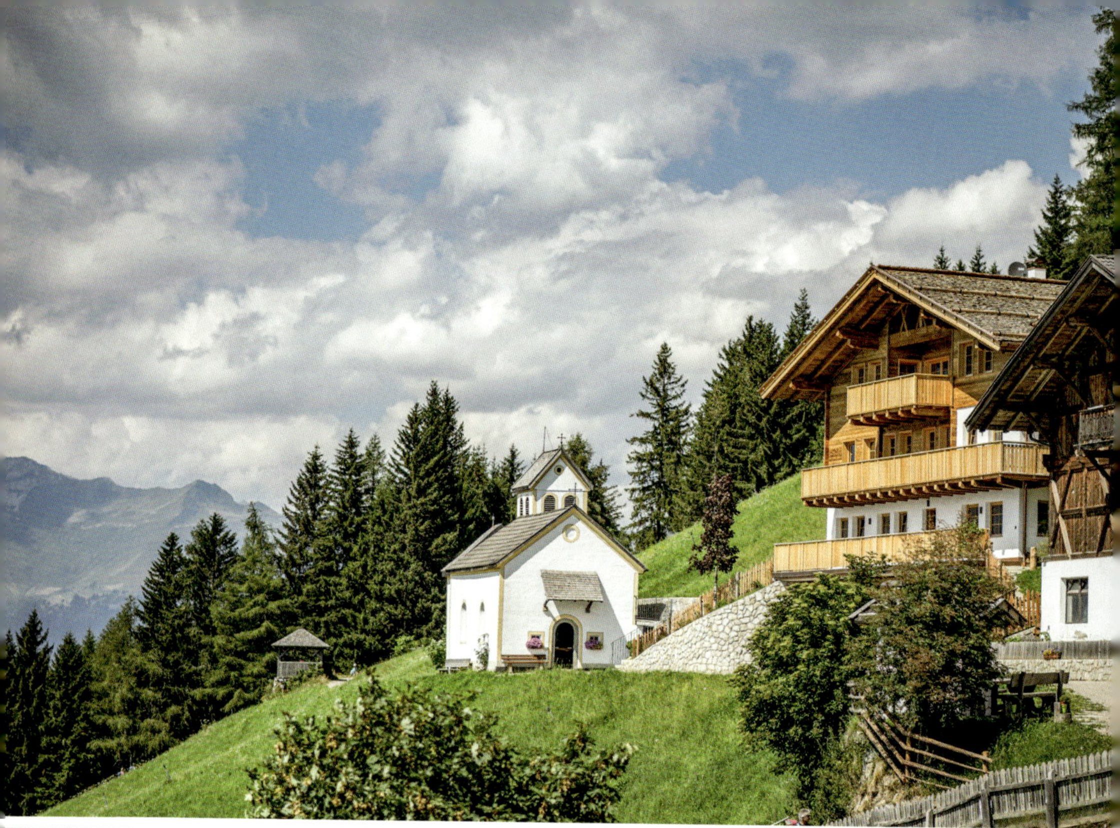

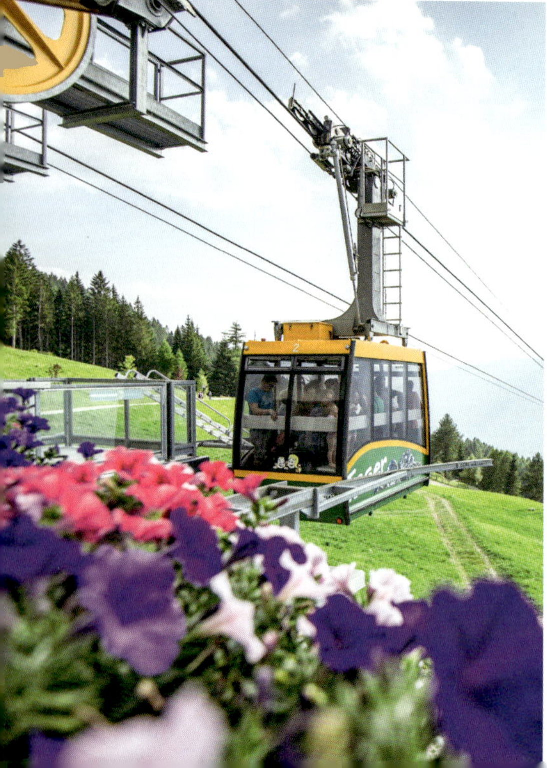

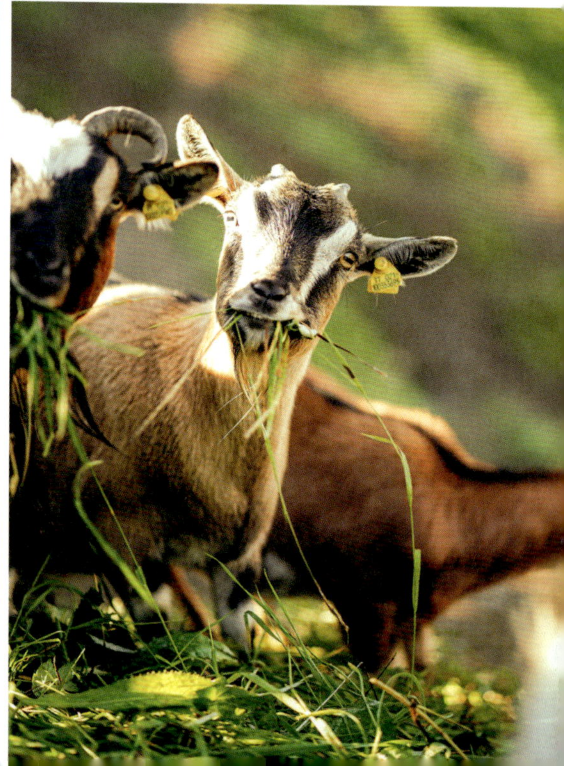

TASER ALM ***S 1450 m

Authentischer Feriengenuss, fern von Hektik und Straßenlärm, eingebettet inmitten einer traumhaften Berglandschaft, auf 1450 Metern und dennoch optimal erreichbar, nur wenige Kilometer von der Kurstadt Meran entfernt, befindet sich die Taser Alm, das einzigartige Almhotel inmitten unberührter Natur in Südtirol. Das innovative Konzept der Taser Alm, basierend auf der Kombination authentischer Natur mit exklusiven Ferienleistungen, bietet ein unvergessliches Naturerlebnis für jedermann. Aufgrund des besonderen Augenmerks auf die ökologische Ausrichtung, wurde die Taser Alm als erstes Hotel in Südtirol mit dem Europäischen Umweltzeichen ausgezeichnet. Komfortable Suiten, verteilt auf vier Almchalets mit Panoramasicht auf das Meraner Land, sowie gemütliche Wohlfühlzimmer im Almhotel sorgen für erholsamen Schlaf und die verdiente Urlaubserholung.

Das Taser-Alm-Spa mit Panoramahallenbad, Almblocksauna und ausgewählten Beauty- und Wohlfühlanwendungen bietet natürliches Wohlbefinden im Einklang mit der Natur; der Almgasthof hingegen bietet kulinarische Hochgenüsse aus der Südtiroler und mediterranen Küche. Die Taser Alm ist ein wahres Paradies für Aktivurlauber und Erholungssuchende, welche speziell im Frühling und im Herbst unvergleichlichen Urlaubsgenuss erwarten dürfen. Der Sommer hingegen gehört hauptsächlich den Familien. Denn die einzigartige Lage der Taser Alm inmitten einer unberührten Naturlandschaft bietet Kindern eine unvergessliche Erfahrung, die ihresgleichen sucht. Kleine Gäste dürfen sich im einzigartigen Berghotel in Südtirol auf einen betreuten Kids-Club mit Indoor- und Outdoorspielwelt genauso freuen wie auf den Abenteuerspielplatz, das Indianerdorf, den Bergzoo, den Hochseilgarten (Anmeldung erforderlich, Kinder Mindestgröße 1,30 m), den Bogenschießstand und vieles mehr.

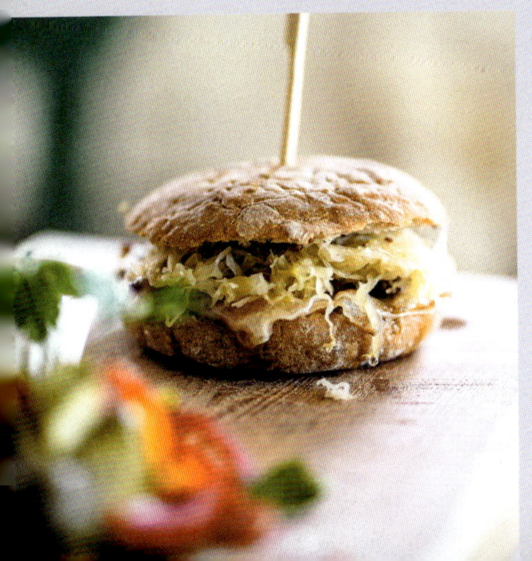

Schennaberg 25
I-39017 Schenna
T +39 0473 945615
info@taseralm.com
www.taseralm.com

Öffnungszeiten:
Von Ostern bis Heilige Drei Könige

14 ZUR LEADNERALM UND DEM KNOTTNKINO

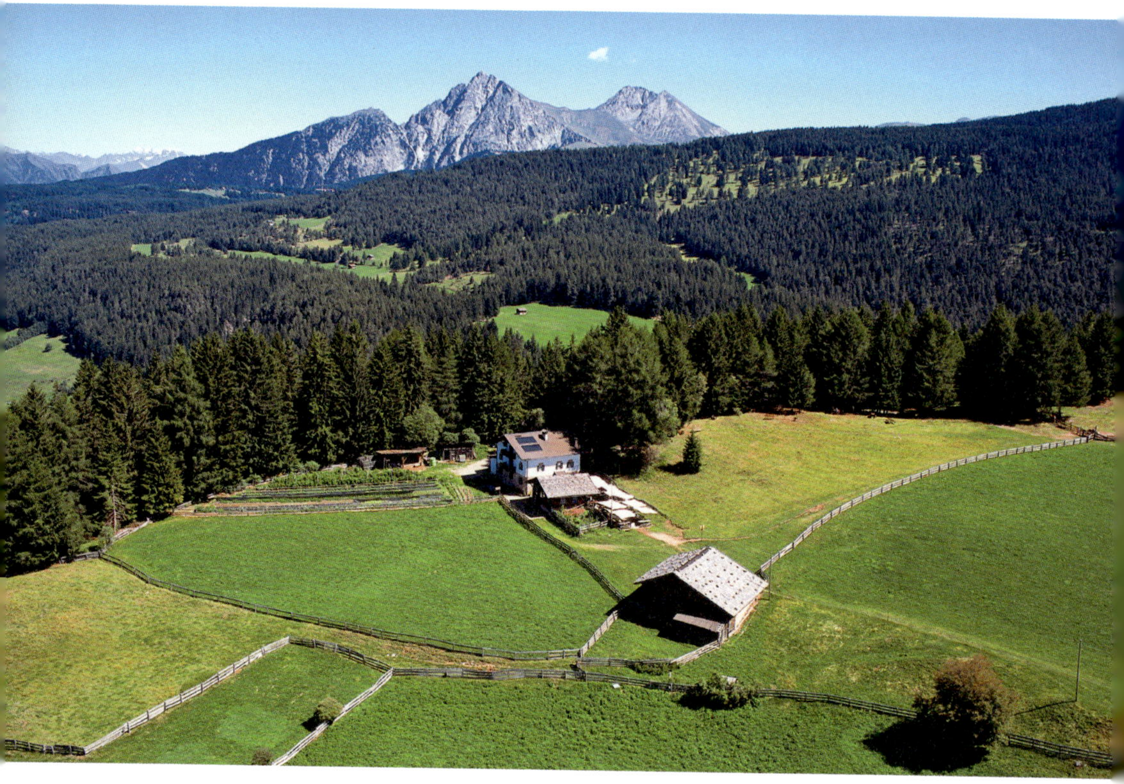

Ganzjahreswanderung am Tschögglberg

Wir starten vom Parkplatz der Beschilderung „Leadneralm“ folgend (Weg Nr. 16). Anfänglich führt uns die Wanderung über eine Straße mit freiem Blick auf die umliegende Bergwelt, und schon bald wechseln wir auf einen ungeteerten Weg. Dieser bringt uns in einen dichten Wald mit einigen anstrengenden Passagen. Nach ca. eineinhalb Stunden erreichen wir das Ziel unserer Wanderung, die Hochfläche der Leadneralm (1514 m), wo wir Rast halten und ein wunderbares Panorama genießen können (Dolomiten, Brenta-, Texelgruppe usw.). Für den Rückweg wählen wir entweder denselben Weg oder den lohnenden,

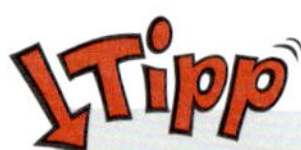

Von der Leadneralm über einen bequemen Forstweg zur Vöraner Alm (1873 m). Diese Wanderung ist auch mit dem Kinderwagen möglich.

aber stellenweise anstrengenden Rundweg über das Knottnkino (Vöran). Hierbei handelt es sich um einen Aussichtshügel mit wohl einzigartigem Weitblick und Kinosesseln (EU-Projekt zum Jahrtausendwechsel). Nach einem kurzen Abstieg von der Leadneralm wählen wir den Weg Nr. 11 mit der Beschilderung „Knottnkino“, welches wir in ca. einer Stunde erreichen. Das Besteigen stellt noch eine kleine Herausforderung dar, denn der Weg ist sehr steil. Beim Gasthof Alpenrose folgen wir der Straße in Richtung Hafling-Dorf, nach ca. zehn Minuten zweigen wir links ab, der Markierung Nr. 12 folgend bis zum Parkplatz.

Einkehrmöglichkeiten: Hotel Mesnerwirt, Hotel Restaurant Brunner, Leadneralm, Gasthof Alpenrose
Sehenswertes in der Umgebung: Knottnkino in Vöran

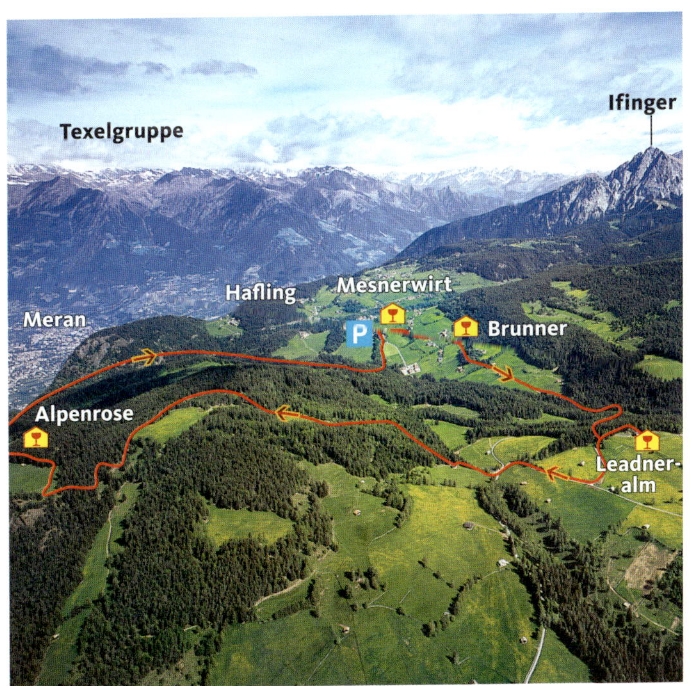

Anfahrt
über Meran nach Hafling-Dorf

Ausgangspunkt
bei Hafling-Dorf

Parkplatz
nach Hafling-Dorf rechts, gebührenpflichtig

Höhenunterschied
ca. 220 m

Wegbeschaffenheit
von Teer- und Forststraße bis Waldweg

Gesamtgehzeit
3 ½ bis 4 Stunden

Jahreszeit
ganzjährig

Kinderwagen
alpintauglich, 3 oder 4 Räder

Informationen
Tourismusverein Hafling
www.hafling.com

Schwierigkeit

15 ZUR SCHWARZEN LACKE AM VIGILJOCH

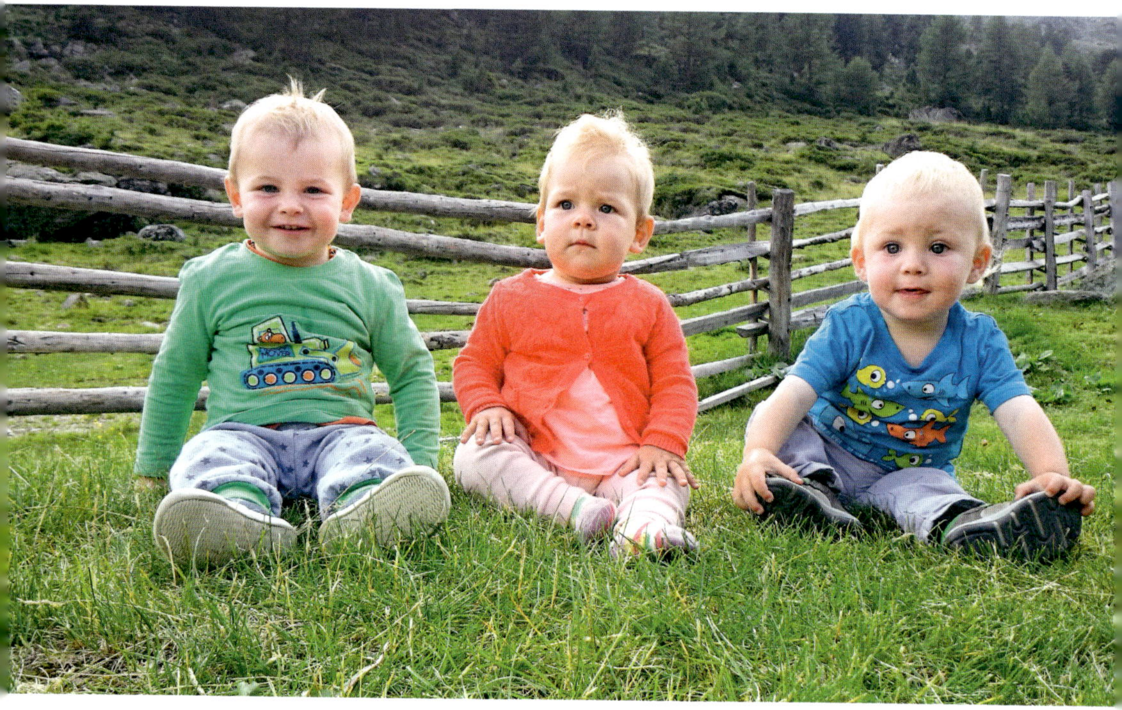

Mit der Seilbahn hoch hinauf zum Hausberg von Lana

Wir verlassen die Bergstation der Seilbahn Vigiljoch (1450 m) und begeben uns auf dem Weg Nr. 34 Richtung Vigiljoch. Dieser führt uns angenehm aufwärts, durch einen lichten Lärchenwald, über uns verläuft immer wieder der Sessellift. Der Wald weicht Wiesen, auf denen Pferde (Haflinger) ihre Sommerfrische genießen. Nach ungefähr eineinhalb Stunden erreichen wir das Vigiljoch (1743 m). Hier haben wir die Qual der Wahl, unzählige Wegweiser laden uns ein, ihnen zu folgen. Wir wählen den Weg Nr. 9, welcher uns in knapp einer Dreiviertelstunde zum Weiher Schwarze Lacke mit dem Gasthaus Seespitz (1730 m) bringt. Unterwegs treffen wir auf das magische

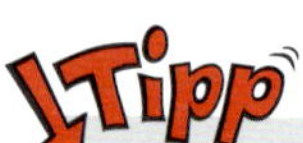

Die erste Station in der Nähe der Bergstation des Sesselliftes bietet dank der Aussichtsterrasse eine herrliche Fernsicht und eine genaue Darstellung der Gipfel.

St.-Vigilius-Kirchlein (1793 m) – erstmals im 12. Jahrhundert urkundlich erwähnt und von den Einheimischen Wetterkirche genannt –, welches wir rechts hinter uns lassen. Der aufgelassene Seehof zeugt von den besseren Zeiten des Vigiljoches. Der See ist ein Biotop und bietet uns die Möglichkeit zu verweilen (kleiner Spielplatz). Der Rückweg führt bis zum Jocher (1793 m). Hier ist ein kurzer Abstecher zum Gasthof Sessellift (1814 m) oder zur Bärenbadalm (1678 m) möglich. Der weitere Abstieg erfolgt über die Aufstiegsroute und ist in ca. einer Stunde bewältigt.

Einkehrmöglichkeiten: Hotel Vigilius Mountain Resort, Bärenbadalm, Gasthof Seespitz, Gasthof Sessellift

Sehenswertes in der Umgebung: Südtiroler Obstbaumuseum in Lana, Kirchen und Schlösser in Lana, Bauernmuseum in Völlan

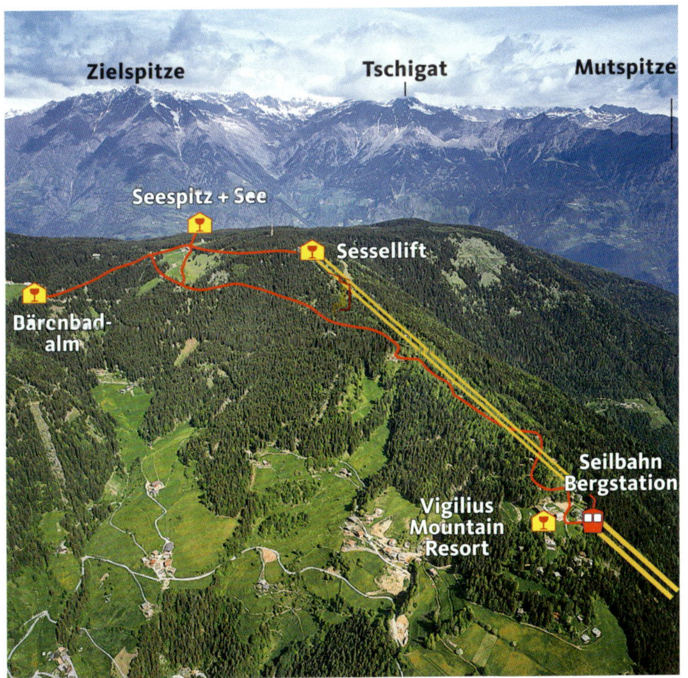

Anfahrt
nach Lana zur Talstation der Seilbahn Vigiljoch, Europas zweitälteste Schwebeseilbahn

Ausgangspunkt
Vigiljoch oberhalb Lana

Parkplatz
Talstation Seilbahn

Höhenunterschied
ca. 370 m

Wegbeschaffenheit
nicht asphaltierte Forststraße

Gesamtgehzeit
3 ½ Stunden

Jahreszeit
ganzjährig je nach Schneelage und Betriebszeiten der Seilbahn

Kinderwagen
alpintauglich, 3 oder 4 Räder

Informationen
Tourismusverein Lana
www.lana.net

Schwierigkeit

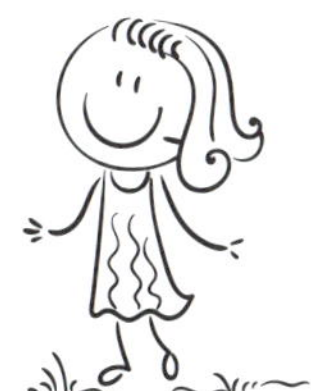

16 ERLEBNISWEG VORBICHL IN PRISSIAN

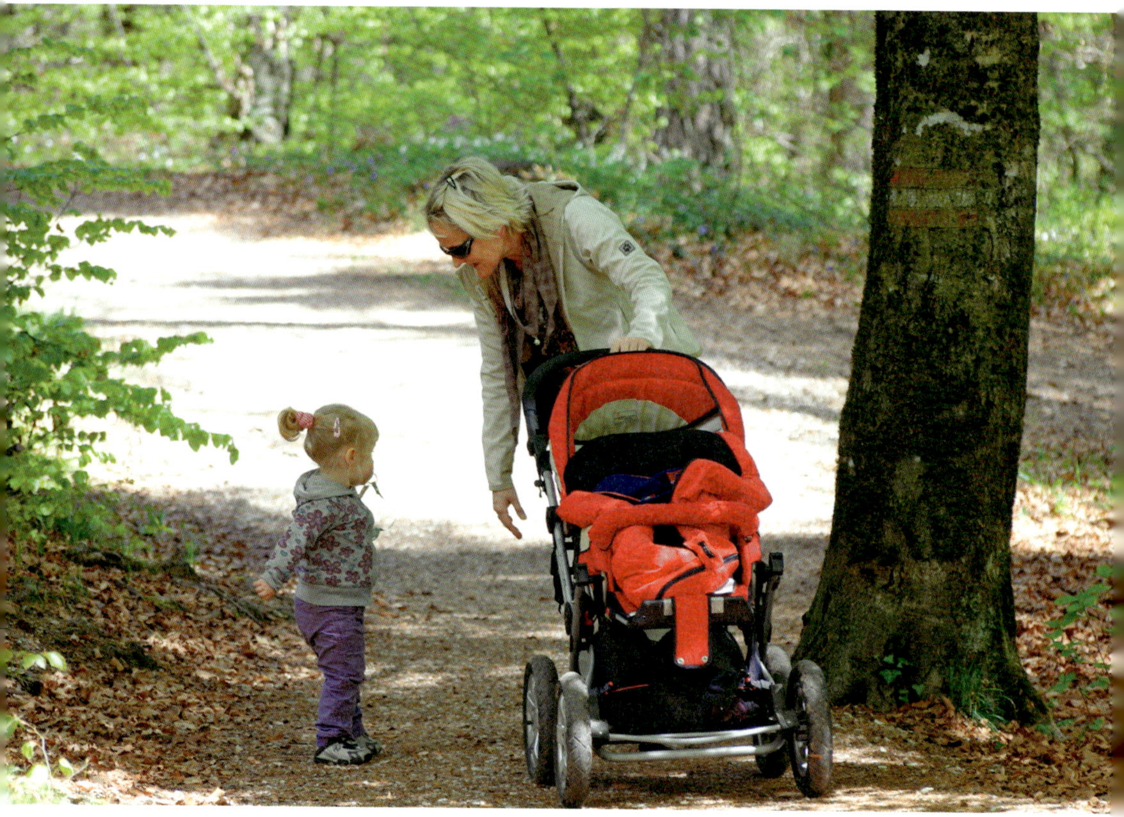

Die Natur mit allen Sinnen erleben

Vom Parkplatz folgen wir für ca. 10 Minuten der Straße über einen Hügel bis zur beschilderten Abzweigung, dem eigentlichen Beginn des Rundweges. Die Umgebung weist viele Zeugnisse der Vergangenheit auf: zahlreiche Burgen und Schlösser, renoviert oder als Ruinen, künden von vergangenen Zeiten. Wir folgen von nun an der Erikablüte, die uns zu den verschiedenen Stationen führt und uns aktiv einen Einblick in die vielfältige Fauna und Flora mit all ihren Wundern vermittelt: Eine davon erlaubt uns zum Beispiel einen wunderbaren Ausblick ins Etschtal und

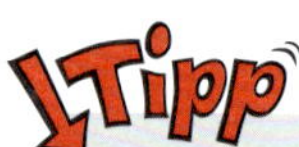

In der Nähe des kleinen Weihers befindet sich die Burgruine Kasatsch, die leicht über die Straße erreichbar und begehbar ist.

auf die nahen Dolomiten, eine andere bringt uns den Klang der Hölzer des Waldes (Xylophon) näher. Am Ende bzw. am Beginn des Weges finden wir einen kleinen Weiher (Biotop), wo wir gemütlich ein Picknick mit der Familie halten können (Tische und Bänke vorhanden). Verschiedene Spielmöglichkeiten lassen hier den Kindern die Rast kurzweilig werden. Der Weg wurde in Zusammenarbeit mit den Kindern der Dörfer gestaltet. Im Tourismusverein liegt ein illustriertes Übersichtsblatt über die Stationen des Weges auf.

Einkehrmöglichkeiten: Gasthäuser im Dorf Prissian
Sehenswertes in der Umgebung: unzählige Burgen und Schlösser der Umgebung, wie auch mehrere Kirchlein und sagenumwobene Plätze

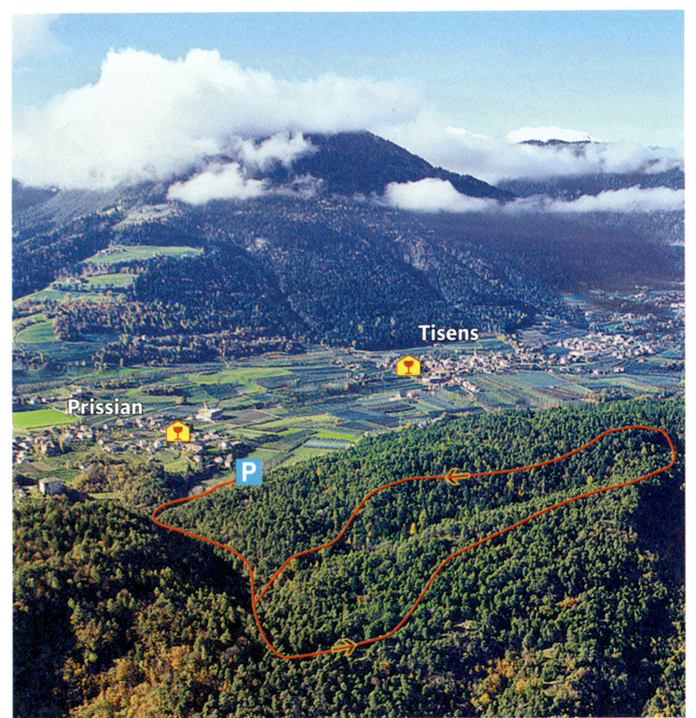

Anfahrt
nach Lana Richtung Gampenpass, Abzweigung Tisens-Prissian bis zur Bushaltestelle in Prissian, dort der Beschilderung „Erlebnisweg Vorbichl" mit dem Symbol der Erikablüte folgen bis zur Kläranlage

Ausgangspunkt
Tisner Mittelgebirge bei Prissian

Parkplatz
Kläranlage in Prissian

Höhenunterschied
ca. 60 m

Wegbeschaffenheit
angenehmer Waldweg

Gesamtgehzeit
ca. 1½ Stunden, abhängig von den Pausen bei den Erlebnispunkten

Jahreszeit
ganzjährig je nach Schneelage

Kinderwagen
alpintauglich, 3 oder 4 Räder

Informationen
Tourismusverein
Tisens-Prissian
www.tisensprissian.com

Schwierigkeit

17 FAMILIENRUNDWANDERWEG SCHWEMMALM

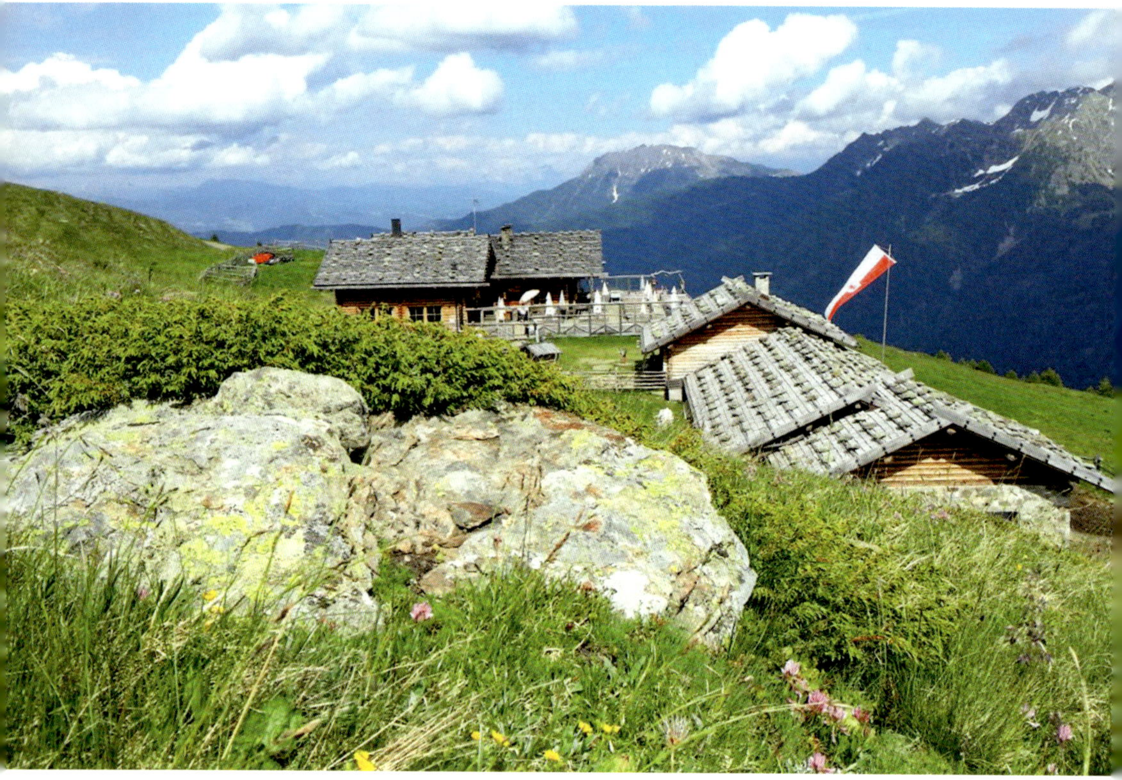

Rundwanderung Waldbrunnenweg

Von der Bergstation der Seilbahn folgen wir der Markierung 6 zur Außerschwemmalm. Von dort folgen wir dem Waldbrunnenweg mit der Markierung 29 taleinwärts. Ohne großen Höhenunterschied geht's oberhalb der Waldgrenze dahin, schön ist die Aussicht auf die gegenüberliegende Bergwelt mit der dominanten Ultner Hochwart und der Ilmenspitz. Nach einer guten halben Stunde führt uns die Markierung 13B nach links hinunter und jetzt wieder talauswärts zur Innerschwemmalm. Von dort wandern wir, immer auf dem Waldbrunnenweg kurz hinauf zur Außerschwemmalm und zurück zur Bergstation der Seilbahn.

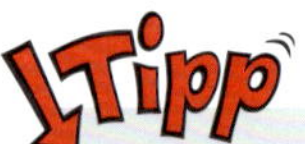

Von der Bergstation Schwemmalm kann man den schönen Aussichtsgipfel Mutegg (2658 m) leicht besteigen.

Entlang der Strecke finden sich für die ganze Familie zahlreiche Rastmöglichkeiten und Erlebnispunkte, die sich rund um das kühle Nass drehen. Hier erfahren Kinder vielerlei Wissenswertes zum Thema Wasser in den Alpen, für Erfrischung und Belebung sorgen Rinnsale, Gebirgsbrunnen und -bäche, stets begleitet von einem einzigartigen Panorama, das bis zum Blick in die Dolomiten reicht. Ein besonderer „Renner" ist der Erlebnisteich zwischen Äußerer und Innerer Schwemmalm.

Einkehrmöglichkeiten: Bergrestaurant Schwemmalm, Innere Schwemmalm

Sehenswertes in der Umgebung: Museum Culten in St. Walburg und Ultner Talmuseum in St. Nikolaus, Nationalparkhaus Lahnersäge und Urlärchen in St. Gertraud

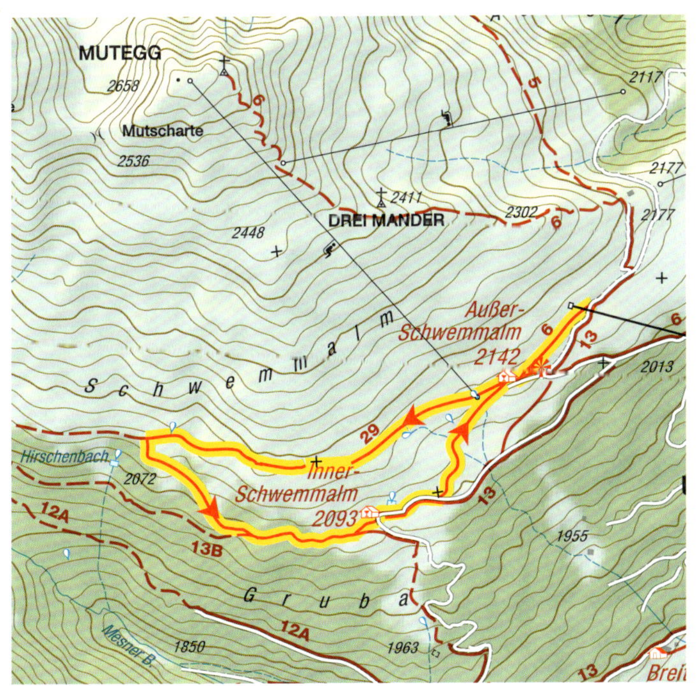

Anfahrt
über Lana ins Ultental bis nach Kuppelwies am Ende des großen Zoggler-Stausees

Ausgangspunkt
Talstation Schwemmalm-Bahn in Kuppelwies

Parkplatz
Talstation Schwemmalm-Bahn

Höhenunterschied
ca. 110 m

Wegbeschaffenheit
ungeteerter Weg mit wenig Steigung, gut zu befahren

Gesamtgehzeit
etwas mehr als 1 Stunde

Jahreszeit
Sommer bis Frühherbst

Kinderwagen
alpintauglich, 3 oder 4 Räder

Informationen
Tourismusgenossenschaft Ultental-Proveis
www.ultental.it

Schwierigkeit

18 DIE FIECHTALM IM HINTERSTEN ULTENTAL

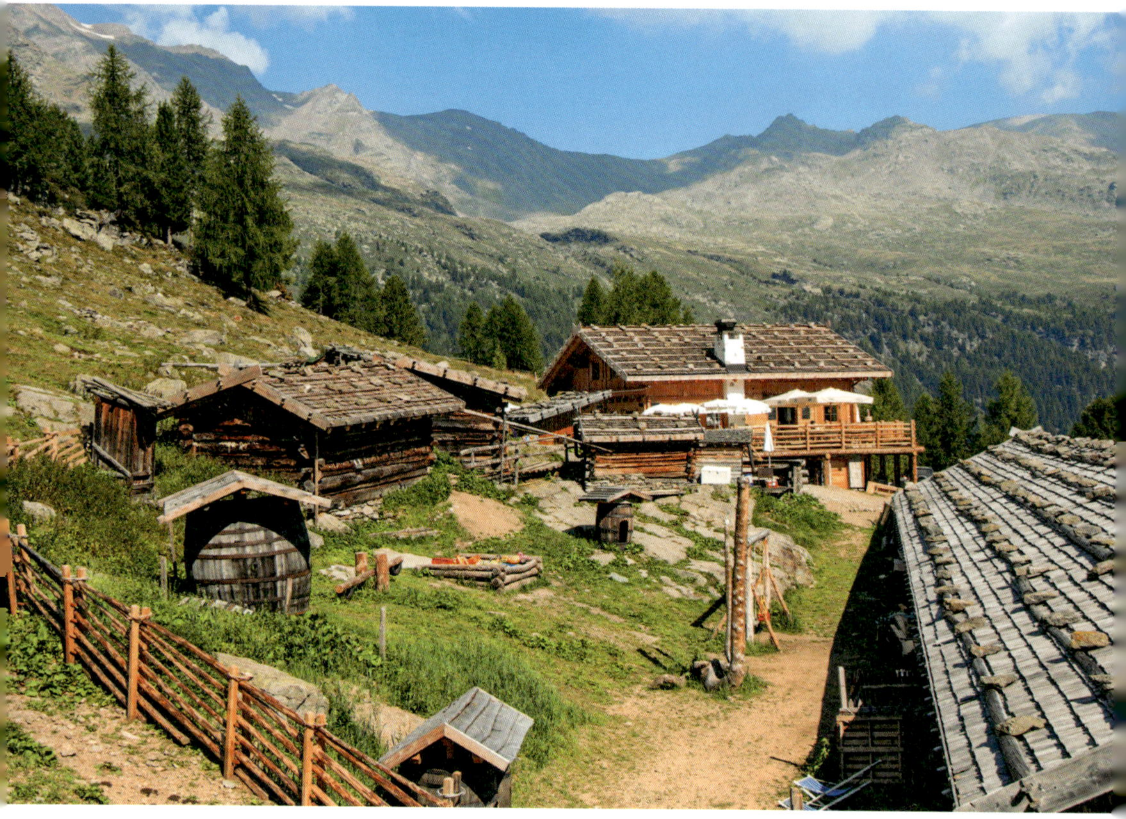

Das Tal der vielen Stauseen

Wir starten beim Parkplatz der Beschilderung „Fiechtalm" folgend und gehen den See entlang auf einer Forststraße, bis wir an eine Weggabelung kommen. Hier wählen wir den urigen, aber breiten und eben verlaufenden Wanderweg, der einer hohlen Gasse gleicht. Bald schon erreichen wir eine kleine Brücke, die uns wieder auf die Forststraße bringt. Nun geht es stetig bergauf durch einen Lärchen- und Kiefernwald. Ab und zu gelingt ein Blick in das ursprünglich gebliebene Ultental oder auf den malerischen See. Nach ca. einer Stunde künden erste freilaufende Haustiere (Esel,

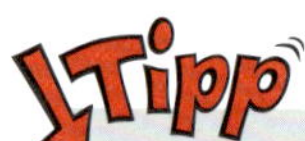

Von der Fiechtalm kann man über den Weg Nr. 107 zu den Fischerseen wandern. Für Gipfelstürmer steht der Nagelstein (2469 m) bereit!

Kühe und Schweine) die nahe Alm (2034 m) an. Dort gibt es neben einer Stärkung auch hausgemachten Käse zu kaufen. Der Rückweg verläuft über den Aufstieg. Als Alternative bietet sich eine gemütliche, meist eben verlaufende Umrundung des Stausees an.

Einkehrmöglichkeiten: Restaurant Weißbrunn und Weißbrunner-Alm-Hütte in Weißbrunn und Fiechtalm
Sehenswertes in der Umgebung: Nationalparkhaus Lahnersäge und Urlärchen in St. Gertraud, Ultner Talmuseum in St. Nikolaus

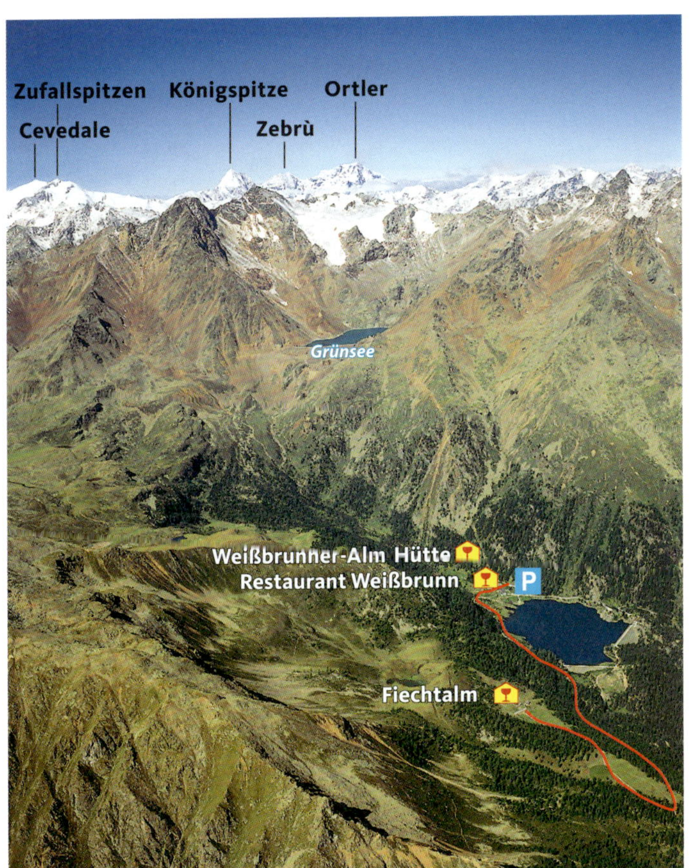

Anfahrt
über Lana ins Ultental bis Weißbrunn (Straßenende)

Ausgangspunkt
im hintersten Ultental, Weißbrunnsee (1872 m)

Parkplatz
am Weißbrunnsee

Höhenunterschied
ca. 200 m

Wegbeschaffenheit
anfangs angenehmer Waldweg, dann ungeteerte Forststraße

Gesamtgehzeit
ca. 2 Stunden

Jahreszeit
Frühsommer bis Spätherbst

Kinderwagen
alpintauglich, 3 oder 4 Räder

Informationen
Tourismusgenossenschaft Ultental-Proveis
www.ultental.it

Schwierigkeit

19 DER KNEIPPWEG IN ULTEN

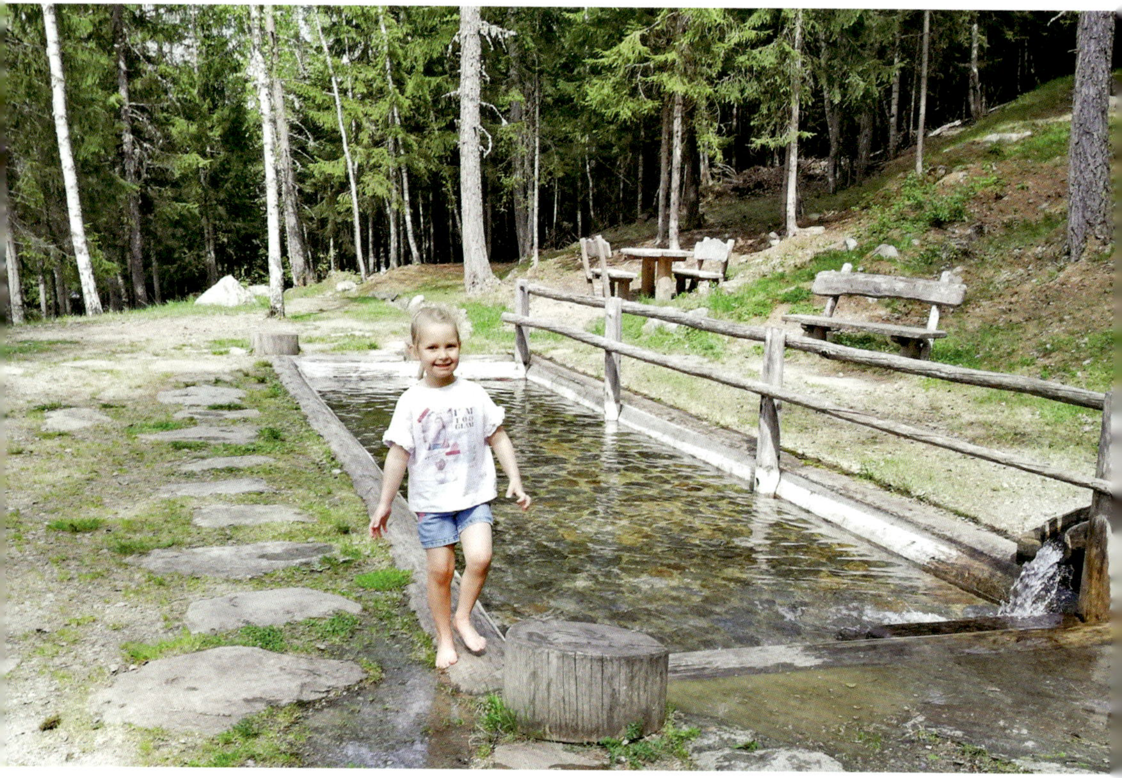

Kneippweg und Seeumrundung

Es handelt sich um einen gemächlichen Spaziergang am Zoggler Stausee ohne nennenswerten Höhenunterschied. Der Weg ist auch als Seerundweg ausgeschildert, auf der Nordseite ist er zwischen Landesstraße und See neu angelegt worden.

Ulten ist das „Tal der Stauseen", es sind deren sechs. Wenn sie voll sind, bieten sie auch einen recht hübschen Anblick, Angler erfreuen sich am Fischbestand und im Hochsommer tauchen auch Wagemutige (am Einlauf) in die kühlen Fluten. Trotzdem soll nicht vergessen werden, dass zwei der schönsten Höfe der Gegend den Fluten zum Opfer fielen.

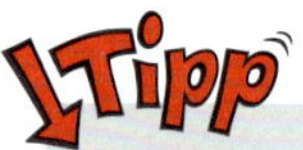

Die Urlärchen in St. Gertraud sind riiiiiesig! Schaut mal wie viele ihr sein müsst, um einen Baum umarmen zu können!

Der Kneippweg umfasst 6 Stationen mit Skulpturen zum Thema Kneipp, einem zentralen Wasserbecken, Liegen, einem Teich, Tretbecken und einer Ruheoase mit Tischen, Bänken, einem Brunnen und einer Mühle am Bach.
Nach Überquerung der Talsperre spazieren wir am Seeufer gemächlich taleinwärts. Der Weg führt meist durch Wald bis zu einer Brücke auf Höhe von Kuppelwies, wir überqueren die Falschauer und kehren am neu angelegten Weg zurück zum Ausgangspunkt.

Einkehrmöglichkeiten: mehrere Gasthöfe in St. Walburg und Kuppelwies
Sehenswertes in der Umgebung: Museum Culten in St. Walburg und Ultner Talmuseum in St. Nikolaus, Besucherzentrum Lahner Säge und Urlärchen in St. Gertraud

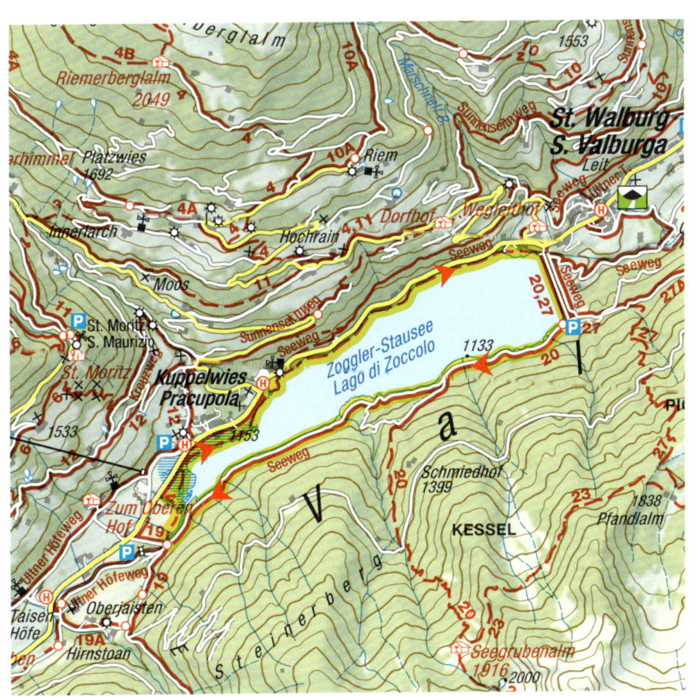

Anfahrt
über Lana ins Ultental bis knapp hinter St. Walburg

Ausgangspunkt
Zogglerstausee St. Walburg/Ulten

Parkplatz
Parkplätze an beiden Enden der Staumauer

Höhenunterschied
unbedeutend

Wegbeschaffenheit
ungeteerter Weg

Gesamtgehzeit
ca. 2 Stunden

Jahreszeit
Sommer bis Herbst

Kinderwagen
alpintauglich, 3 oder 4 Räder

Informationen
Tourismusgenossenschaft Ultental-Proveis
www.ultental.it

Schwierigkeit

20 ERLEBNISWEG ZUR UNTEREN KESSELALM

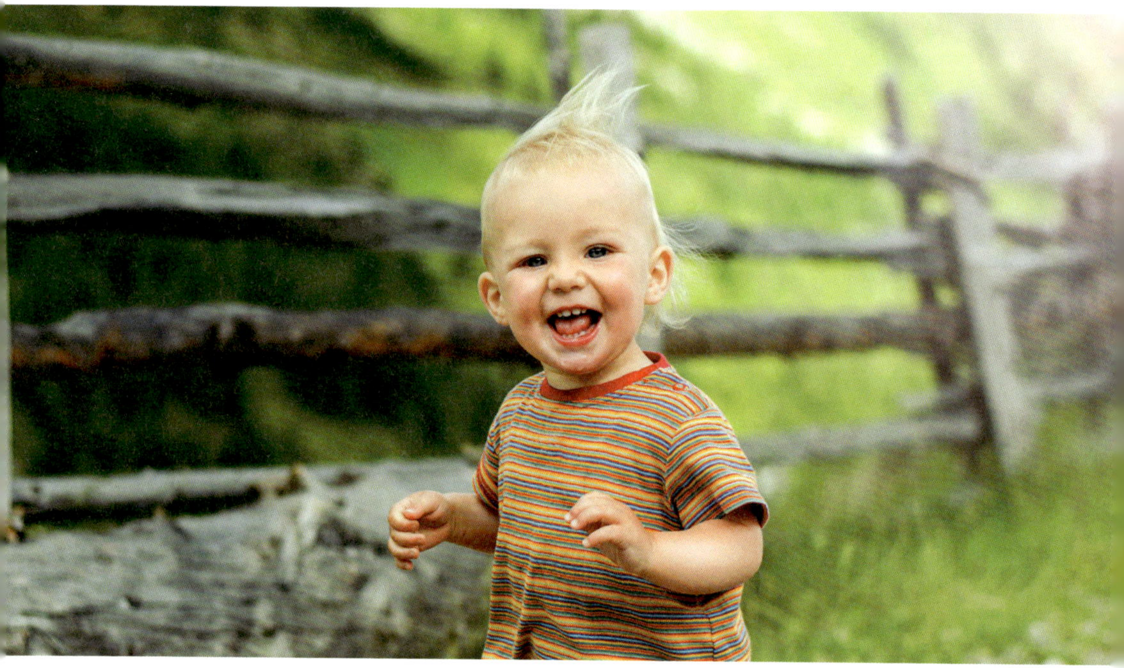

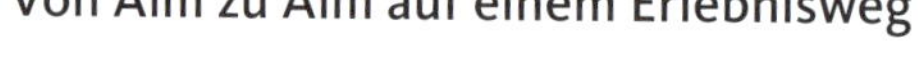

Von Alm zu Alm auf einem Erlebnisweg

Beim Parkplatz queren wir die Passstraße und folgen der Forststraße (Mark. Nr. 8) in Richtung Cloz-Alm (1732 m), welche wir in gemütlichen 15 Minuten erreichen. Diese Alm ist in den Sommermonaten bewirtschaftet und lädt zum Verweilen ein. Angenehm wandern wir in bequemen zehn Minuten weiter bis zur Rawauer Alm (1734 m). Immer wieder begleiten uns Kühe und anderes Weidegetier als auch weitreichende Blicke in das Nonstal. Über uns befinden sich die Gipfel Kornigl und Hochwart, welche das Ultental vom Deutschnonsberg trennen. Wer will, kann hier seine Mittagsrast halten und das wunderbare Panorama auf sich wirken lassen. Für die Kinder ist jedenfalls genügend Platz. Wir wollen aber noch weiter, verlassen die Forststraße und erreichen über den Erlebnisweg nach einer Viertelstunde die Untere Kesselalm.

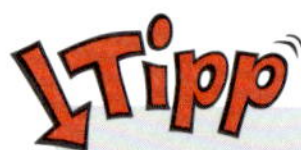

Von der Unteren Kesselalm kann über den Weg Nr. 133 auf die Castrinalm (1814 m) zurückgegangen werden. Diese ist nahe am Ausgangspunkt.

Im Jahr 2009 hat die Forstbehörde mit den Deutschnonsberger Gemeinden diesen Erlebnisweg erbaut, welcher über das spannungsgeladene Verhältnis des Deutschnonsberges und seinen zwei Sprachkulturen informieren soll. Der Weg beginnt bereits am Parkplatz und besteht aus 14 Stationen. Die Gehzeiten können natürlich variieren, je nachdem wie lange man sich bei den Stationen Zeit nimmt. Der Weg würde bis nach Proveis weiterführen und eine schöne Alternative zur heutigen Wanderung darstellen, allerdings sollte man sich vorher schon überlegt haben, ob genügend Kondition für den Rückweg vorhanden ist, oder wie man von Proveis zum Parkplatz zurückkommt. Der Rückweg erfolgt über den Hinweg.

Einkehrmöglichkeiten: Cloz-Alm, Rawauer Alm, Untere Kesselalm, Gasthäuser in Proveis

Sehenswertes in der Umgebung: Pfarrkirche zum hl. Nikolaus in Proveis

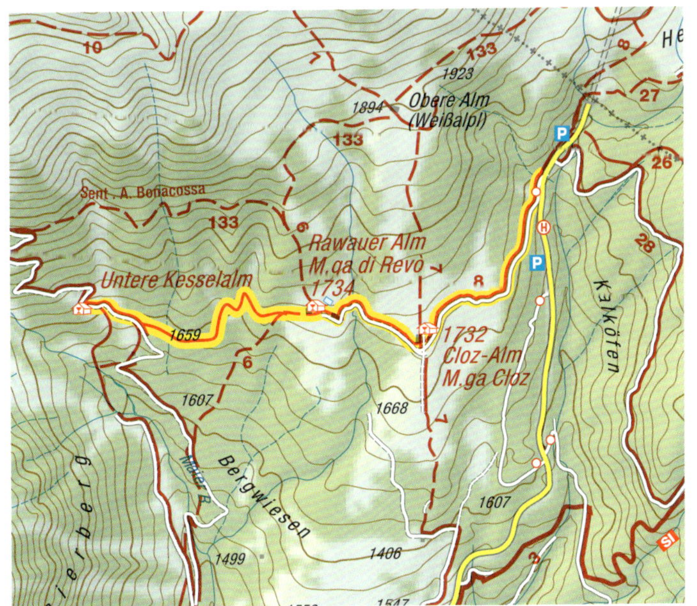

Anfahrt
über das Ultental und die Proveiser Straße bis zum Parkplatz nach dem Tunnel

Ausgangspunkt
am Deutschnonsberg von Ulten kommend

Parkplatz
Hofmahdjoch

Höhenunterschied
ca. 50 m

Wegbeschaffenheit
nicht asphaltierte Forststraße bzw. breiter Wanderweg

Gesamtgehzeit
ca. 1½ Stunden

Jahreszeit
Frühsommer bis Herbst

Kinderwagen
alpintauglich, 3 oder 4 Räder

Informationen
Tourismusgenossenschaft Ultental-Proveis
www.ultental.it

Schwierigkeit

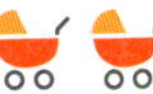 

21 DIE LAUGENALM AM GAMPENPASS

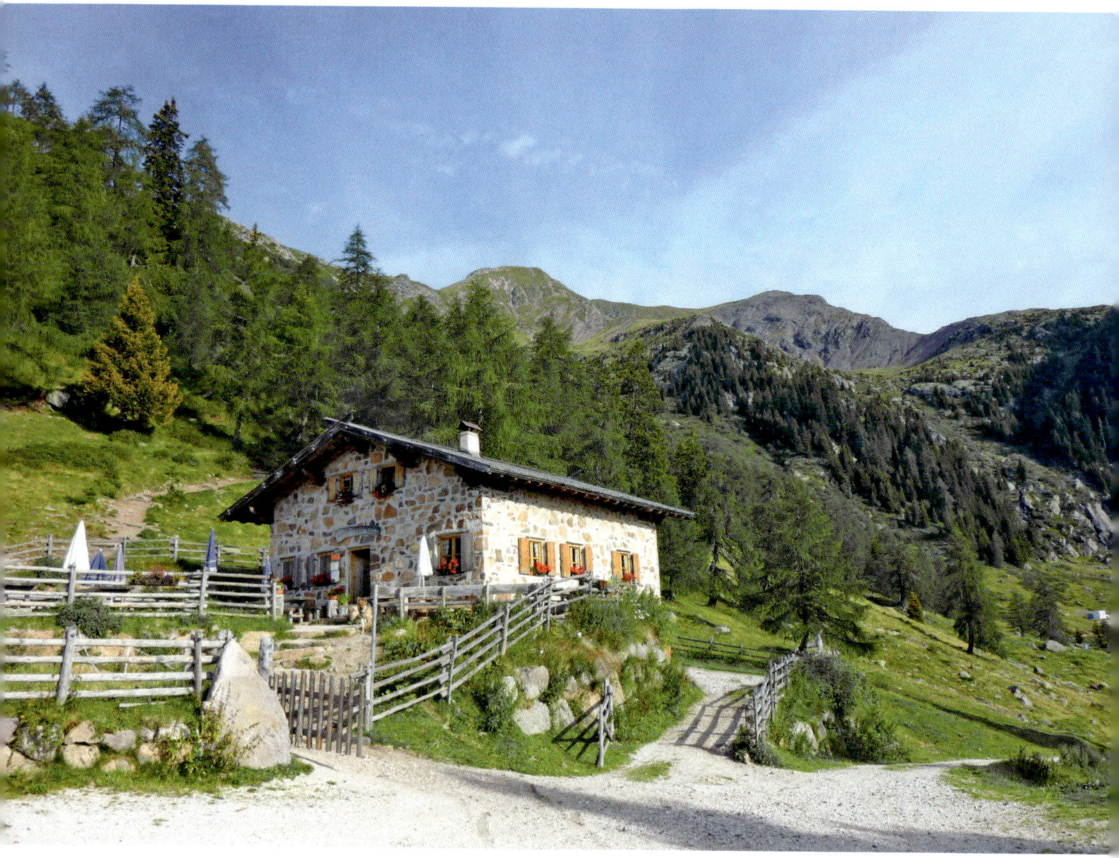

Das Tor zum Nonstal

Vom Gampenpass (1518 m), oft auch als Gampenjoch bezeichnet, gehen wir den Weg Nr. 133 in Richtung Laugenalm. Wir folgen immer der Forststraße, die stetig ansteigt. Immer wieder haben wir kürzere recht anstrengende Passagen zu bewältigen, verbleiben allerdings immer im Wald, so dass die eventuell scheinende Sonne uns nicht zu sehr leiden lässt. Nach gut eineinhalb Stunden erreichen wir eine Kehre, die uns die Alm (1853 m) schon erahnen lässt. Nun verlassen wir den dichten Wald und können

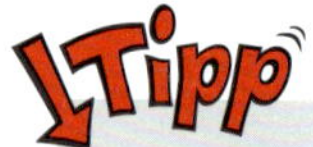

Wer noch Kondition und Zeit hat, kann zum Laugensee (2182 m) und zum Großen Laugen (2434 m) aufsteigen.

ob des freiwerdenden Blickes die umliegende Bergwelt genießen: Kleiner Laugen (2297 m), Großer Laugen (2434 m), Brentagruppe, Gantkofel.

Die Laugenalm ist nun nicht mehr weit und bald erreicht. Bewirtschaftet ist sie von Mai bis Oktober, im Winter kann die Forststraße zum Rodeln genutzt werden. Von der Alm startet der einsame Weitwanderweg Aldo Bonacossa, welcher bis nach Rabbi ins gleichnamige Tal (drei bis vier Tage) führt. Der Rückweg verläuft gleich wie der Aufstieg.

Einkehrmöglichkeiten: Gampenpass und Laugenalm

Sehenswertes in der Umgebung: „Gampen Gallery" Bunker am Gampenpass, Wallfahrtskirche in Unsere Liebe Frau im Walde

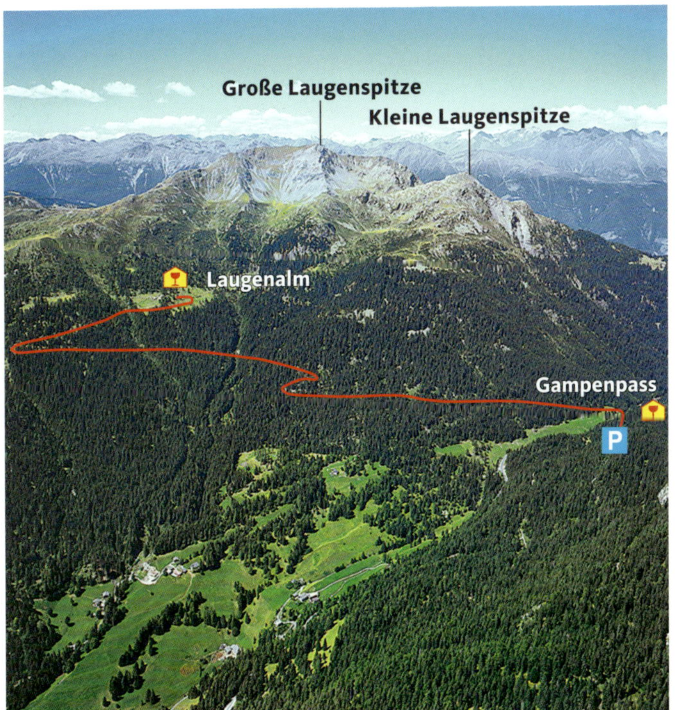

Anfahrt
über Lana auf den Gampenpass

Ausgangspunkt
Gampenpass

Parkplatz
direkt am Pass

Höhenunterschied
ca. 340 m

Wegbeschaffenheit
Forststraße, grob geschottert

Gesamtgehzeit
ca. 3 Stunden

Jahreszeit
ganzjährig, je nach Schneelage

Kinderwagen
alpintauglich, 3 oder 4 Räder

Informationen
Tourismusverein Lana
www.lana.net

Schwierigkeit

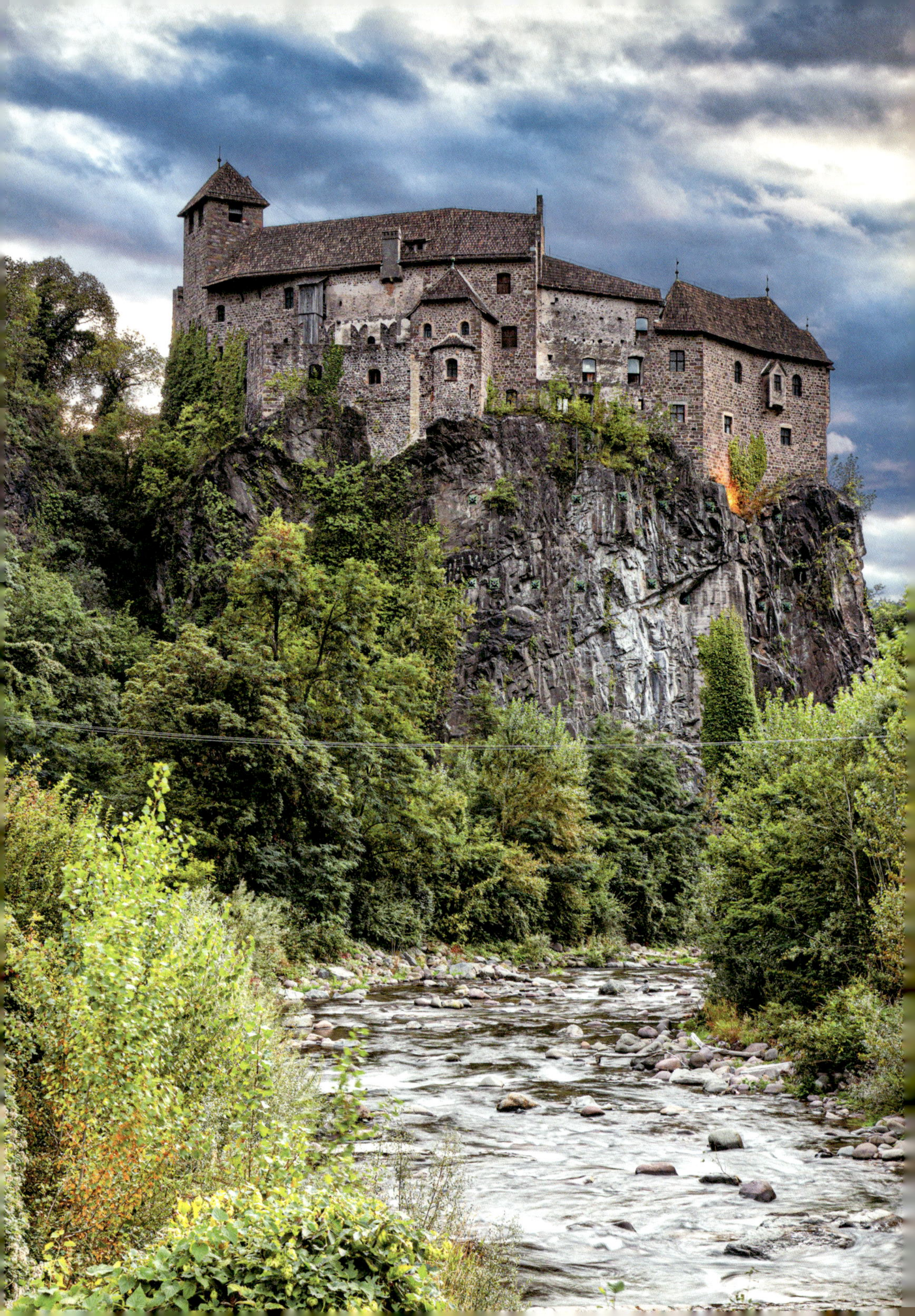

BOZEN
UND UMGEBUNG

ZUR MÖLTNER KASER UND DEN STOANERNEN MANDLN

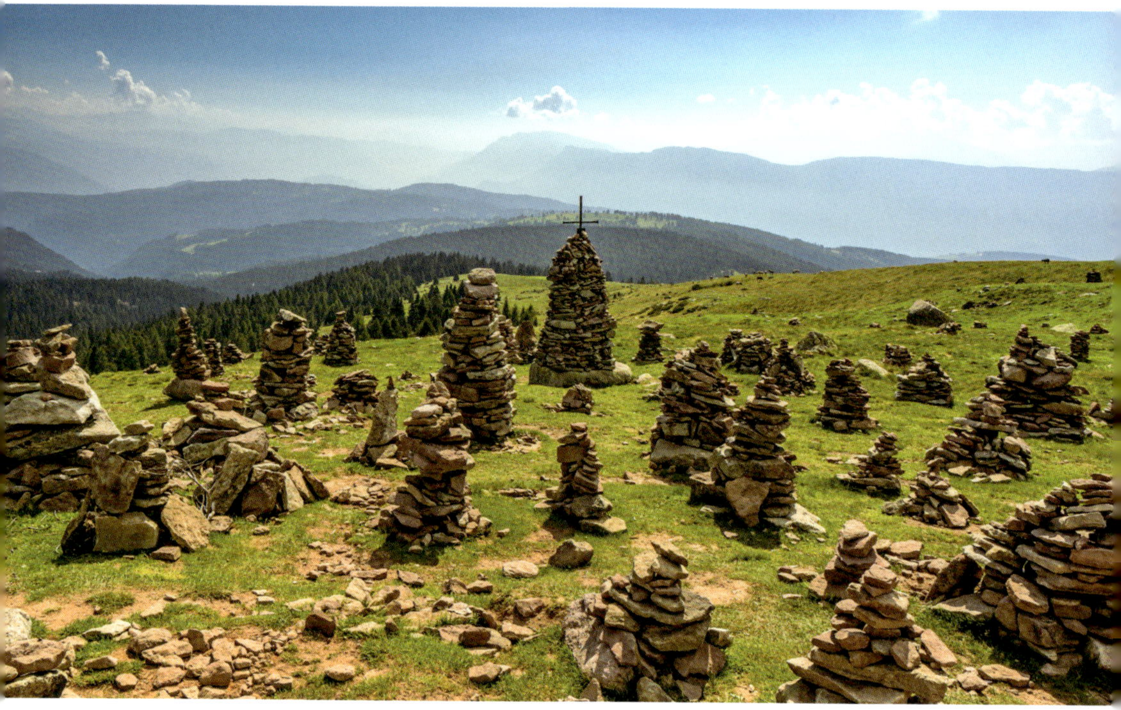

Genusswanderung am Haflinger Hochplateau

Vom Parkplatz halten wir uns in Richtung Jenesien und zweigen gleich links ab. Es bietet sich hier die Möglichkeit, einen kurzen Abstecher (fünf Minuten) zum Fahrer Weiher zu unternehmen, indem man der Forststraße nach links folgt. Wir aber folgen der Straße bis zu einer Weggabelung, wo wir links aufwärts in eine nicht asphaltierte Straße (Markierung Möltner Kaser) abbiegen. Nach gut einer Stunde gelangen wir auf das Möltner Joch (1733 m). Wir folgen dem Weg E5 (Achtung: manchmal auch mit 4 markiert) und können die Hochfläche genießen. Wieder im Wald währt es nicht mehr lange bis zur Möltner Kaser (1763 m, ganzjährig geöffnet, im Winter nur an Wochenenden). Der Rückweg erfolgt kurzzeitig über den gleichen Weg, dann aber in Richtung

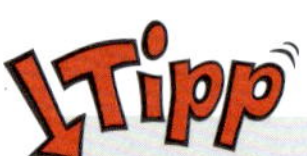

Wer noch Lust hat, kann von der Möltner Kaser über den Weg Nr. 23A auf die Stoanernen Mandln (2003 m) steigen und dort ein einmaliges Panorama genießen.

Sattlerhütte (1609 m), die wir in ca. einer Dreiviertelstunde erreichen. Wir bleiben auf der Forststraße und zweigen bei einer Weggabelung links aufwärts ab. Hier schließt sich unser Rundweg und wir kommen wieder zum Möltner Joch, wo wir dem Aufstiegsweg bis zum Parkplatz folgen.

Variante: Durchtrainierte können beim Weiher der Markierung Nr. 4 folgen und einen steilen Weg bis zum Europäischen Fernwanderweg E5 wählen (ca. eine Stunde bis zum Möltner Joch). Diese Variante führt steil durch den Wald (kurze Tragepassagen) und mündet in die charakteristische Hochfläche mit den typischen Krokuswiesen.

Einkehrmöglichkeiten: Möltner Kaser, Sattlerhütte
Sehenswertes in der Umgebung: Kirchlein Langfenn, Knottnkino in Vöran

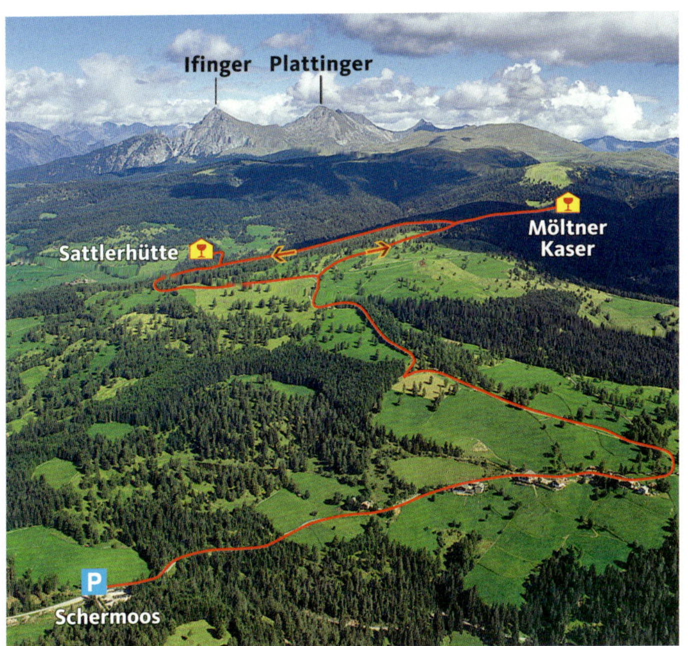

Anfahrt
über Mölten oder Jenesien nach Schermoos (1420 m), dem Übergang von Mölten nach Flaas

Ausgangspunkt
Scheermoos

Parkplatz
Schermoos, gebührenpflichtig

Höhenunterschied
ca. 460 m

Wegbeschaffenheit
abwechselnd Teerstraße und Forststraße

Gesamtgehzeit
3 bis 3 ½ Stunden

Jahreszeit
ganzjährig, je nach Schneelage

Kinderwagen
alpintauglich, 3 oder 4 Räder

Informationen
Tourismusverein Mölten
www.moelten.net

Schwierigkeit

23 ÜBER DEN SALTEN ZUM GSCHNOFER STALL

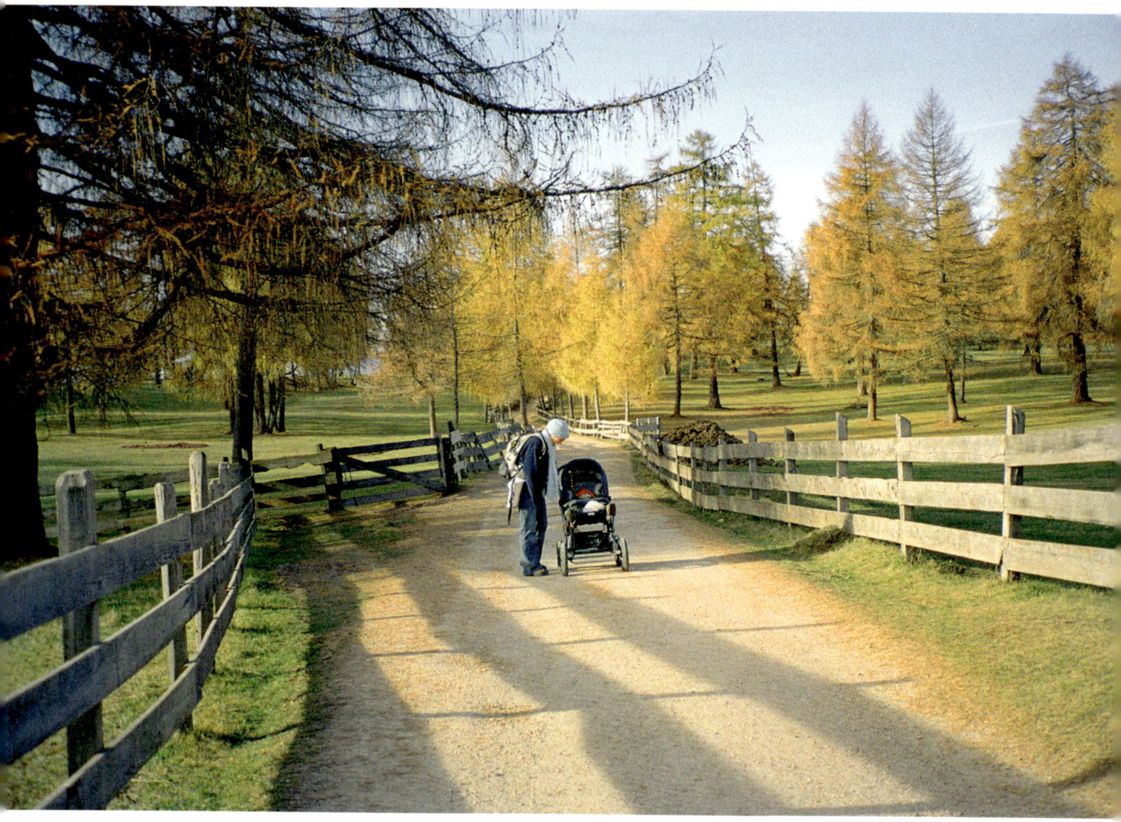

Unterwegs auf der Saltner Hochfläche

Vom Parkplatz geht es anfänglich steil bergauf. Bald verlassen wir den lichten Wald und erreichen die Hochfläche des Salten mit seinen typischen Wiesen und Almen. Bei gutem Wetter haben wir einen atemberaubenden Weitblick (Dolomiten, Zillertaler Alpen, Brentagruppe usw.). Nach ca. eineinhalb Stunden biegen wir links ab und lassen das Kirchlein von Langfenn rechts hinter uns. In einer weiteren halben Stunde erreichen wir den Gschnofer Stall (1439 m). Nun folgt ein kurzes, etwas anstrengenderes Wegstück mit der Markierung Nr. 7a (Weg manchmal ausgewaschen), das

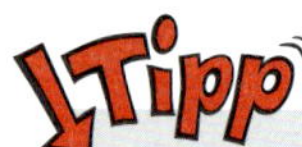

Die St.-Jakobs-Kirche aus dem 12. Jahrhundert überragt die Landschaft und kann bequem als kurzer Abstecher besucht werden.

uns wieder auf einen Forstweg bringt. Diesem folgen wir und zweigen in Richtung Edelweiß/Jenesien ab (ab Gschnofer Stall ca. eine halbe Stunde). Nun geht es leicht aufwärts dem Weg Nr. 7 folgend in ca. einer Stunde zurück zum Ausgangspunkt.

Variante: Wer die Wanderung verlängern möchte, kann bei der Wegkreuzung geradeaus weiter bis zum Tschaufenhaus (1304 m) wandern und von dort über den Gasthof Wieser (1386 m) zum Edelweiß zurückgehen. Insgesamt verlängert sich die Tour um ca. zwei Stunden.

Einkehrmöglichkeiten: Edelweiß, Gschnofer Stall, Tschaufenhaus, Wieser, Locher

Sehenswertes in der Umgebung: Kirchlein Langfenn, Erdpyramiden beim Wieser

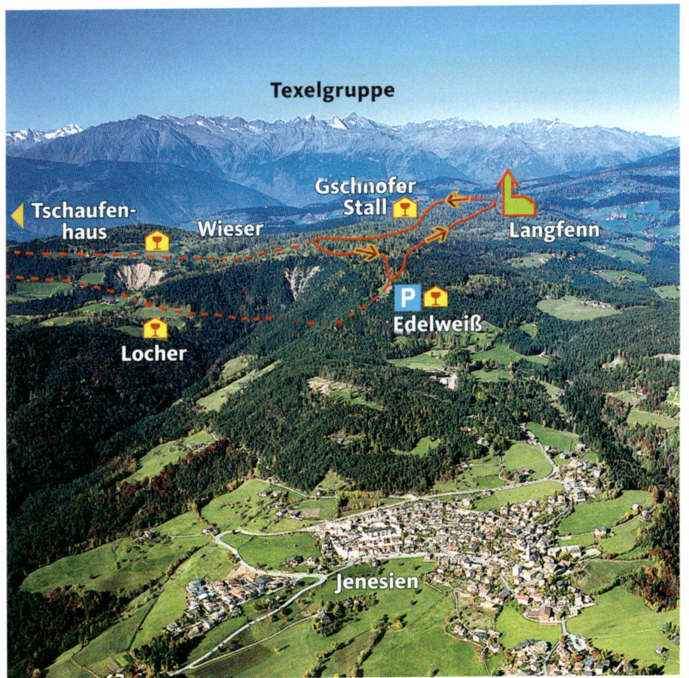

Anfahrt
über Bozen nach Jenesien bis zum Gasthof Edelweiß (1351 m)

Ausgangspunkt
Jenesien, Saltner Hochfläche

Parkplatz
beim Gasthof Edelweiß
(bei Konsumation gebührenfrei)

Höhenunterschied
ca. 130 m

Wegbeschaffenheit
ungeteerte Forststraße

Gesamtgehzeit
ca. 3 ½ Stunden

Jahreszeit
ganzjährig, je nach Schneelage

Kinderwagen
alpintauglich, 3 oder 4 Räder

Informationen
Tourismusverein Jenesien
www.jenesien.net

Schwierigkeit

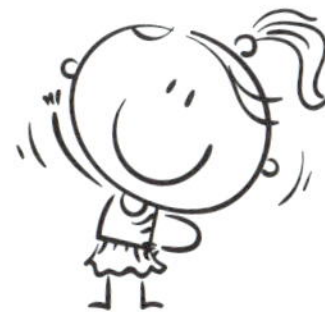

24 ZU DEN ERDPYRAMIDEN MIT DER RITTNER BAHN

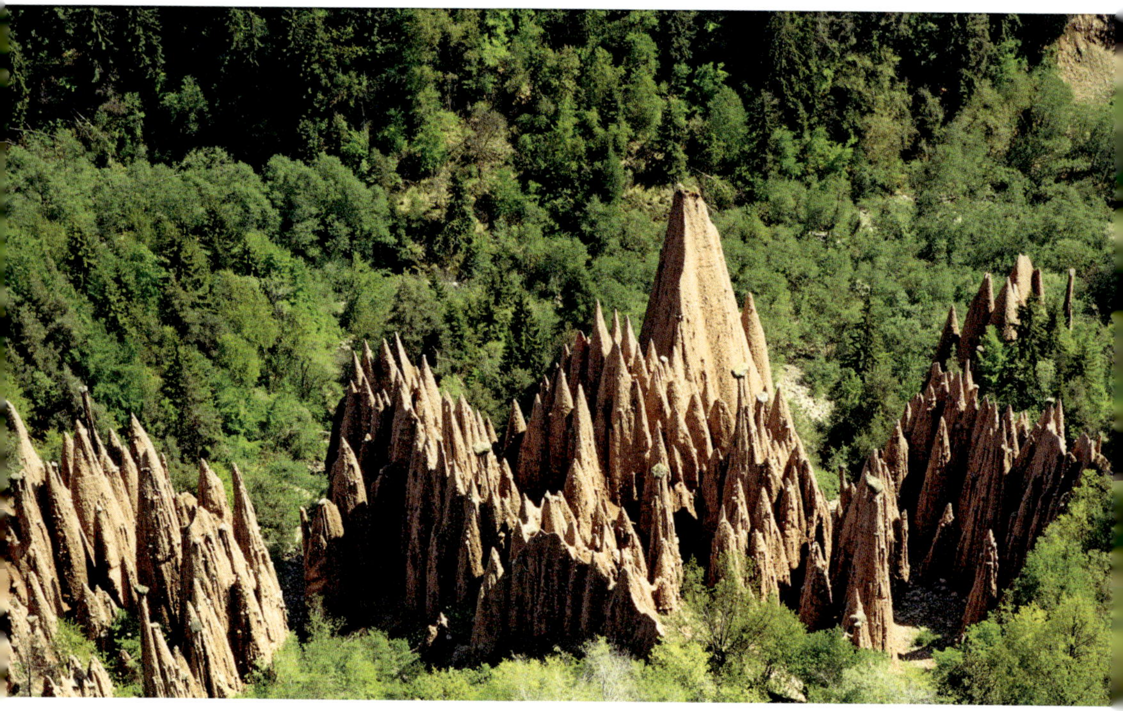

Unterwegs am Rittner Hochplateau

Die neue Rittner Seilbahn bringt uns bequem nach Oberbozen. Von dort fahren wir mit der über 100 Jahre alten, romantischen Schmalspurbahn bis nach Klobenstein. Die Fahrt wird zum Erlebnis für die ganze Familie und vermittelt uns einen ersten Eindruck von der Vielfalt des Rittner Hochplateaus. Von der Endstation wandern wir in Richtung Erdpyramiden und wählen den Weg mit der Beschilderung „Fennpromenade". Der Weg verläuft gemütlich im Schatten des Mischwaldes mit gelegentlichem Ausblick zum gegenüberliegenden Schlernmassiv. Nach ca. einer Stunde verlassen wir den Wald und kommen zum geschichtsträchtigen Kommendehof (Rittner Festspiele). Hier folgen wir der Straße und der Markierung „Erdpyramidenweg". Nach ca. zehn Minuten

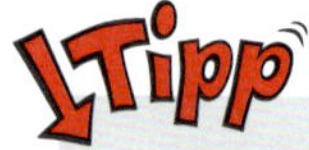

Am Wolfsgrubner See bei Wolfsgruben befindet sich ein interessantes Bienenmuseum.

zweigt der Weg rechts ab und verlässt die Straße. Wir können die Erdpyramiden schon auf der rechten Talseite sehen. Der Weg führt uns bis zum Gasthaus Maria Saal (ca. 30 Minuten), wo wir uns stärken können. Der Rückweg ist bis zur Kommende derselbe. Dort folgen wir dem Wiesenweg, Klobenstein schon im Auge. Sollten die Kinder noch mitspielen, besteht die Möglichkeit über die Freudpromenade in einer bequemen Stunde nach Oberbozen zurückzuwandern. Falls unterwegs die Kräfte nachlassen, gibt es längs des Weges mehrere Haltestellen für den Rittner Zug.

Einkehrmöglichkeiten: Gasthäuser in Klobenstein und Lengmoos
Sehenswertes in der Umgebung: Erdpyramiden, Kommende Lengmoos, Wallfahrtskirche Maria Saal

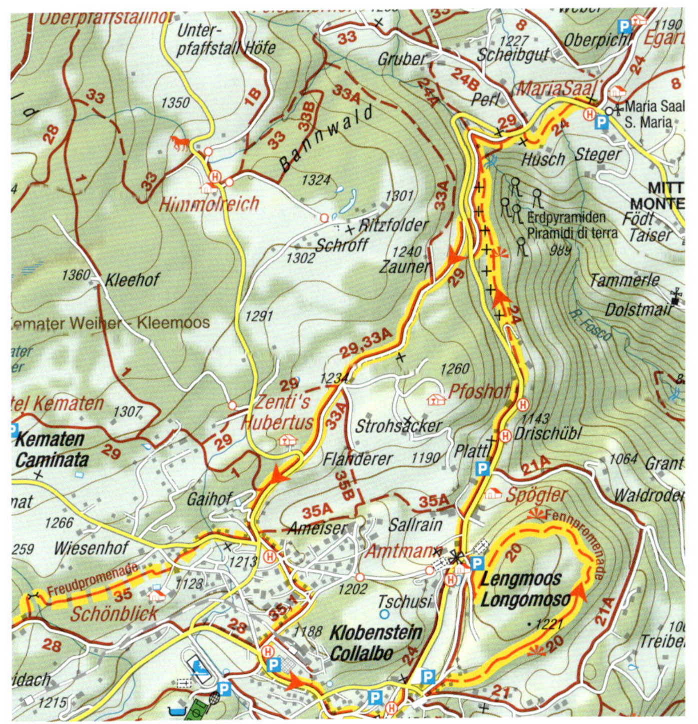

Anfahrt
mit der Rittner Seilbahn von Bozen bis Oberbozen, dann die malerische Rittner Schmalspurbahn bis nach Klobenstein (beide Verkehrsmittel sind im Südtiroler Verkehrsverbund integriert)

Ausgangspunkt
Klobenstein am Ritten

Parkplatz
in Bozen mehrere gebührenpflichtige Parkhäuser in der Umgebung der Talstation

Höhenunterschied
ca. 50 m

Wegbeschaffenheit
größtenteils angenehmer, nicht asphaltierter Wanderweg, kurzzeitig Teerstraße

Gesamtgehzeit
2 ½ bis 3 Stunden

Jahreszeit
ganzjährig, je nach Schneelage

Kinderwagen
alpintauglich, 3 oder 4 Räder

Informationen
Tourismusverein Ritten
www.ritten.com

Schwierigkeit

25 ZUM RITTNER HORN IM HERZEN SÜDTIROLS

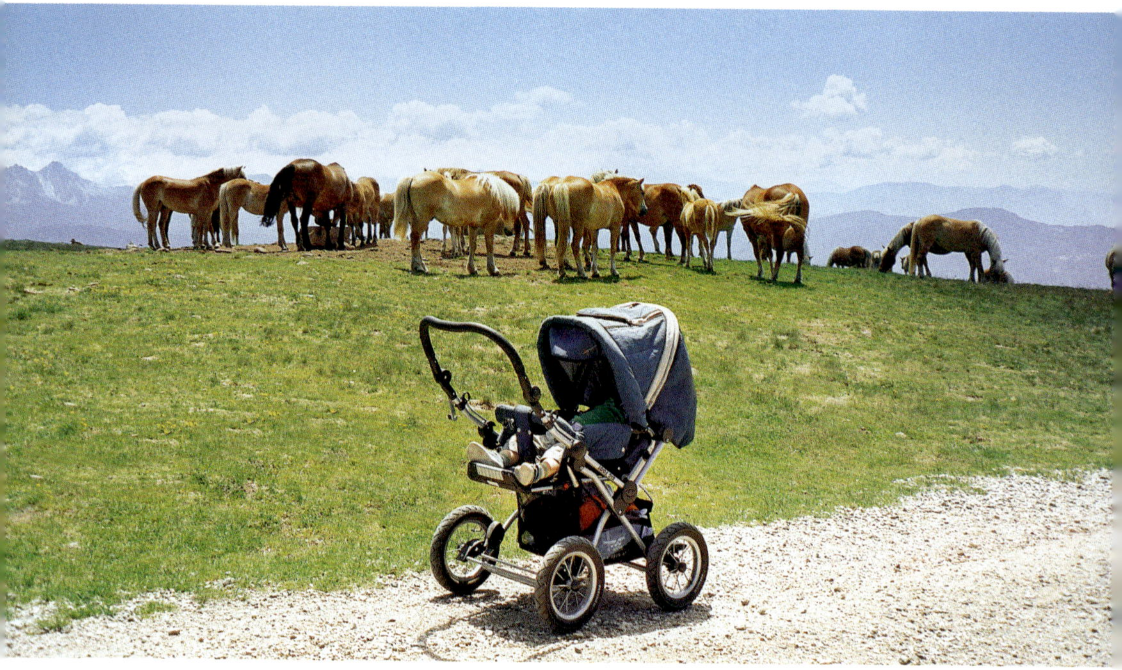

Wanderung mit 360-Grad-Panorama

Wir wählen die 8er-Kabinenbahn, die uns zur Schwarzseespitze auf 2071 m Höhe bringt. Hier bekommen wir schon einen Vorgeschmack auf das überwältigende und einzigartige Panorama der umliegenden Bergwelt. Wir starten in Richtung Rittner Horn (Weg Nr. 19) und erreichen in ca. einer halben Stunde das Unterhornhaus (2042 m) und kurz darauf die neue Feltuner Hütte (2075 m). Wir folgen der Forststraße Nr. 2 und können uns kaum satt sehen an den Berggipfeln des westlichen Südtirols: Mendelpass mit Roen, Laugen, Vigiljoch mit Hochwart, die Ultner Bergwelt und in weiterer Ferne die Brentagruppe, Adamello, Presanella und die Ortlergruppe. In greifbarer Nähe die Texelgruppe, Ifinger, Plattinger, Hirzer und die Sarner Bergwelt. Umrahmt wird dieses prächtige Panorama von einer blühenden Almenhochebene,

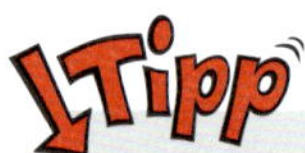

Von der Bergstation aus kann man den wunderschönen Panoramaweg (Nr. 9) wählen. Er führt rund um den Berg und mündet dann in den eigentlichen Aufstiegsverlauf.

welche von Pferden und Kühen bewohnt wird. Nach ca. einer Stunde erreichen wir das Rittner-Horn-Haus (2259 m), wo wir das 360-Grad-Panorama auf uns wirken lassen können. Nach unserer Rast steigen wir bis zum Unterhornhaus auf dem gleichen Weg wieder ab. Dort wählen wir die Forststraße Nr. 4, welche uns durch einen malerischen Wald bis ins Tal führt (abschnittsweise recht anstrengend wegen der Neigung). Den Abschluss unserer Wanderung bildet ein Stück Teerstraße bis zum Parkplatz.

Einkehrmöglichkeiten: Gasthaus Pemmern und Gasthaus Zum Zirm beim Parkplatz, Schwarzsee, Unterhornhaus, Feltuner Hütte, Rittner-Horn-Haus

Sehenswertes in der Umgebung: Rittner Schmalspurbahn, Erdpyramiden, zahlreiche Kirchen und historische Bauten (z. B. Kommende in Lengmoos)

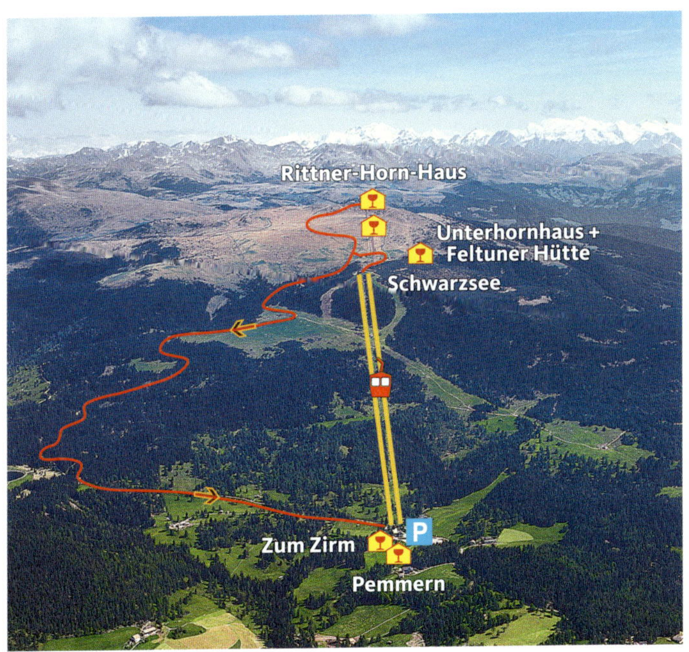

Anfahrt
über Ritten nach Pemmern (Beschilderung „Rittner Horn")

Ausgangspunkt
Ritten, oberhalb Bozen

Parkplatz
Talstation der Bergbahn Rittnerhorn, gebührenpflichtig

Höhenunterschied
200 m im Aufstieg,
700 m im Abstieg

Wegbeschaffenheit
durchgehend nicht asphaltierte Forststraßen, letztes Stück geteert

Gesamtgehzeit
3 ½ bis 4 Stunden

Jahreszeit
Frühjahr bis Herbst (Betriebszeiten Kabinenbahn)

Kinderwagen
alpintauglich, 3 oder 4 Räder

Informationen
Tourismusverein Ritten
www.ritten.com

Schwierigkeit

26 VON REINSWALD ZUR GETRUMALM

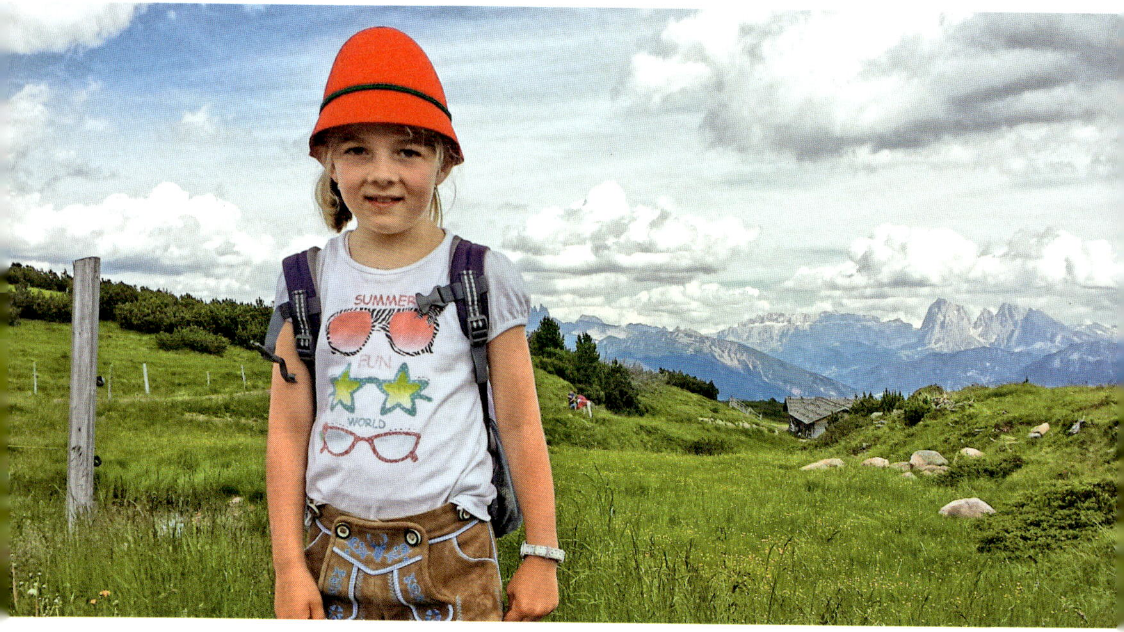

Unterwegs im Herzen der Sarntaler Alpen

Wir wollen die einfache, weniger anstrengende Variante wählen, das heißt wir fahren mit der Kabinenbahn hinauf. Von der Bergstation (2127 m) führt ein breiter Wanderweg, Markierung Nr. 11, mehr oder weniger eben in etwa einer Stunde hinüber zur bewirtschafteten, urgemütlichen Getrumalm. Im weitgehend freien Gelände begleitet uns ein einmaliges Panorama auf die Bergwelt gegenüber: Geislergruppe, Sellastock, Lang- und Plattkofel, Schlern, Rosengarten, Latemar usw. Nach verdienter Rast und Einkehr wandern wir auf der breiten Forststraße abwärts, der Weg ist nicht zu verfehlen. Der Abstieg durch den eher steilen. schütteren Wald wird durch Serpentinen in der Straße angenehm entschärft. Weiter unten gelangen wir auf die geteerte Straße (Fahrverbot) und gelangen schließlich zurück zum Parkplatz an der Talstation.

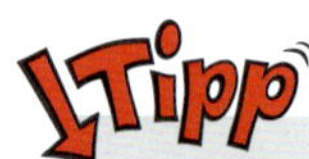

Von der Getrumalm aus über den Weg Nr. 7 weitergehen bis zum Schutzhaus Latzfonser Kreuz (2305 m, ohne Kinderwagen) oder auf die Kassianspitze (2582 m).

Variante: Die Wanderung kann auch umgekehrt durchgeführt werden, ist dann aber deutlich anstrengender (ca. 550 m im Aufstieg). Ebenso möglich ist die Benützung der Kabinenbahn als Auf- und Abstiegsmittel und in einer guten Stunde zur Getrumalm zu wandern (praktisch ebener Verlauf). In jedem Fall sind die Betriebszeiten der Kabinenbahn zu beachten.

Einkehrmöglichkeiten: Bärnstub bei der Talstation, Pichlberg bei der Bergstation (2130 m), Getrumalm
Sehenswertes in der Umgebung: Latschenölbrennereien in Unterreinswald, Federkielstickerei (www.federkielstickerei.com), Bauernmuseum Rohrerhaus in Sarnthein (www.rohrerhaus.it)

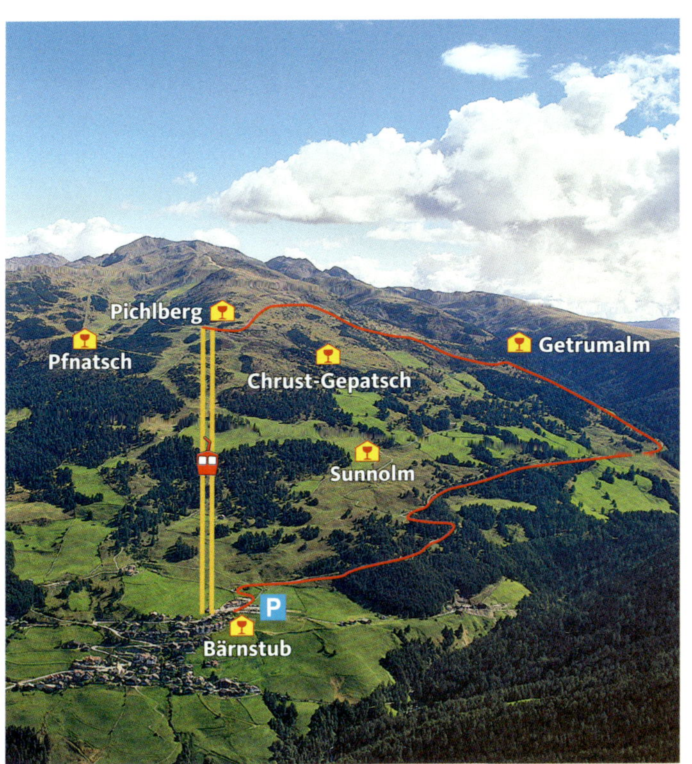

Anfahrt
über Bozen in das Sarntal, hinter Astfeld rechts ab nach Reinswald

Ausgangspunkt
Sarntal, Skigebiet Reinswald

Parkplatz
direkt bei der Talstation der Kabinenbahn, gebührenpflichtig

Höhenunterschied
ca. 550 m im Abstieg

Wegbeschaffenheit
breiter Wanderweg mit kurzer Tragepassage, Forstweg, Teerstraße

Gesamtgehzeit
2 ½ Stunden

Jahreszeit
Sommer bis Frühherbst

Kinderwagen
alpintauglich, 3 oder 4 Räder

Informationen
Tourismusverein Sarntal
www.sarntal.com

Schwierigkeit

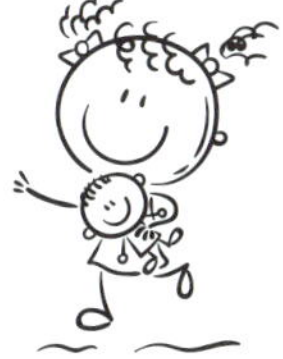

DER URLESTEIG – DAS NATURERLEBNIS IM SARNTAL

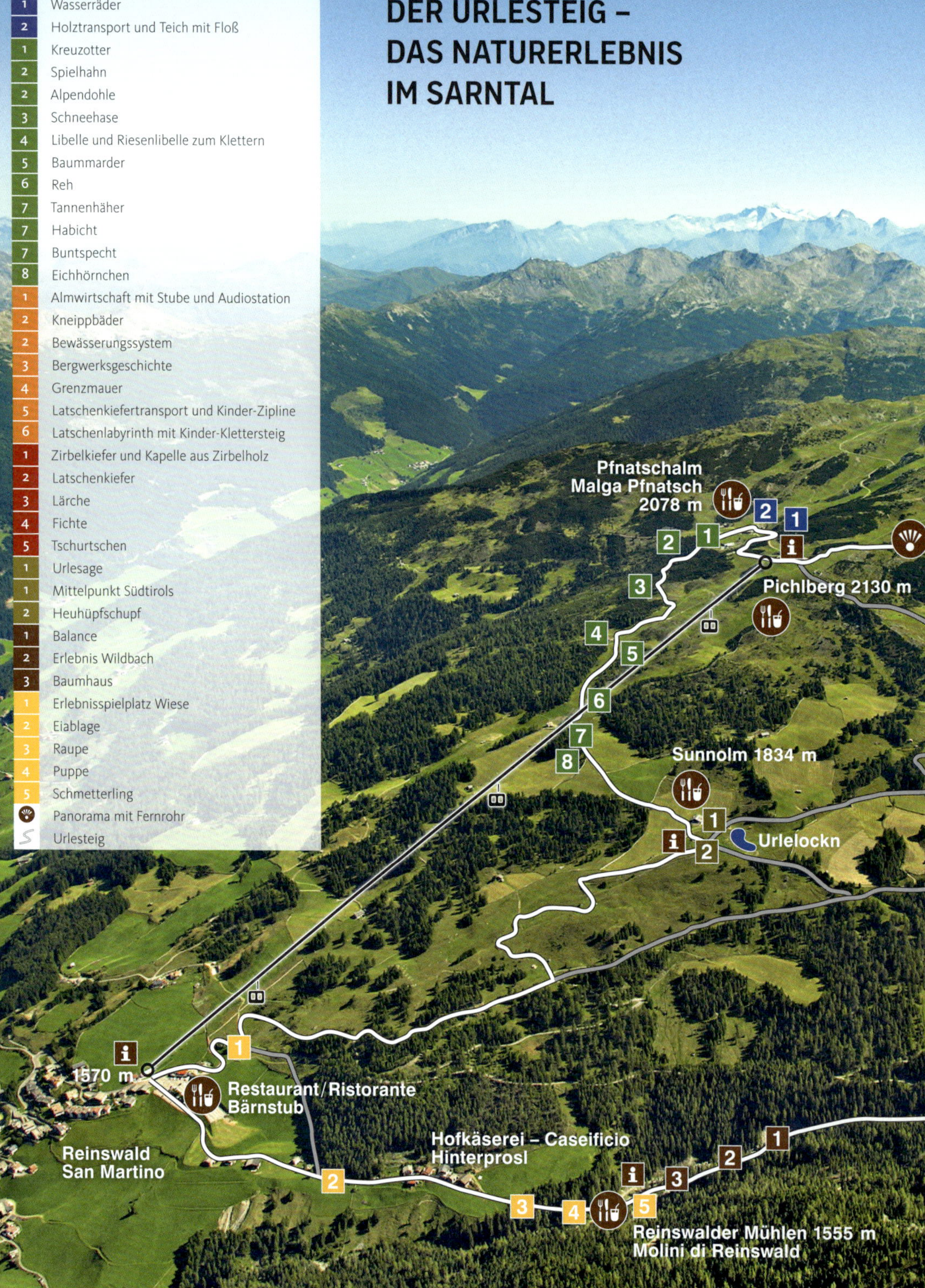

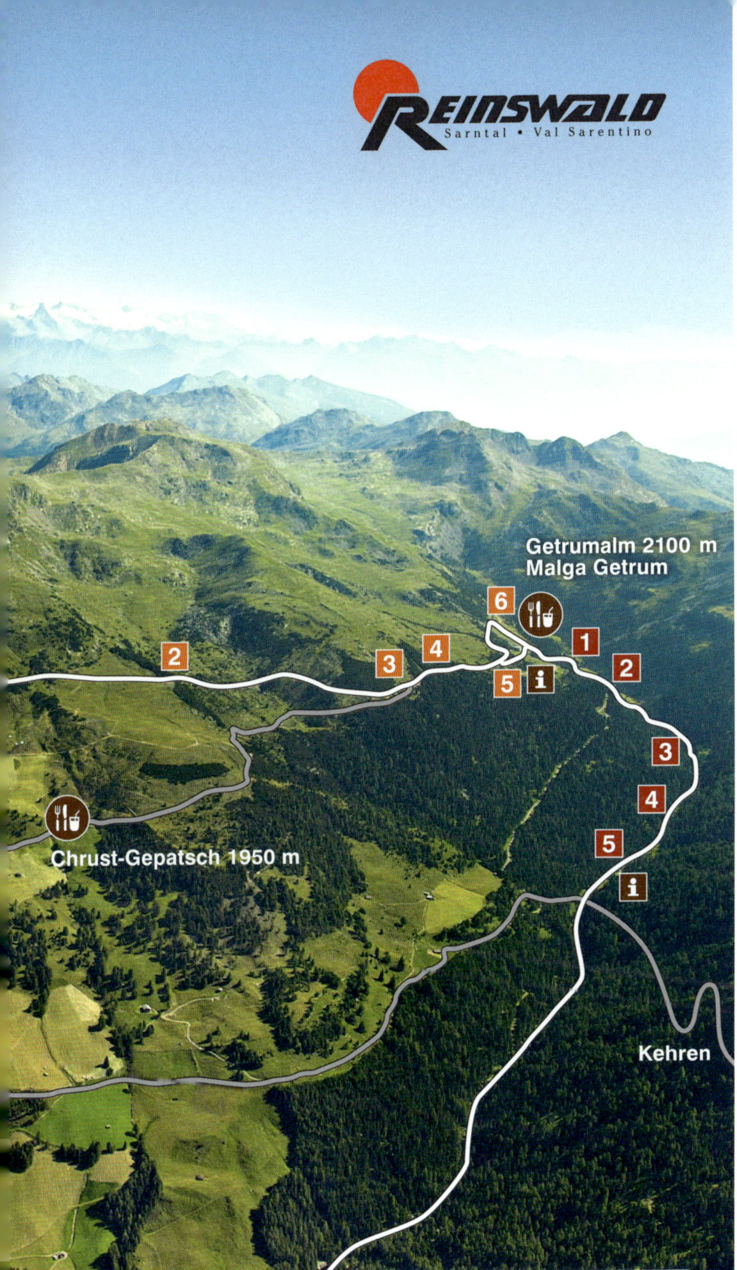

REINSWALD
Sarntal • Val Sarentino

Getrumalm 2100 m
Malga Getrum

Chrust-Gepatsch 1950 m

Kehren

Reinswalder Bergbahnen
Reinswald 129
I-39058 Sarntal (BZ)
T +39 0471 625132
info@reinswald.com
www.reinswald.com

Öffnungszeiten: Von Anfang Dezember bis Ostern und von Anfang Juni bis Ende Oktober

Information

Eine Wanderung auf dem Urlesteig ist ein Erlebnis für die ganze Familie.

Hier können die Kinder forschen, klettern, auf der Riesenlibelle kraxeln, mit dem Floß über den Teich schippern, allerhand Interessantes über die Tier- und Pflanzenwelt erfahren und im Latschenlabyrinth nach dem rechten Weg suchen.

– 6 Abschnitte
– 70 bis 560 Höhenmeter

THEMA: WASSER
Pichlberg (Bergstation)–Pfnatschalm

Gehzeit	20 min.
Weglänge	0,7 km
Höhenmeter im Abstieg	52 m
Kinderwagentauglich	

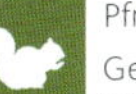

THEMA: TIERE
Pfnatschalm – Sunnolm

Gehzeit	30 min.
Weglänge	1,8 km
Höhenmeter im Abstieg	244 m

THEMA: GESCHICHTE UND KULTUR
Pichlberg (Bergstation)–Getrumalm

Gehzeit	60 min.
Weglänge	3,2 km
Höhenmeter im Abstieg	30 m

THEMA: PFLANZEN
Getrumalm–Kehren

Gehzeit	60 min.
Weglänge	2,5 km
Höhenmeter im Abstieg	270 m

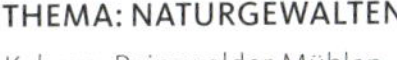

THEMA: NATURGEWALTEN
Kehren–Reinswalder Mühlen

Gehzeit	60 min.
Weglänge	2,5 km
Höhenmeter im Abstieg	274 m
Rückkehr zum Parkplatz, Talstation	ca. 10 min.

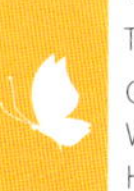

THEMA: ALMWIESE
Talstation–Reinswalder Mühlen

Gehzeit	25 min.
Weglänge	1,4 km
Höhenmeter im Abstieg	40 m
Kinderwagentauglich	

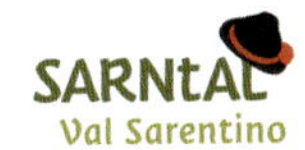

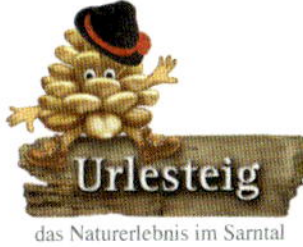

27 VOM DURNHOLZER SEE ZUR SEEBALM

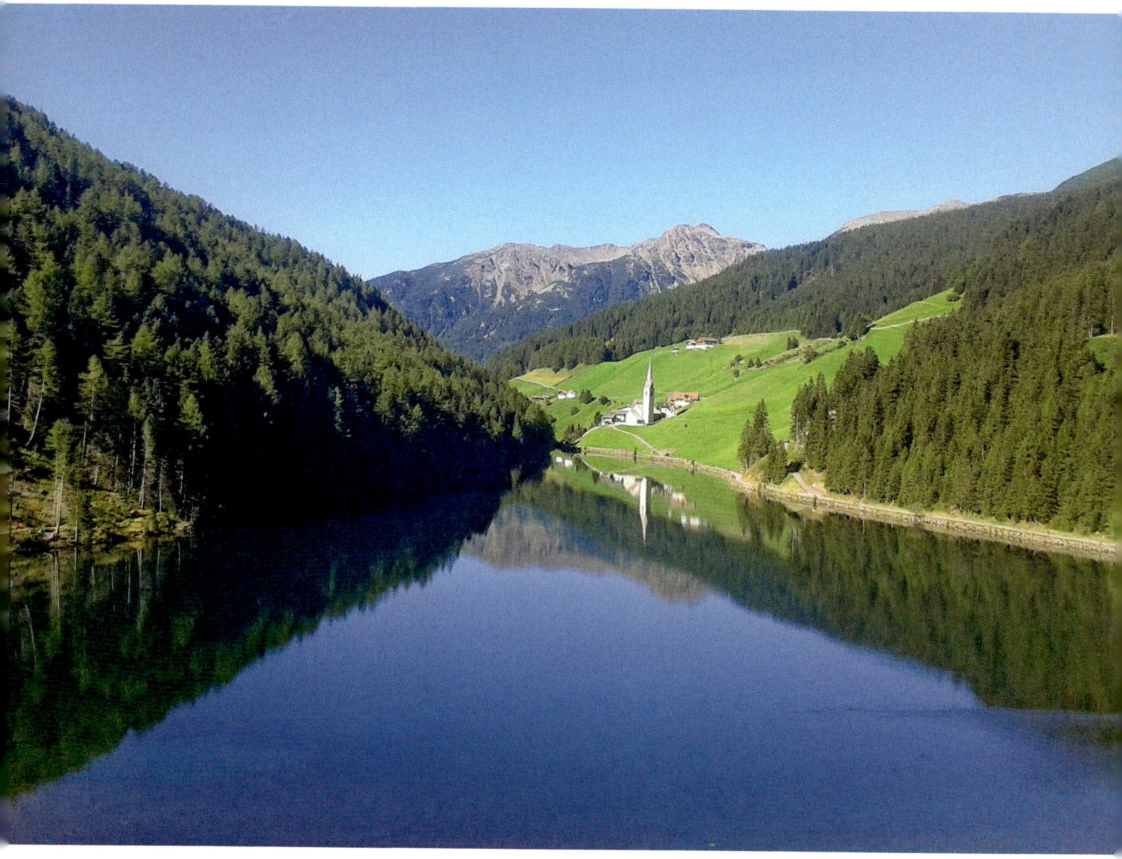

Begleitet von Einsamkeit zwischen Jakobsspitze und Tagewaldhorn

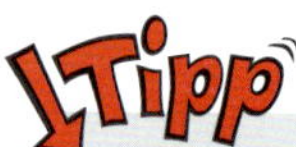

Von der Seebalm kann man über den Weg 16 auf die einsame Flaggerschartenhütte (2482 m) hochsteigen (ohne Kinderwagen).

Ein Fahrverbot beschränkt den Verkehr in das kleine Dorf, sodass wir ein wenig unterhalb des Sees parken (1518 m) und hier unsere Wanderung beginnen. Wir gehen bis zur Kirche und folgen der Asphaltstraße bis zu den Höfen Etzer und Tischler, wobei wir den herrlichen Blick auf den Durnholzer See genießen. Dort geht es dann auf einer Forststraße gemütlich weiter durch den Wald Richtung Seebalm. Nach eineinhalb Stunden

haben wir die Alm (geöffnet von Mitte Juni bis Mitte September) auf 1808 m erreicht und können die Einsamkeit und die umliegende Bergwelt genießen.
Unser Rückweg erfolgt auf demselben Weg bis zum See. Hier können wir uns entscheiden, ob wir noch die gesamte Seeumrundung durchführen wollen (noch ca. eine halbe Stunde) oder ob wir direkt zum Ausgangspunkt wandern.

Einkehrmöglichkeiten: Seebalm, Restaurant Jägerhof, Restaurant Fischerwirt
Sehenswertes in der Umgebung: Pfarrkirche St. Nikolaus in Durnholz mit den kostbaren Fresken (ein Juwel), Latschenölbrennereien in Unterreinswald, Federkielstickerei (www.federkielstickerei.com), Bauernmuseum Rohrerhaus in Sarnthein (www.rohrerhaus.it)

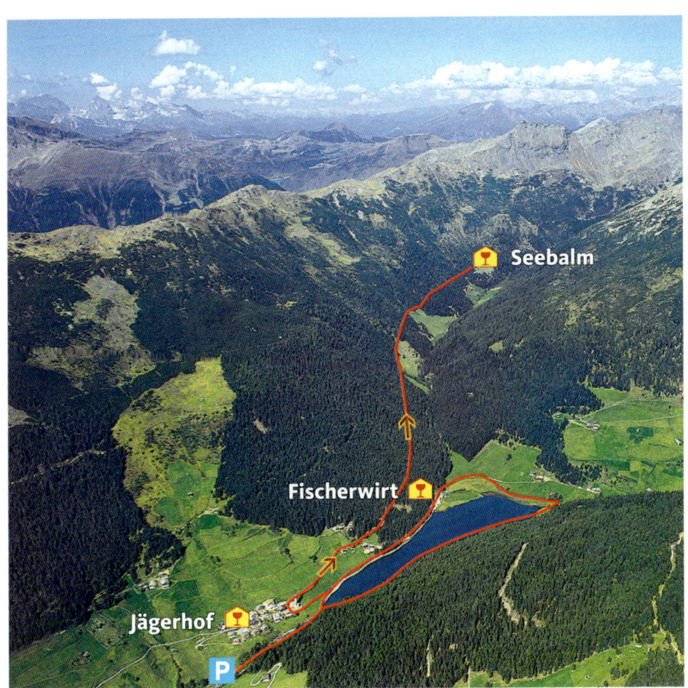

Anfahrt
über Bozen ins Sarntal, der Beschilderung „Durnholzer See“ folgen

Ausgangspunkt
Durnholzer See im Sarntal

Parkplatz
in Durnholz, teilweise gebührenpflichtig

Höhenunterschied
ca. 300 m

Wegbeschaffenheit
teilweise Teerstraße, teilweise ungeteerte Forststraße

Gesamtgehzeit
2 ½ Stunden

Jahreszeit
Sommer und Herbst

Kinderwagen
alpintauglich, 3 oder 4 Räder

Informationen
Tourismusverein Sarntal
www.sarntal.com

Schwierigkeit

28 MONTIGGLER SEEN MIT WILDER-MANN-BÜHEL

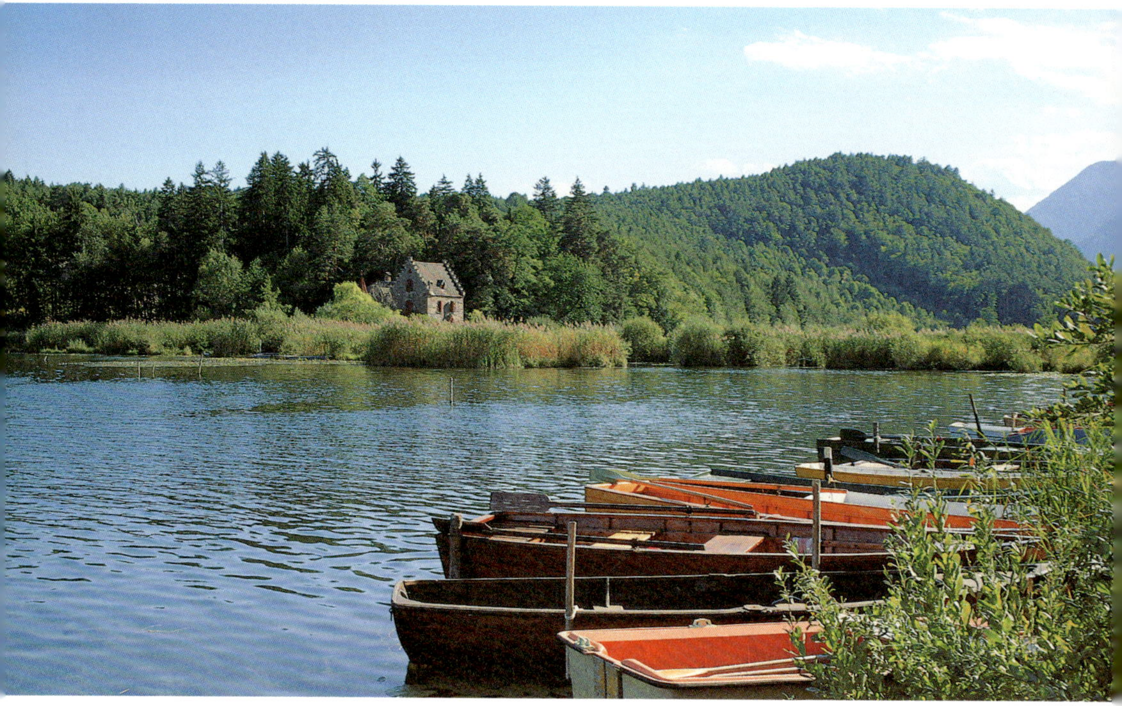

Zwischen Badeseen, Mischwald und mystischen Orten

Wir verlassen den Parkplatz (541 m) und folgen der Beschilderung „Großer Montiggler See“. Nun wählen wir den Weg Nr. 1, der uns zum „Kleinen Montiggler See“ führt. Weiter wandern wir durch die hügelige Landschaft und dessen charakteristischen Mischwald in Richtung Wilder-Mann-Bühel (643 m). Dessen Besteigung ist mit dem Kinderwagen nur beschränkt möglich (letztes Teilstück tragen), aber wirklich lohnenswert, denn dort befindet sich eine befestigte Höhensiedlung der jüngeren Eisenzeit. Bis hierher benötigen wir etwas mehr als eineinhalb Stunden. Wem diese Variante zu anstrengend ist, der bleibt auf dem Forstweg und folgt der Markierung „Rungghof“. Dort ist der äußerste Punkt unserer Wanderung erreicht und wir drehen

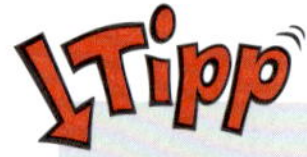

Direkt am Großen Montiggler See kann man Tret- und Ruderboote ausleihen: ein Spaß für die ganze Familie!

nach einer verdienten Stärkung um. Wir folgen der Markierung „M" und haben die Wahl, entweder über St. Anton und dann der Straße folgend oder über den Hinweg zurück zum Ausgangspunkt zu gelangen.

Einkehrmöglichkeiten: Restaurant & Familienhotel Moser am See, Hotel „Sparer" und „Lido" beim Großen Montiggler See, Jausenstation beim Kleinen Montiggler See, Hotel Rungghof
Sehenswertes in der Umgebung: Montiggler Seen, Weinmuseum in Kaltern, Museum für mittelalterliche Wohnkultur in Eppan, Burg Hocheppan (www.kalterersee.com), Eislöcher bei Eppan, Rastenbachklamm bei Kaltern/Altenburg

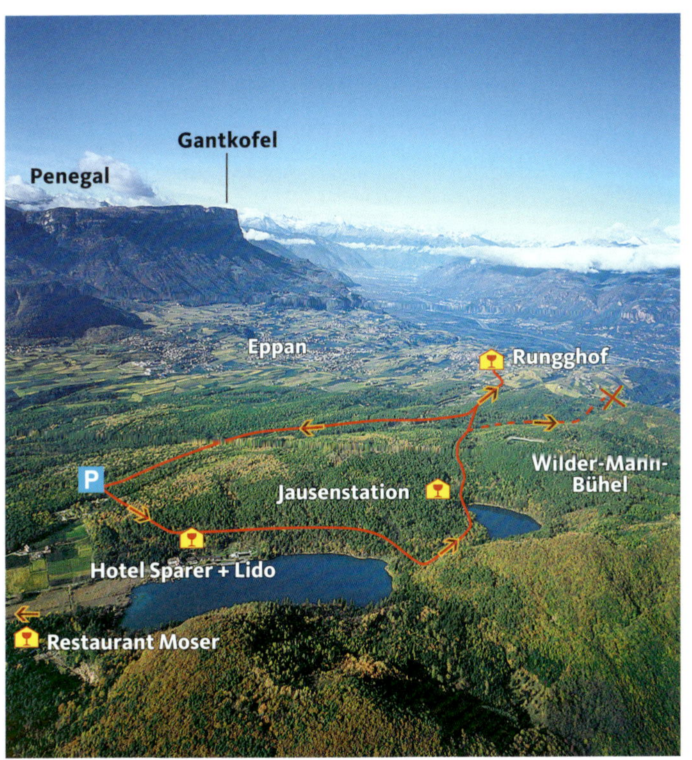

Anfahrt
über Bozen nach Montiggl

Ausgangspunkt
Montiggl im Überetsch

Parkplatz
bei Montiggl, gebührenpflichtig

Höhenunterschied
ca. 100 m

Wegbeschaffenheit
ungeteerte Forststraße

Gesamtgehzeit
ca. 2 ½ Stunden

Jahreszeit
ganzjährig, je nach Schneelage

Kinderwagen
alle, außer beim Abstecher auf den Wilden-Mann-Bühel

Informationen
Tourismusverein Eppan
www.eppan.com

Schwierigkeit

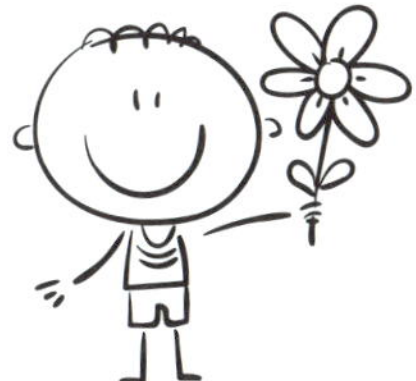

29 RUND UM DEN KALTERER SEE

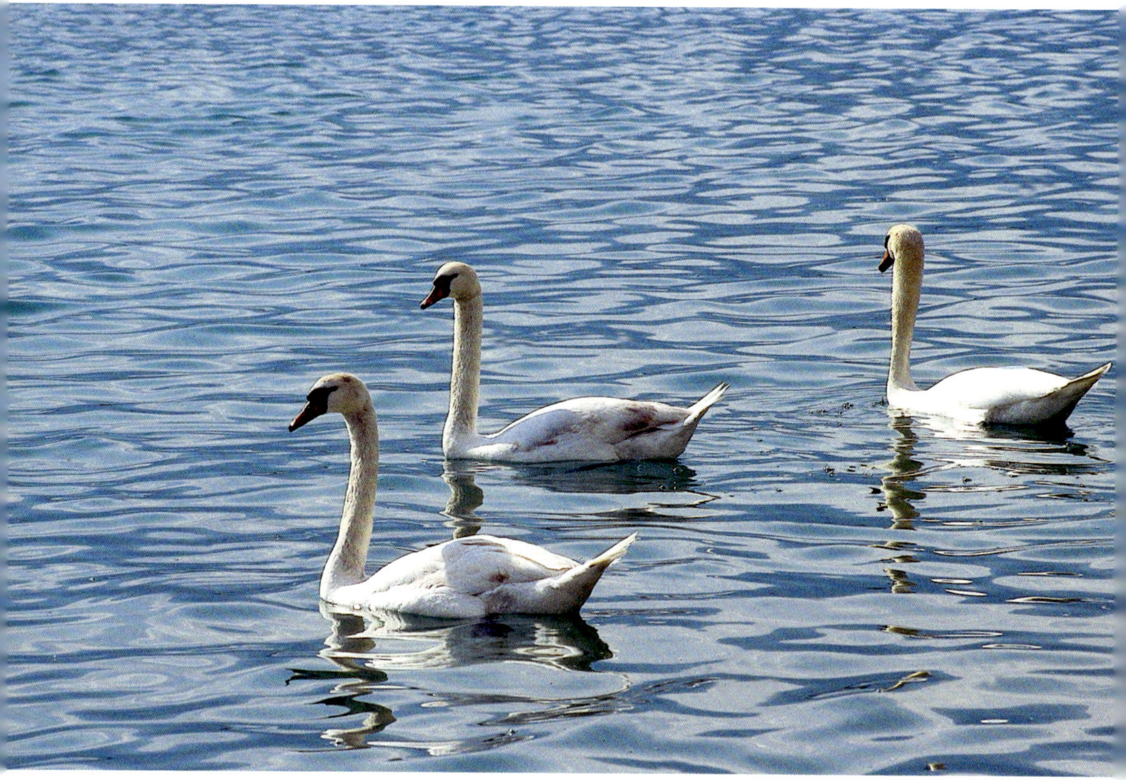

Wanderung zwischen Wein, Wasser und Bergen

Unsere Wanderung beginnt am großen Parkplatz Seegarten oder am kleineren am Lido. Von diesem folgen wir der Beschilderung „Seerundwanderweg“ durch Obstwiesen und erreichen nach einem kurzen Steilstück die Landstraße an der Ostseite des Sees. Beim Klughammer folgen wir nicht der Beschilderung nach links sondern bleiben auf der Straße bzw. links davon auf dem eigens angelegten Weglein. Wir erreichen einen Parkplatz und entscheiden uns: entweder gleich nach rechts auf den Holzsteg, der durch das Pirstelmöser-Biotop führt, oder am Ende des Parkplatzes nach rechts auf die schnurgerade geteerte Straße.

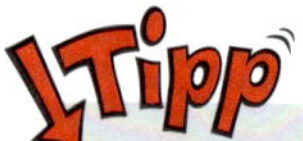

Ausflug mit der Mendelbahn zum Mendelpass (steilste und längste Standseilbahn Europas).

Nach einer Viertelstunde erneute Entscheidung: Steg oder Straße? Dann biegt der Weg scharf nach Norden ab, wir überqueren die Landestraße und setzen fort in Richtung St. Josef am See (kurzer unangenehmer Grobschotterabschnitt). Am Kirchlein halten wir uns rechts und gelangen zurück zu den Parkplätzen.

Einkehrmöglichkeiten: Gasthäuser längs des Sees
Sehenswertes in der Umgebung: Montiggler Seen, Weinmuseum in Kaltern, Museum für mittelalterliche Wohnkultur in Eppan, Burg Hocheppan (www.kalterersee.com), Eislöcher bei Eppan, Rastenbachklamm bei Kaltern/Altenburg

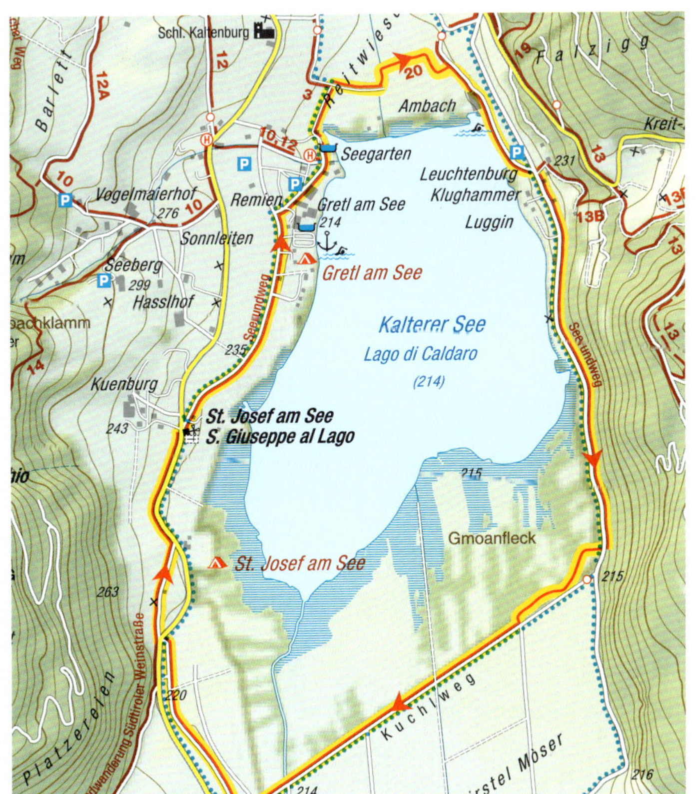

Anfahrt
über Bozen nach Kaltern bis zum Kalterer See (Lido – Seegarten)

Ausgangspunkt
Kalterer See

Parkplatz
Lido – Seegarten, gebührenpflichtig

Höhenunterschied
einfache Wanderung ohne Höhenunterschied

Wegbeschaffenheit
durchwegs geteerter Weg

Gesamtgehzeit
2 bis 2 ½ Stunden

Jahreszeit
ganzjährig, je nach Schneelage

Kinderwagen
alle

Informationen
Tourismusverein Kaltern
www.kalterersee.com
www.kaltern.com

Schwierigkeit

30 RUNDWANDERUNG BEI ALDEIN

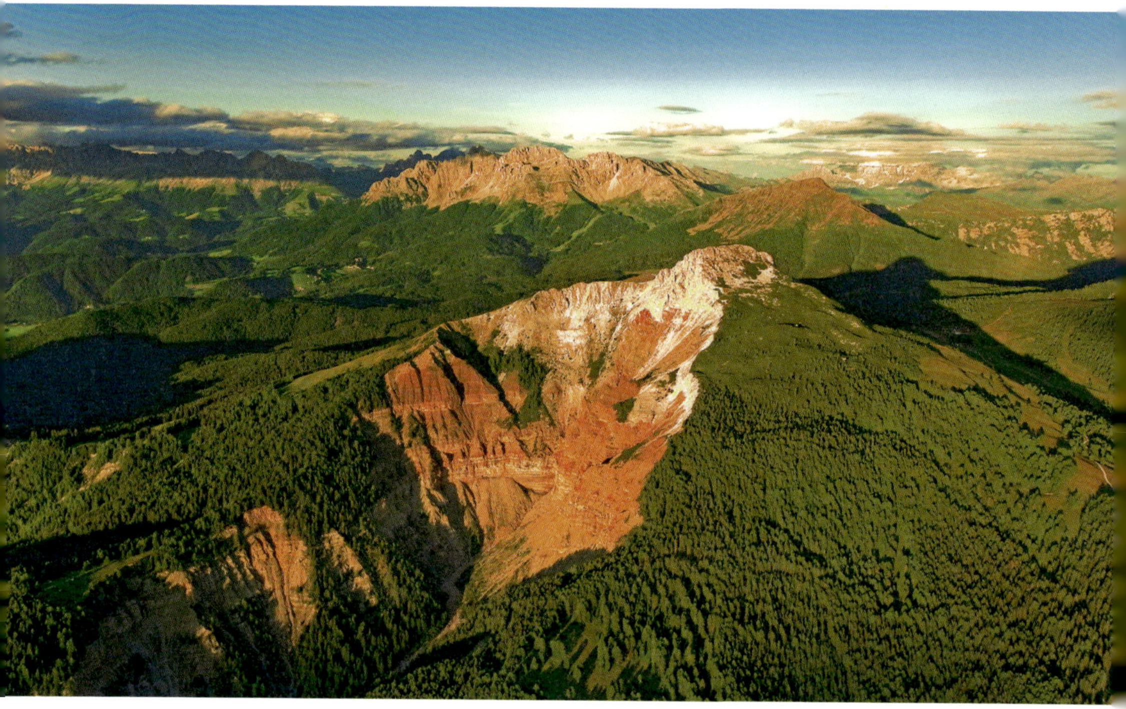

Geruhsame Wanderung von Alm zu Alm

Vom Parkplatz folgen wir dem Informationsweg (mehrere Tafeln) in Richtung Lahneralm (1583 m). Bald schon erreichen wir eine Weggabelung, wo wir uns zwischen einer Forststraße und einem breiten Wanderweg entscheiden können. Beide führen in einer Viertelstunde zur Lahneralm, wobei vom Wanderweg aus gesehen die Alm rechts liegt. Von der Alm folgen wir dem wurzelig-steinigen Weg, der uns durch einen märchenhaften Wald schnell zu einer Wegkreuzung führt. Hier halten wir uns rechts und haben die einzige Steigung dieser Wanderung vor uns. Nach ca. einer Viertelstunde erreichen wir ein Wasserwerk. Wir bleiben auf dem Forstweg und folgen weiterhin der Markierung. Nach wenigen Minuten sind wir bei einer Weggabelung,

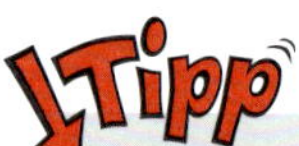

Besuch der Bletterbachschlucht. Das UNESCO-Welterbe gewährt einen Blick in das Innere der Berge, in die Welt der Gesteine und in den Aufbau der Dolomiten.

wo wir uns stark links halten und der Beschilderung „Schönrast" folgen. Es geht nun angenehm in einer halben Stunde durch einen Mischwald bis zur Schönrastalm (1699 m), wo wir Umgebung und Aussicht genießen können. Die nächste Alm, die Schmiederalm (1674 m) ist schnell erreicht. Nun folgen wir der Teerstraße bis zu einer Kreuzung mit einer Forststraße, wo wir der Beschilderung „Lahneralm" folgen. Hier schließt sich der Kreis und wir steigen zum Parkplatz ab. Je nach Lust und Laune können wir noch die Ausstellung im Naturparkhaus besuchen.
Variante: Von der Lahneralm über den Wanderlehrpfad (kinderwagentauglich) in ca. 20 Minuten zur Bletterbachschlucht.

Einkehrmöglichkeiten: Lahneralm, Schönrastalm, Schmiederalm
Sehenswertes in der Umgebung: Naturparkhaus Bletterbach mit Geoparc (www.bletterbach.info), Mühlenweg

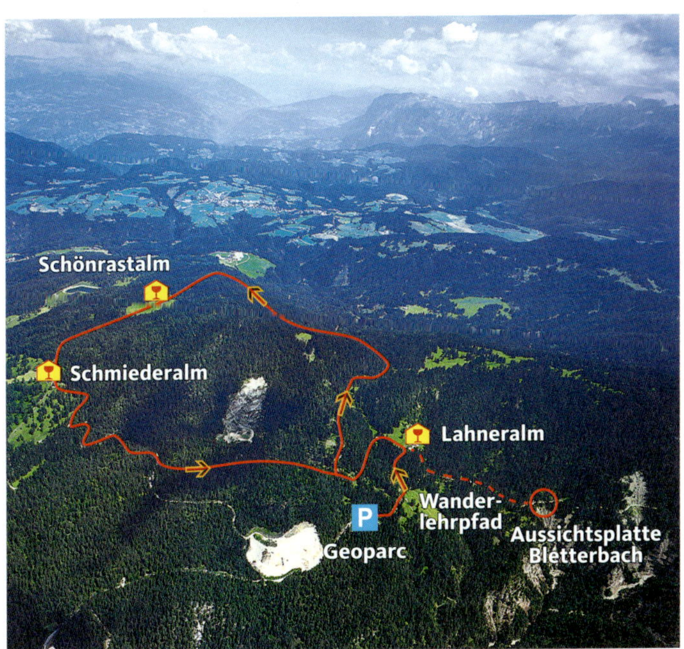

Anfahrt
bei Auer Richtung Cavalese (Fleimstal) bis Aldein, weiter zum Weiler Lerch, der Beschilderung „Naturparkhaus Bletterbach" bis zum Parkplatz folgen

Ausgangspunkt
Aldein, Unterland

Parkplatz
Bletterbach, gebührenpflichtig

Höhenunterschied
ca. 150 m

Wegbeschaffenheit
fast immer breiter Waldweg, ein Abschnitt geteert

Gesamtgehzeit
2 bis 2 ½ Stunden

Jahreszeit
Frühling bis Spätherbst

Kinderwagen
alpintauglich, 3 oder 4 Räder

Informationen
Tourismusverein Aldein-Radein
www.aldein-radein.com

Schwierigkeit

31 VOM LAVAZÈJOCH ZUR LIEGALM

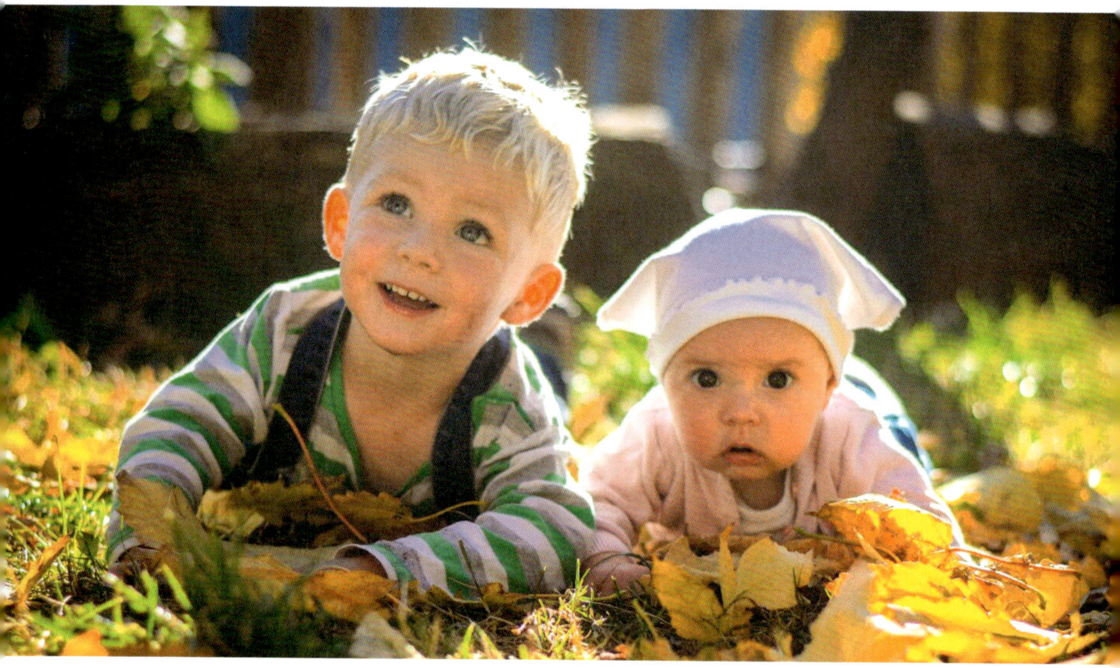

Wanderung zwischen Weißhorn und Latemar

Es gibt zwei Möglichkeiten für diese Wanderung: eine kurze Rundwanderung (Nr. 9a/b–9) und den direkten Weg zur Alm (Nr. 7–9). Beides sind nicht asphaltierte Forstwege bzw. breite Wanderwege. Für die Rundwanderung lassen wir die Gasthäuser „Lavazè“ und „Bucaneve“ rechts liegen und folgen dem Weg Nr. 9a/b, welcher leicht abwärts führt. Wir wandern in einer kleinen Schlucht gesäumt von Wäldern. Auf einer Höhe von ca. 1650 m stoßen wir auf eine Wegkreuzung und wählen den aufwärts führenden Weg Nr. 9, welcher uns rasch an Höhe gewinnen lässt. Bei der nächsten Wegkreuzung halten wir uns links, verlassen bald schon den Wald und können die Alm auch schon vor uns sehen (bis hierher knapp eine Stunde). Bei gutem Wetter können wir die zackigen Gipfel des Latemars und den weiter entfernten

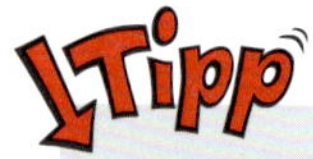

In der Nähe befindet sich das weithin sichtbare Weißhorn (2317 m), das über verschiedene Wege besteigbar ist.

Rosengarten bewundern. Die Liegalm (1750 m) ist neu renoviert und bietet Platz zum Spielen und Verweilen. Im Winter besteht die Möglichkeit eine Rodel auszuleihen bzw. dem Langlaufsport zu frönen (Loipe direkt bei der Hütte). Für den Rückweg gehen wir bis zur Kreuzung denselben Weg, halten uns links (Richtung Lavazè schauend) und folgen der Markierung Nr. 9. Es geht gemütlich durch einen lichten Wald. Kurz vor Erreichen des Lavazèjoches stoßen wir auf den Weg Nr. 7, der Wald lichtet sich und macht Almwiesen Platz. Nach ca. einer Dreiviertelstunde kommen wir zum Joch mit seinem kleinen See und somit zum Ende unserer Wanderung. Hier befindet sich ein Spielplatz. Der Rückweg ist der anfänglich angedeutete direkte Weg zur Alm.

Einkehrmöglichkeiten: Liegalm, Lavazèjoch
Sehenswertes in der Umgebung: Wallfahrtsort Maria Weißenstein

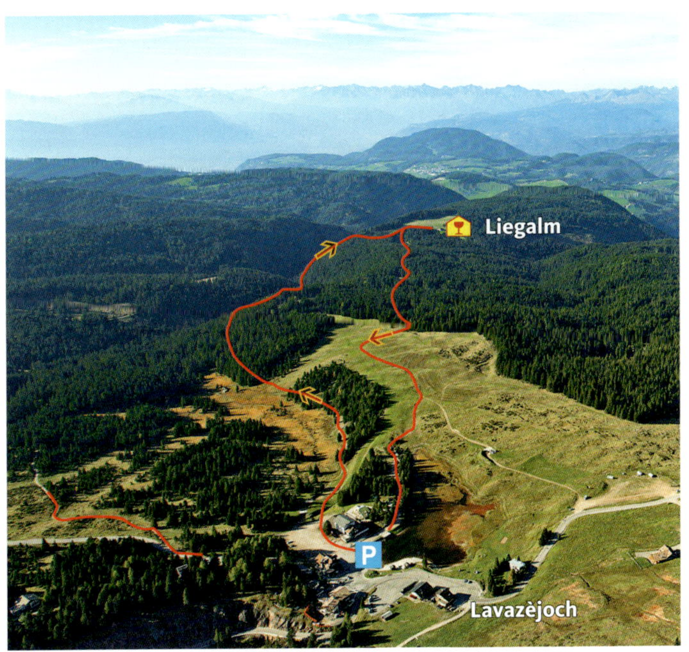

Anfahrt
entweder über das Eggental (Richtung Deutschnofen, dann Beschilderung folgen) oder über das Fleimstal

Ausgangspunkt
am Lavazèjoch (1805 m)

Parkplatz
direkt am Joch verschiedene Parkplätze

Höhenunterschied
ca. 100 m

Wegbeschaffenheit
nicht asphaltierte Forststraße bzw. Wanderweg

Gesamtgehzeit
1½ bzw. 2 Stunden

Jahreszeit
Sommer und Herbst, aber auch im Winter (Schneelage beachten!)

Kinderwagen
alpintauglich, 3 oder 4 Räder

Informationen
www.lavaze.com

Schwierigkeit

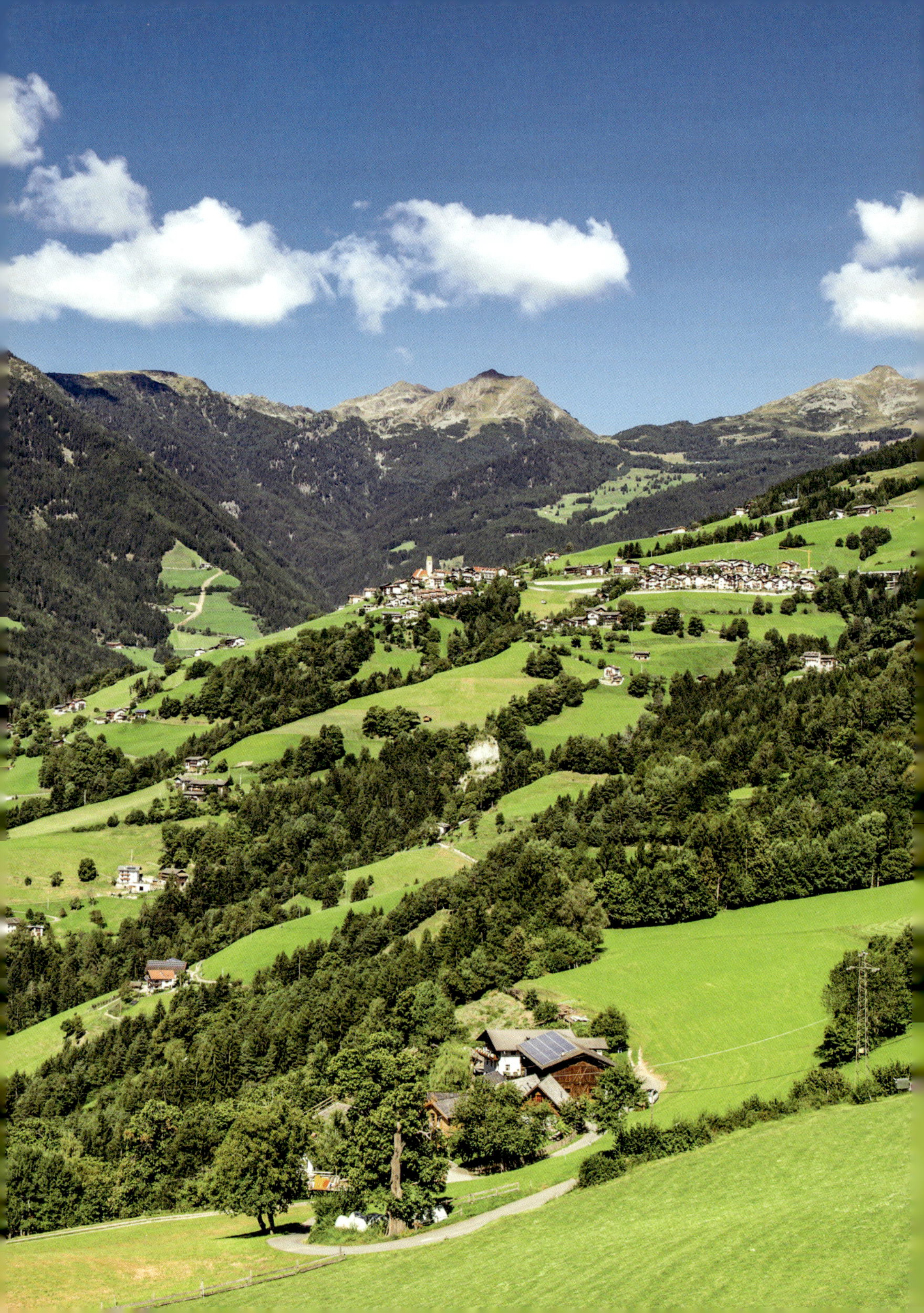

EISACKTAL UND WIPPTAL

32 HOCHFLÄCHE VILLANDERER ALM

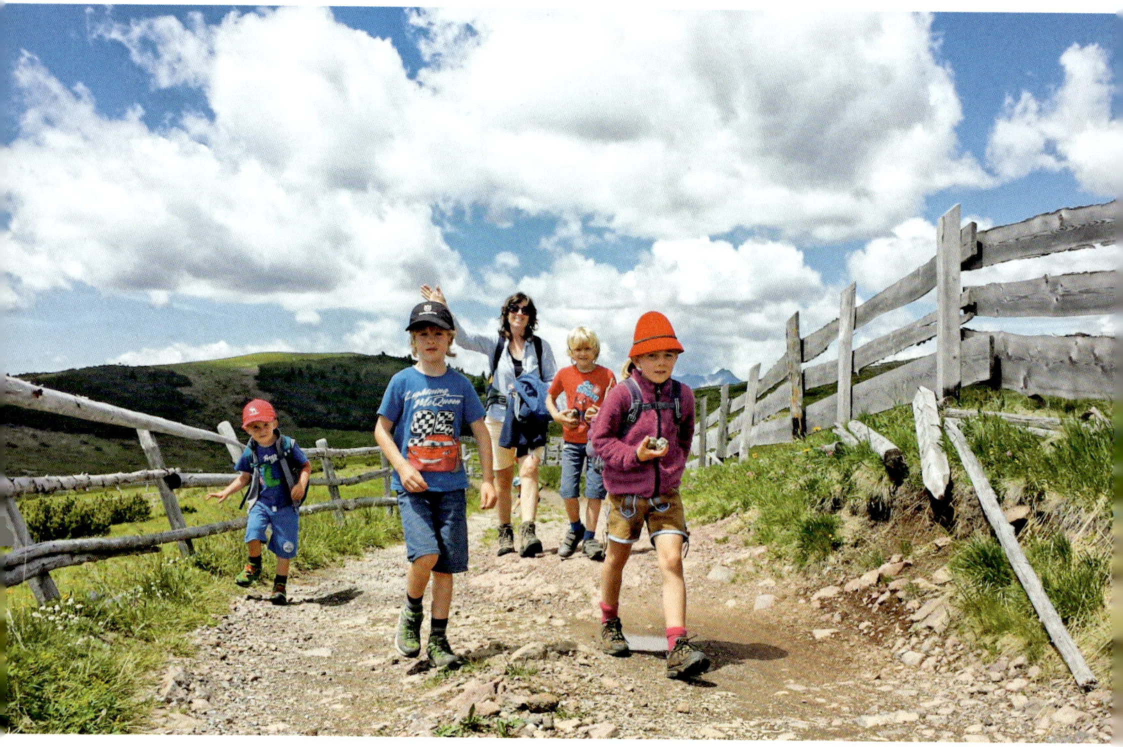

Überwältigendes Panorama auf Wegen inmitten von Latschenfeldern

Wir folgen der geteerten Straße bis zur Abzweigung rechts und biegen in die Forststraße zur Gasserhütte (beschildert) ein. Die erste halbe Stunde lässt uns zackig steil an Höhe gewinnen, dann werden wir mit einem einzigartigen Weitblick in die umliegende Bergwelt der Dolomiten belohnt. Nach ca. einer Dreiviertelstunde erreichen wir die Gasserhütte (1744 m; bis hierher eventuell auch mit dem Auto). Unser Weg führt uns in ca. einer halben Stunde weiter durch die Latschenfelder der Hochebene bis zur Jausenstation Mair in Plun (1860 m). Dort haben wir den Zenit unserer Wanderung erreicht und biegen rechts in Richtung

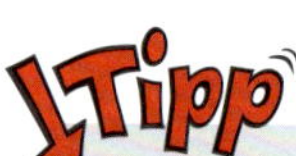

Verlängerung der Wanderung zum Totensee (2208 m); im Winter führt eine Rodelbahn von der Gasserhütte bis zur Straße hinunter.

„Rinderplatzhütte“ (1799 m) ab. Nach einer guten Viertelstunde kommen wir dort an und queren nun nochmals die Latschenfelder und sumpfigen Hochmoore auf einem guten Steig. Die Gasserhütte ist bald erreicht und wir steigen auf dem gleichen Weg zum Parkplatz hinab. Wem die Wanderung zu kurz erscheint, der hat die Möglichkeit, sie fast beliebig zu verlängern: vom Moar in Plun weiter bis zur Pfroderalm (2130 m) mit dem berühmten Totenkirchl oder zur Stöfflhütte (2057 m). Die Gesamtgehzeit verlängert sich jeweils um zwei Stunden.

Einkehrmöglichkeiten: Hotel Samberger Hof, Gasserhütte, Jausenstation Mair in Plun, Pfroderalm, Stöfflhütte, Rinderplatzhütte
Sehenswertes in der Umgebung: Pfunderer Bergwerk, Kloster Säben bei Klausen, Latschenbrennerei

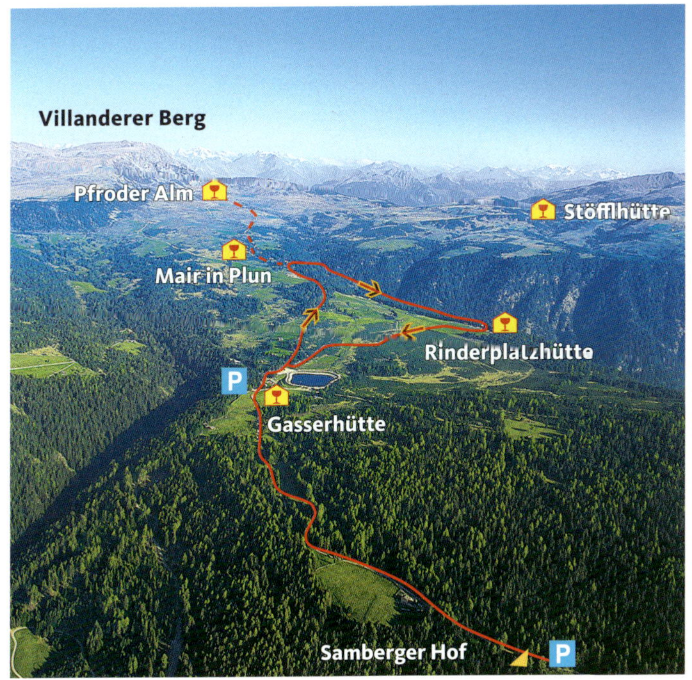

Anfahrt
über Klausen nach Villanders, dort der Beschilderung „Villanderer Alm“ folgen

Ausgangspunkt
Villanderer Alm im Eisacktal

Parkplatz
beim Hotel Samberger Hof

Höhenunterschied
ca. 350 m

Wegbeschaffenheit
gut befahrbare und angenehme Forststraße und Wanderwege

Gesamtgehzeit
ca. 2 ½ Stunden

Jahreszeit
ganzjährig

Kinderwagen
alpintauglich, 3 oder 4 Räder

Informationen
Tourismusverein Villanders
www.villanders.info

Schwierigkeit

33 ZUR STÖFFLHÜTTE AUF DER VILLANDERER ALM

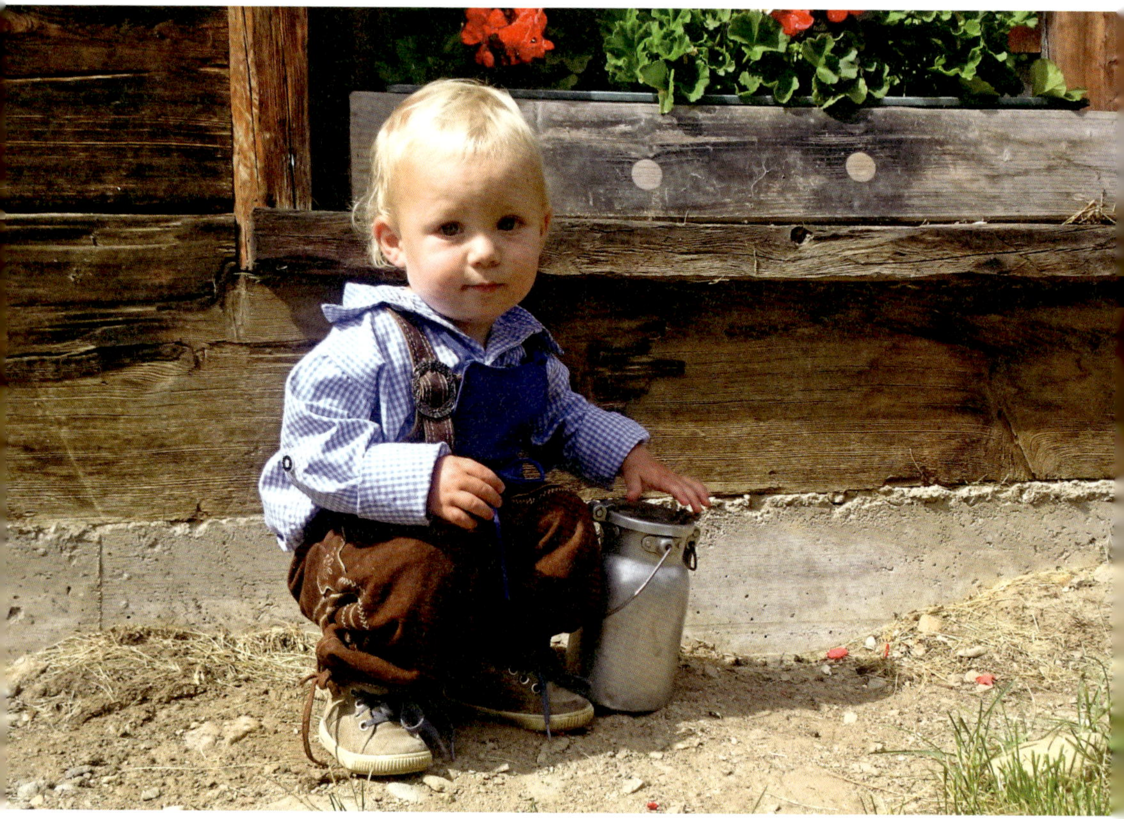

Wanderung von Almhütte zu Almhütte

Die Stöfflhütte ist im Sommer wie im Winter ein beliebtes Wanderziel, sowohl vom Sarntal herauf wie auch von Villanders her. Wir wollen uns hier allerdings auf die warme Jahreszeit und auf die Route Villanders konzentrieren.

Die Villanderer oder auch Latzfonser Alm ist nach der Seiser Alm die zweitgrößte des Landes. Zahlreich sind die Wandermöglichkeiten, bekannt sind etwa jene zum Latzfonser Kreuz, zum Kirchlein am Toten, aufs Rittner Horn und viele weitere. Und eben hierher zur Stöfflhütte. Das Panorama umfasst 360 Grad,

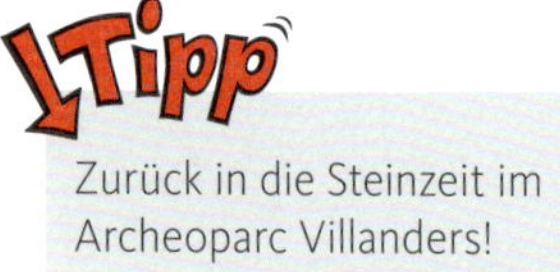

Zurück in die Steinzeit im Archeoparc Villanders!

die Aussicht auf die gegenüberliegenden Dolomiten ist natürlich besonders beeindruckend.

Vom Parkplatz folgen wir der Markierung Nr. 6/15, dem Zufahrtsweg zur Hütte. Vorbei am Mair in Plun gabelt sich am „Scheibenstöckl" der Weg. Wir folgen der Markierung Nr. 15 nach rechts und gelangen auf dieser zur gastlichen Hütte.

Für den Rückweg wählen wir am besten den Hinweg, mehrere andere Möglichkeiten sind nicht oder kaum kinderwagentauglich.

Einkehrmöglichkeiten: Gasserhütte, Mair in Plun, Stöfflhütte

Sehenswertes in der Umgebung: Archeoparc Villanders, Kloster Säben, Schaubergwerk Villanders, Stadtmuseum Klausen

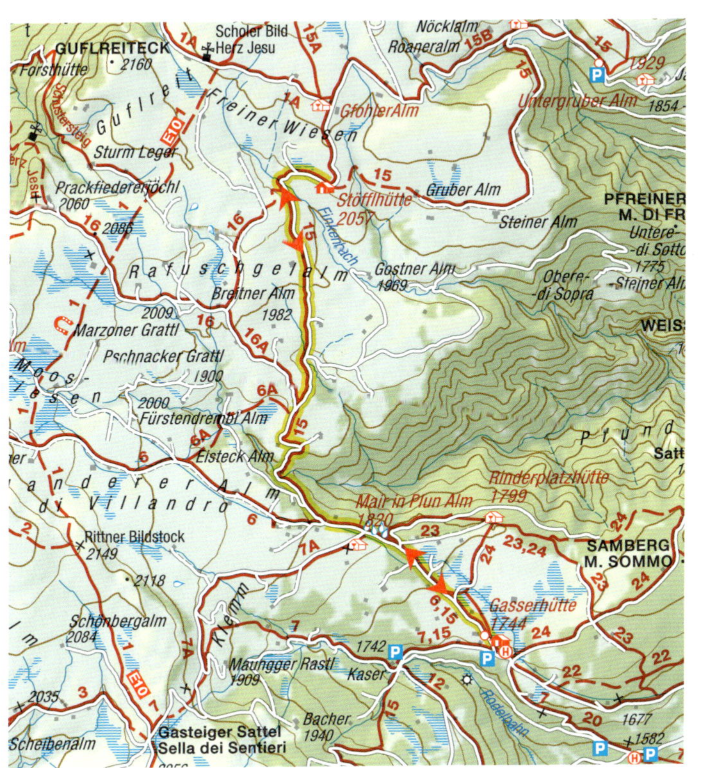

Anfahrt
durch das Eisacktal nach Klausen, dort abbiegen nach Villanders und weiter zur Gasserhütte

Ausgangspunkt
Villanderer Alm

Parkplatz
nahe der Gasserhütte (gebührenpflichtig)

Höhenunterschied
300 m

Wegbeschaffenheit
ungeteerter Weg

Gesamtgehzeit
ca. 3 Stunden

Jahreszeit
Sommer bis Herbst

Kinderwagen
alpintauglich, 3 oder 4 Räder

Informationen
Tourismusverein Villanders
www.villanders.info

Schwierigkeit

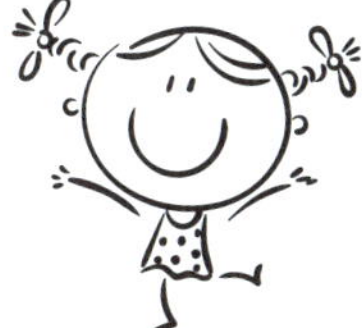

34 DER WOODYWALK AUF DER PLOSE

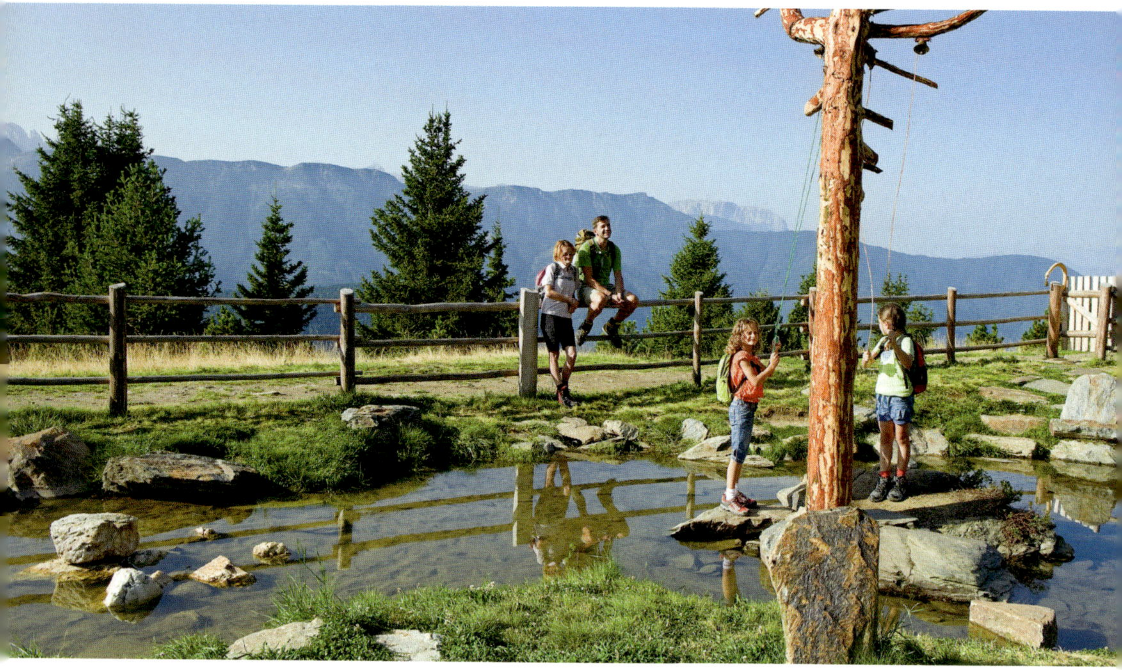

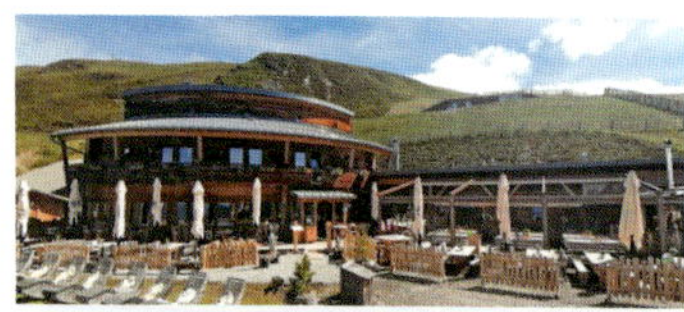

ROSSALM, 2200 m

Die Rossalm versteht es, ihre Gäste vom Frühstück bis zum Abendessen mit typischen Südtiroler Spezialitäten oder Köstlichkeiten vom Grill zu verwöhnen. Dass dafür vorwiegend einheimische Produkte verwendet werden ist selbstverständlich!

I-39042 Brixen, Afers
T +39 377 377 2275
info@rossalm.com, www.rossalm.com

Öffnungszeiten: Ende Mai bis Ende Oktober und Anfang Dezember bis Anfang April

Spielen mit Holz

Nach der Bergfahrt mit der Plose-Seilbahn halten wir uns rechts und folgen der Markierung 17. Bei der ersten Weggabelung halten wir uns wieder rechts und wandern eben oder leicht ansteigend durch offenes Gelände. Die Aussicht auf die Dolomiten mit Peitlerkofel sowie Aferer und Villnösser Geisler ist geradezu atemberaubend. Bei der nächsten Weggabelung halten wir uns links und folgen der Markierung 17A. Vorbei am großen See erreichen wir schließlich die Rossalm, wo wir einkehren und das nach wie vor grandiose Panorama genießen können.

Entlang des Weges gibt es zahlreiche attraktive Stationen, die für Abwechslung sorgen und zum Spielen und Ausruhen einladen, wie zum Beispiel: den Ploseblitz, den Glockensee

oder den Nicht-den-Boden-berühren-Weg, das Waldtelefon, den Kletterbaum mit Ochsenkarren und den Peitlerthron, Kneipp-anlage, Riesenliegen oder Wikingerschiff.
Rückweg in leichtem Gefälle über den breiten Wirtschaftsweg (ohne Markierung).

Einkehrmöglichkeiten: Rossalm
Sehenswertes in der Umgebung: Dom zu Brixen mit Kreuzgang, Diözesan- und Krippenmuseum, Pharmaziemuseum Brixen, Kloster Neustift mit Basilika, Kreuzgang, Bibliothek und Pinakothek

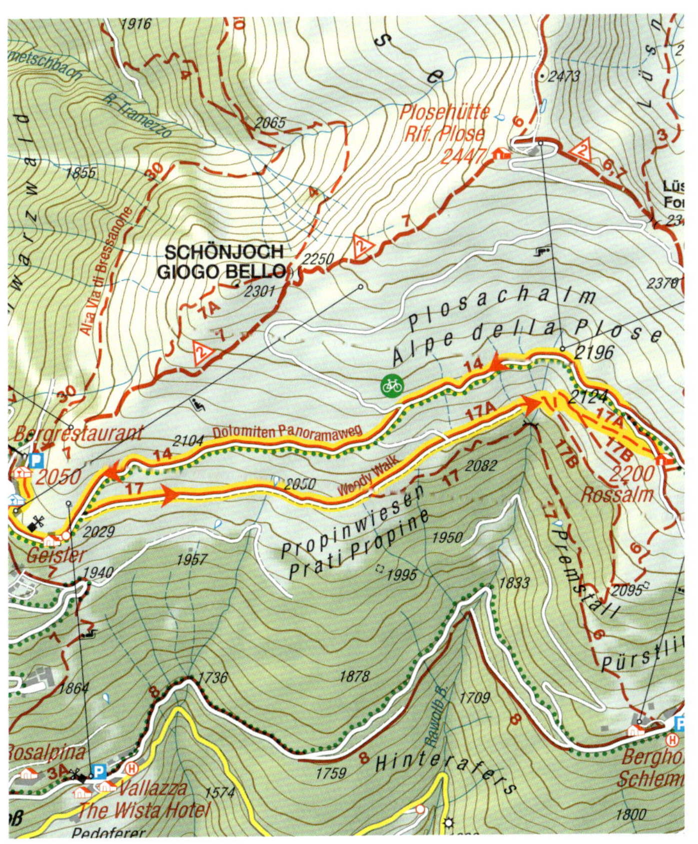

Anfahrt
nach Brixen und über Milland nach St. Andrä zur Talstation der Plose-Seilbahn

Ausgangspunkt
Bergstation der Plose-Seilbahn

Parkplatz
Talstation Plose-Seilbahn

Höhenunterschied
ca. 100 m

Wegbeschaffenheit
leicht ansteigender, ungeteerter Weg, gut zu befahren

Gesamtgehzeit
1 ½ Stunden

Jahreszeit
Sommer bis Frühherbst

Kinderwagen
alle

Informationen
Brixen Tourismus Genossenschaft
www.brixen.org

Schwierigkeit

35 DER APFELWEG IN NATZ

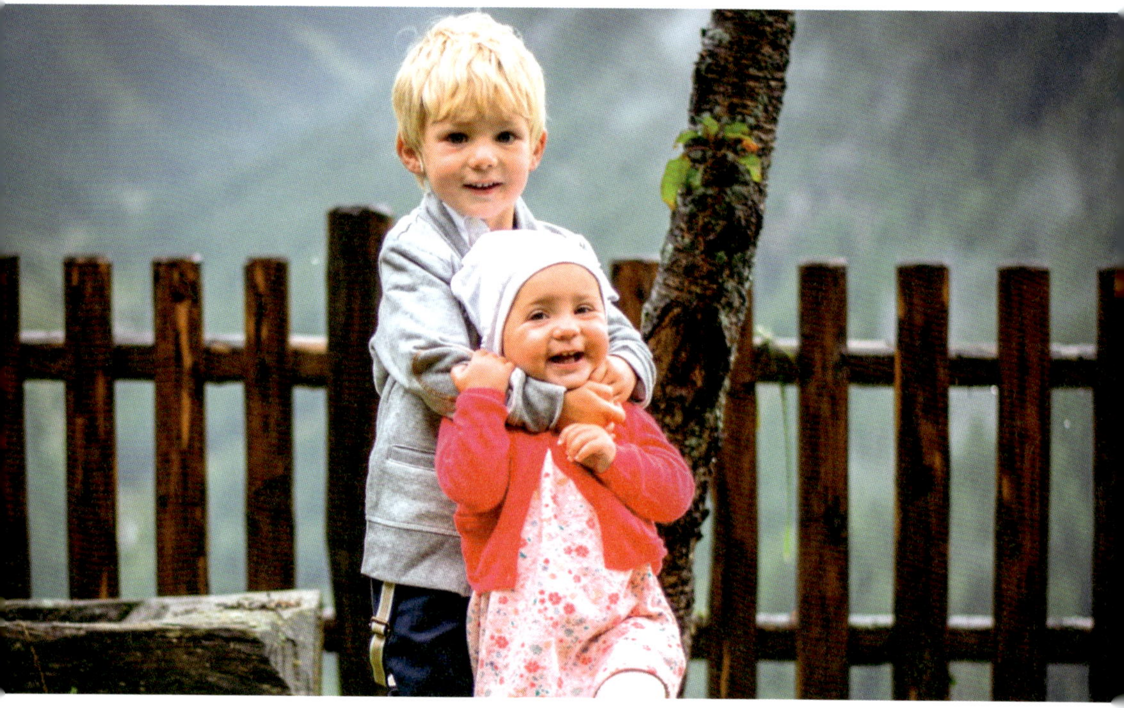

Rundweg durch Biotope und Apfelwiesen

Die Wanderung in dieser ländlichen Umgebung ist ungemein abwechslungsreich, führt sie doch durch Föhrenwald, Apfelanlagen, Wiesen, Biotope und Kastanienhaine. Sehr zu empfehlen ist auch der kurze Abstecher auf den Ölberg, kurz vor Ende der Wanderung. Es ist ein wunderbarer Aussichtspunkt auf das weite Plateau. Informationstafeln vermitteln nicht nur Wissenswertes über den Apfelanbau in Südtirol im Allgemeinen und auf dem Hochplateau von Natz-Schabs im Besonderen, sondern auch über die schützenswerten und geschützten Biotope entlang des Weges.

Vom Ortskern in Natz wandern wir zunächst auf Markierung Nr. 1 in Richtung Fiums. Nach gut einem Kilometer ist das Biotop

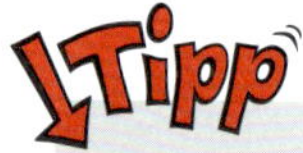

Das Mineralienmuseum in Teis bietet Kindern ab 6 Jahren eine tolle „Teiser-Kugel-Suche" an!

Sommersürs erreicht, wo wir nach links auf die Markierung Nr. 5 einbiegen. Den Flötscher Weiher umrunden wir gegen den Uhrzeigersinn und wandern auf der Markierung Nr. 2 weiter nach Süden bis kurz vor Raas. Dort biegen wir nach links ab zum Biotop Raier Moos (interessante Kombination von Trocken- und Feuchtstandorten) und immer auf dem Apfelweg weiter zum Biotop Laugen. Wir bleiben zunächst auf der Markierung Nr. 6, die uns nach Norden zum Ölberg und zurück nach Natz führt.

Einkehrmöglichkeiten: Flötscherhof am gleichnamigen Weiher, Gasthäuser in Natz

Sehenswertes in der Umgebung: Kloster Neustift, Mineralienmuseum Teis, Festung Franzensfeste, Schloss Velthurns

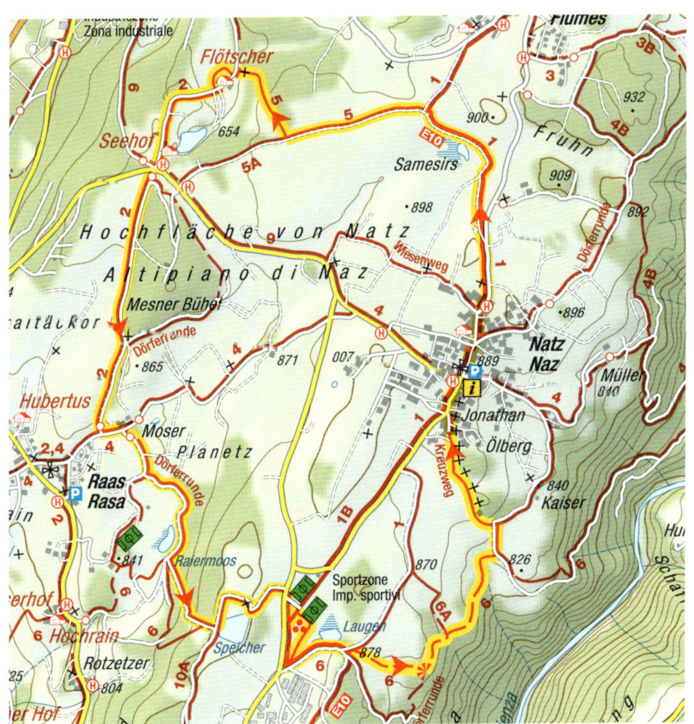

Anfahrt
von Brixen Richtung Pustertal bis Schabs, dort abbiegen nach Natz

Ausgangspunkt
Ortskern Natz

Parkplatz
Parkplätze im Ortskern nahe am Vereinshaus

Höhenunterschied
ca. 200 m

Wegbeschaffenheit
meist ungeteerter Weg

Gesamtgehzeit
ca. 2 ½ Stunden

Jahreszeit
Frühling bis Herbst

Kinderwagen
alpintauglich, 3 oder 4 Räder

Informationen
Tourismusgenossenschaft Natz-Schabs
www.natz-schabs.info

Schwierigkeit

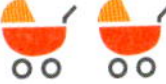

36 RUND UM DEN VAHRNER SEE

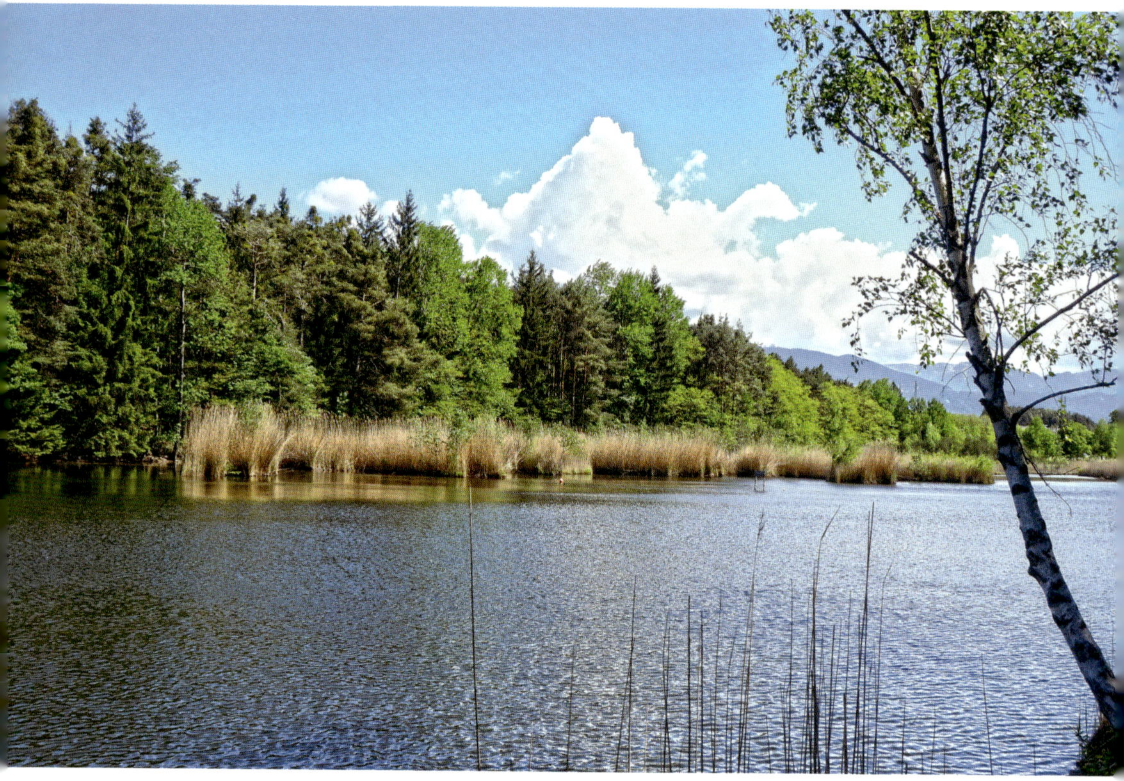

Ein Spaziergang am kühlen Nass

Leider sind Hinweise immer zeitabhängig. Zur Zeit der Drucklegung sind die Arbeiten zum Abschluss der Bergung von Kriegsrelikten aus dem See noch immer nicht abgeschlossen. Es steht aber zu hoffen, dass Bade-, Tauch- und Angelverbot schon bald aufgehoben werden.

Ansonsten ist die Runde um den See ein gemächlicher Spaziergang, den wir wunderbar mit dem „Erlebnis Wasser" verbinden können. Im Uhrzeigersinn spazieren wir vom Parkplatz auf der noch asphaltierten Straße in Richtung einer gemütlichen Einkehrmöglichkeit. Seit 1977 steht der See unter Naturschutz, das

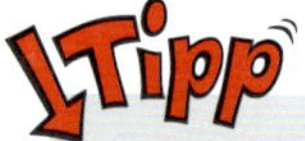

Im Sommer gibt es eine nette Liegewiese zum Relaxen und Baden!

Biotop bietet unter anderem verschiedenen Libellenarten einen Lebensraum. Das Gewässer ist nur 3,5 m tief, erwärmt sich daher im Frühsommer schnell und lädt im nördlichen, nicht geschützten Teil zu einem erfrischenden Bad (Einschränkung siehe oben) ein. Der „Badestrand" ist eine nette, wirklich einladende Liegewiese. Teils am Ufer entlang, teils durch lichten Wald gelangen wir zurück zum Ausgangspunkt.

Einkehrmöglichkeiten: Gasthaus zum See direkt am See
Sehenswertes in der Umgebung: Kloster Neustift, Diözesanmuseum Hofburg Brixen, Brixner Dom, Kreuzgang mit Johanneskapelle, Große und Kleine Lauben

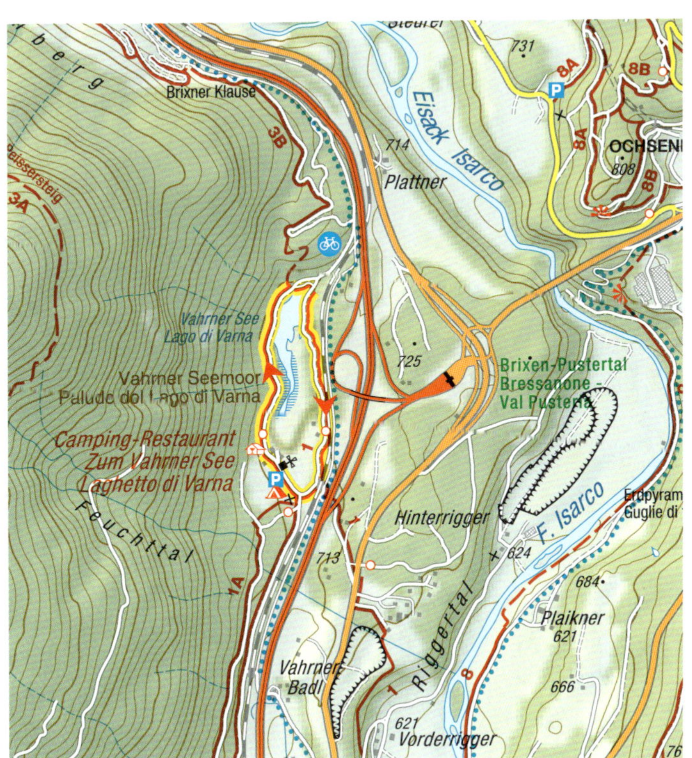

Anfahrt
im Eisacktal nach Vahrn nördlich von Brixen; in der Industriezone Vahrn (nahe Tankstelle) abbiegen zum See

Ausgangspunkt
Vahrner See

Parkplatz
nahe am Campingplatz

Höhenunterschied
unbedeutend

Wegbeschaffenheit
meist ungeteerter Weg

Gesamtgehzeit
ca. 45 Min.

Jahreszeit
Frühsommer bis Herbst

Kinderwagen
alle

Informationen
Brixen Tourismus Genossenschaft
www.brixen.org

Schwierigkeit

VON GASTEIG NACH MAREIT ZUM NATURLEHRPFAD

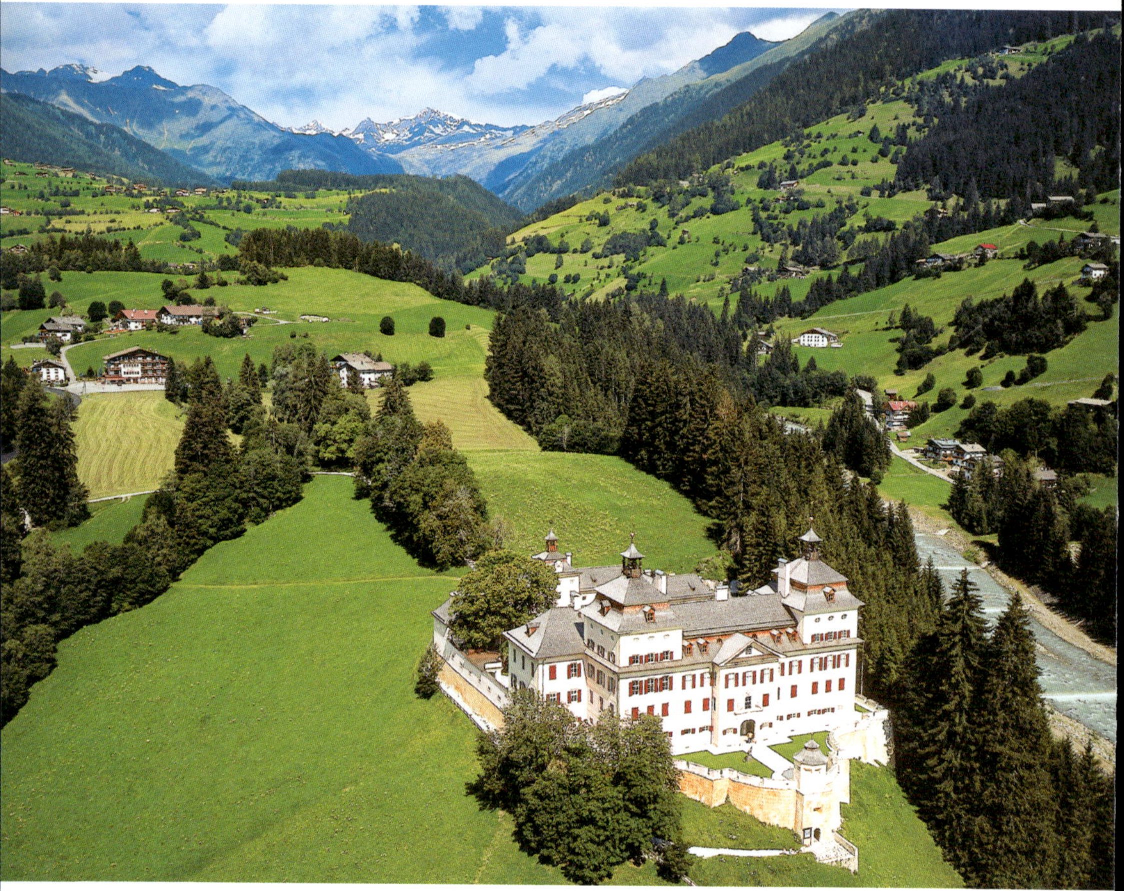

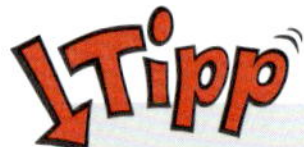

Ein kleiner Abstecher in die reizende Altstadt von Sterzing zahlt sich immer aus. Alternativ bietet sich ein Besuch der Gilfenklamm bei Stange an (ohne Kinderwagen).

Durch das Ridnauntal bis zum Schloss Wolfsthurn

Wir überqueren die Hauptstraße und gehen den „Mühlbachlweg" entlang bis zu den Hinweisschildern. Wir folgen dem Weg Richtung Stange taleinwärts. Anfangs führt uns ein schmales Steiglein gut markiert durch einen interessanten Wald. Immer wieder laden uns Bänke zum Verweilen ein. Bald schon wird der Weg breiter und das Gelände abwechslungsreicher: Flussbiotope, Pionierwald, niederwüchsige Mischwälder und Wiesen. Bei

Stange überqueren wir eine Brücke und gehen über den geteerten Radweg bis Mareit. Wer noch Lust hat, wandert bis zum Kirchplatz, wo der interessante Naturlehrpfad beginnt. Die Themenbereiche sind Wald und Wasser. Wir umwandern dabei das Schloss, welches besucht werden kann. Der Rückweg ist gleich wie der Hinweg.
Die Wanderung kann man eventuell auch in Stange beginnen, wobei sich die Gehzeit insgesamt um ca. eine Stunde verkürzt.

Einkehrmöglichkeiten: in den Ortschaften Gasteig, Stange und Mareit
Sehenswertes in der Umgebung: Gilfenklamm in Stange und Erlebnisbergwerk in Maiern (für beide: www.ratschings.org), das Südtiroler Landesmuseum für Jagd und Fischerei Schloss Wolfsthurn (www.provinz.bz.it/volkskundemuseen)

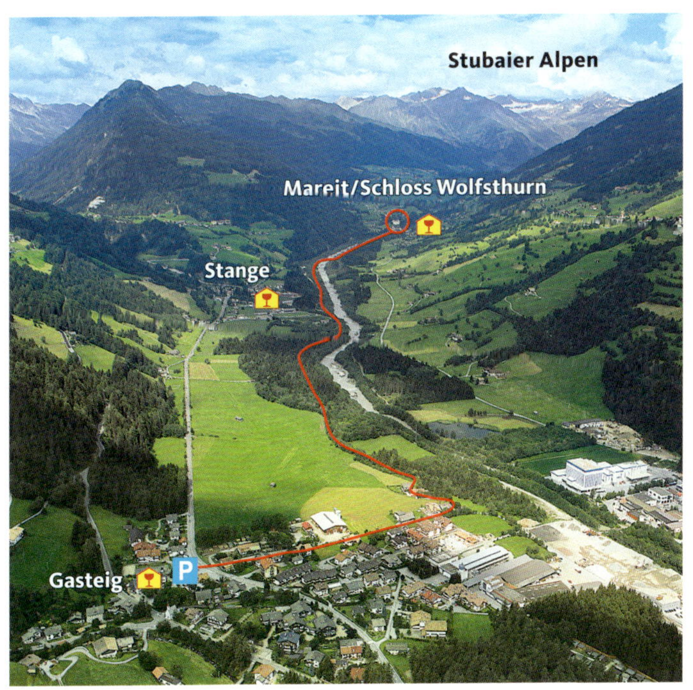

Anfahrt
über Sterzing ins Ridnauntal bis Gasteig

Ausgangspunkt
Ridnauntal

Parkplatz
Kulturhaus (Feuerwehr)

Höhenunterschied
ca. 60 m

Wegbeschaffenheit
anfangs kurzer schmaler Weg, dann breit, nach Stange geteert

Gesamtgehzeit
ca. 3 Stunden, plus ca. 1 Stunde für den Naturlehrpfad

Jahreszeit
ganzjährig, je nach Schneelage

Kinderwagen
alle

Informationen
Tourismusverein Ratschings
www.ratschings.org

Schwierigkeit

38 VON GASSE NACH MAIERN ZUM BERGWERK

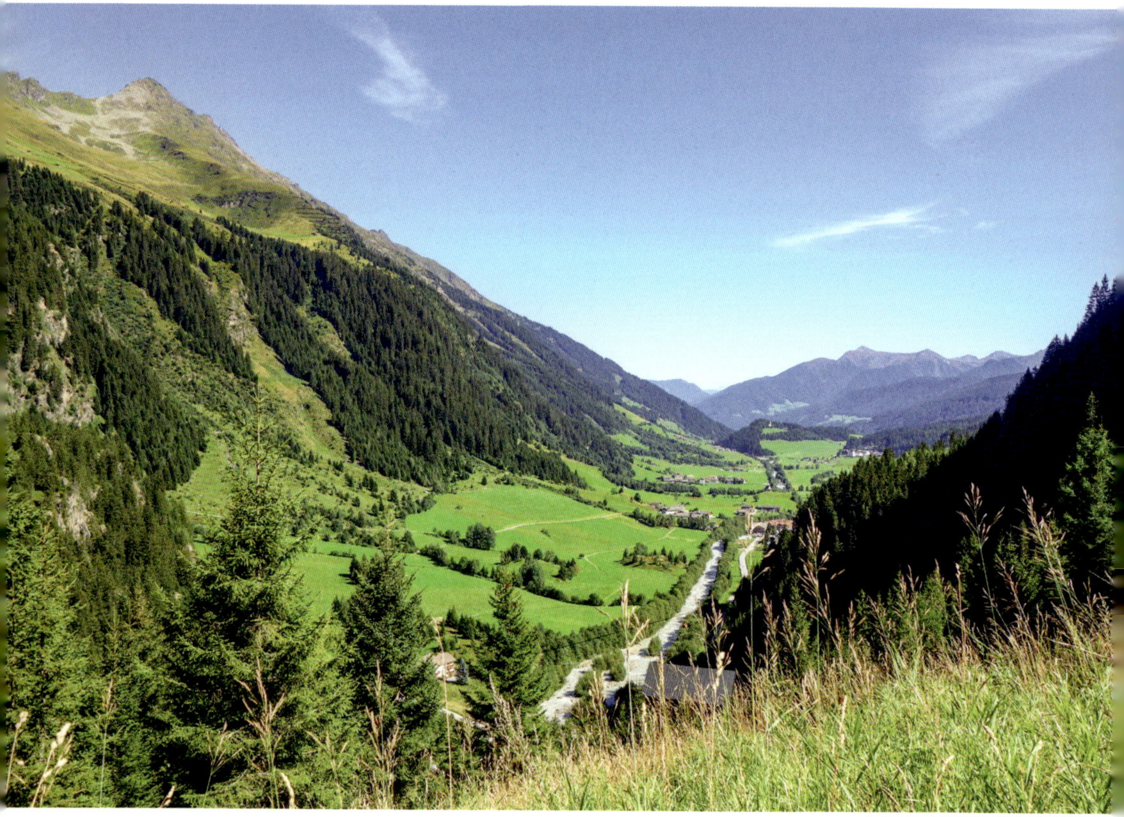

Auf den Spuren des alten Erzbergwerkes

Links beim Kulturhaus vorbei führt uns der Wanderweg durch einen dichten Mischwald über den alten Erzweg in Richtung Talschluss. Der Weg verläuft immer leicht oberhalb des Talgrundes, sodass sich immer wieder überwältigende Weitblicke ergeben. In Maiern überqueren wir eine Holzbrücke und sind bald schon beim Bergwerksmuseum (bis hierher knapp eineinhalb Stunden), dem wir einen Besuch abstatten können (verschieden lange Rundgänge möglich) und wo auch eine Einkehrmöglichkeit besteht. Der Rückweg verläuft orografisch links. Wir überqueren

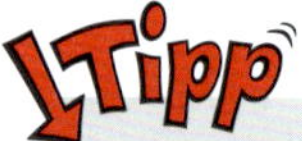

Besuch des Erlebnisbergwerks in Maiern (www.bergbaumuseum.it oder www.schneeberg.org).

den Ridnaunbach direkt beim Museumsgelände und wandern talauswärts, teilweise auf geteerten Wegen den Beschilderungen nach Gasse folgend. Kurz vor Erreichen des Parkplatzes bietet sich uns die Möglichkeit, die St.-Magdalena-Kapelle zu besuchen. Dazu folgen wir der Markierung Nr. 9 auf den Magdalenenhügel. Schneeberger Knappen haben die Kirche in dieser einmalig schönen Lage von 1480 bis 1482 erbaut. Am Fuße des Hügels bestand damals auch eine Schmelzhütte. Die Kapelle ist auch mit dem Auto erreichbar.

Einkehrmöglichkeiten: „Knappenstube" beim Bergwerksmusem, Gastbetriebe in Gasse

Sehenswertes in der Umgebung: Museum für Jagd und Fischerei Schloss Wolfsthurn, Gilfenklamm in Stange (ohne Kinderwagen)

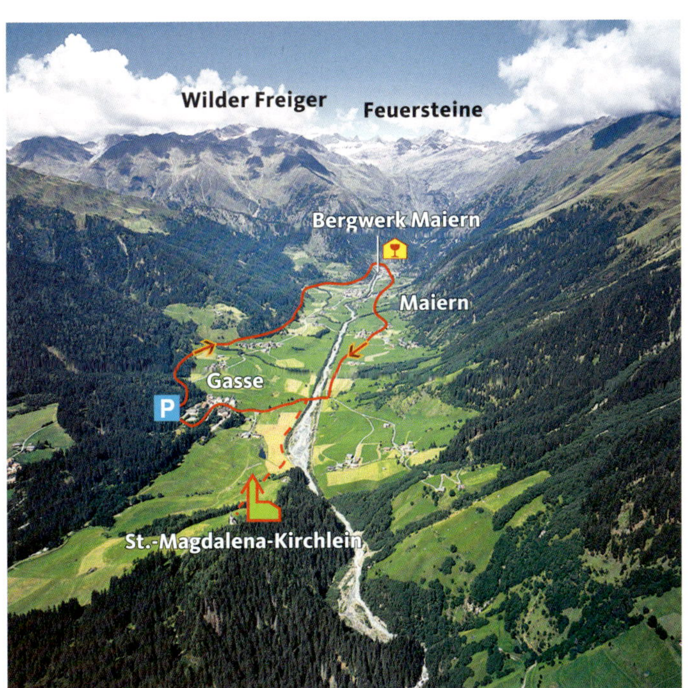

Anfahrt
über Sterzing ins Ridnauntal bis zum Kulturhaus in Gasse (beschildert)

Ausgangspunkt
Ridnauntal

Parkplatz
beim Kulturhaus in Gasse

Höhenunterschied
ca. 70 m

Wegbeschaffenheit
Forstweg und geteerte, landwirtschaftlich genutzte Wege

Gesamtgehzeit
ca. 2 ½ Stunden

Jahreszeit
Frühjahr bis Spätherbst

Kinderwagen
alle

Informationen
Tourismusverein Ratschings
www.ratschings.org

Schwierigkeit

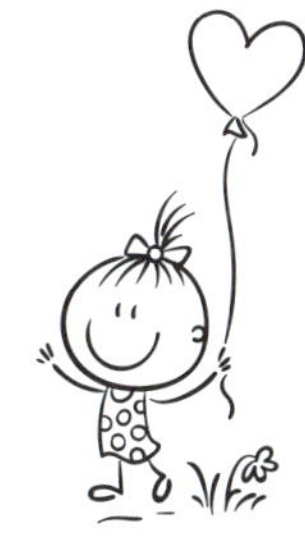

39 KALCHERALM – RINNERALM – SAXNERHÜTTE

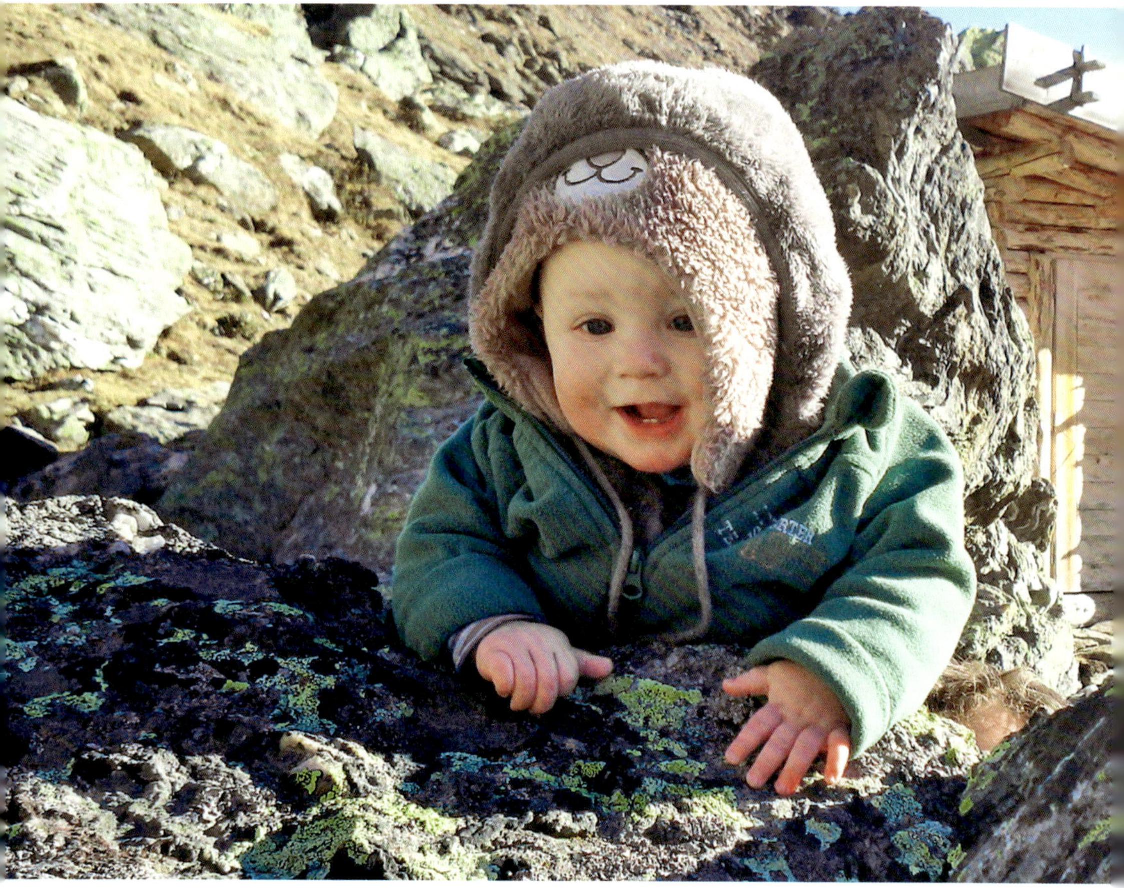

Von Alm zu Alm unter dem Jaufenpass

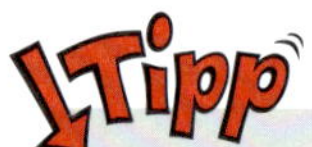

Es lohnt ein Abstecher zum Wasserfaller See (2025 m). Dies ist mit dem Kinderwagen nicht möglich.

In einer halben Stunde geht es vom Parkplatz angenehm flach durch einen Hochgebirgswald bis zur Kalcheralm (1840 m). Von dort erreichen wir die Rinneralm (1850 m), welche im Herzen des Skigebiets Ratschings-Jaufen liegt, in einer halben Stunde. Ab hier begleiten uns liebliche Almwiesen. Nun verläuft der Weg leicht abwärts bis zum Skilift, wo es dann kurz steil aufwärts bis zur Wasserfalleralm (1903 m) geht. Insgesamt wiederum eine

halbe Stunde. Zur Saxnerhütte (2000 m) ist es nun nicht mehr weit. Nur noch ein leichter Anstieg trennt uns von der Hütte, welche wir in ca. einer Viertelstunde erreichen. Hiermit haben wir das Ziel unserer Wanderung erreicht und können uns am schönen Panorama erfreuen.
Der Rückweg verläuft gleich wie der Hinweg.

Einkehrmöglichkeiten: Kalcheralm, Rinneralm, Wasserfalleralm, Saxnerhütte (Achtung: viele Almen schließen mit dem Almabtrieb Anfang September.)
Sehenswertes in der Umgebung: Gilfenklamm in Stange und Erlebnisbergwerk in Maiern (für beide: www.ratschings.org), das Museum für Jagd und Fischerei Schloss Wolfsthurn (www.provinz.bz.it/volkskundemuseen)

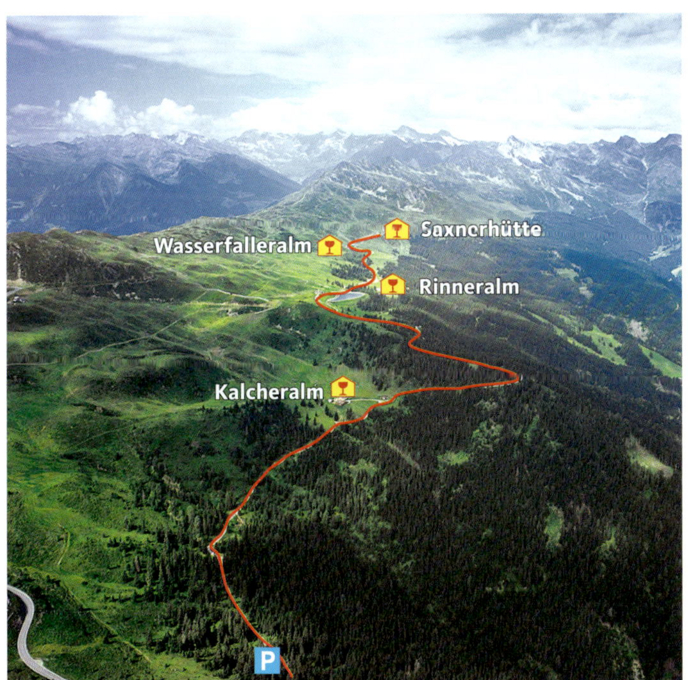

Anfahrt
entweder über das Passeiertal über den Jaufenpass (oder über Sterzing), bei der Beschilderung (1822 m) „Kalcheralm" abbiegen

Ausgangspunkt
kurz unter dem Jaufenpass auf der Sterzinger Seite

Parkplatz
gleich bei der Abzweigung

Höhenunterschied
ca. 100 m

Wegbeschaffenheit
ungeteerte Forststraße, bis Kalcher Alm fahren

Gesamtgehzeit
3 ½ bis 4 Stunden

Jahreszeit
Sommer und Herbst

Kinderwagen
alpintauglich, 3 oder 4 Räder

Informationen
Tourismusverein Ratschings
www.ratschings.org

Schwierigkeit

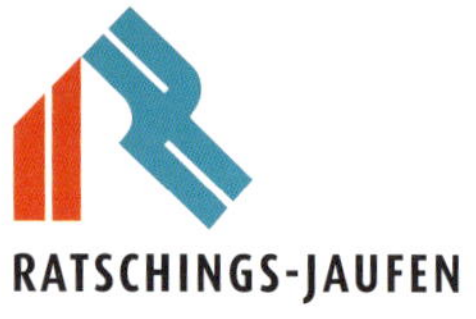

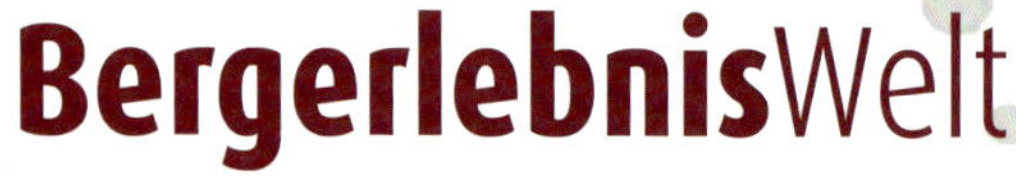

Wandern, verstehen und Spaß haben

auf 1800 m Höhe!

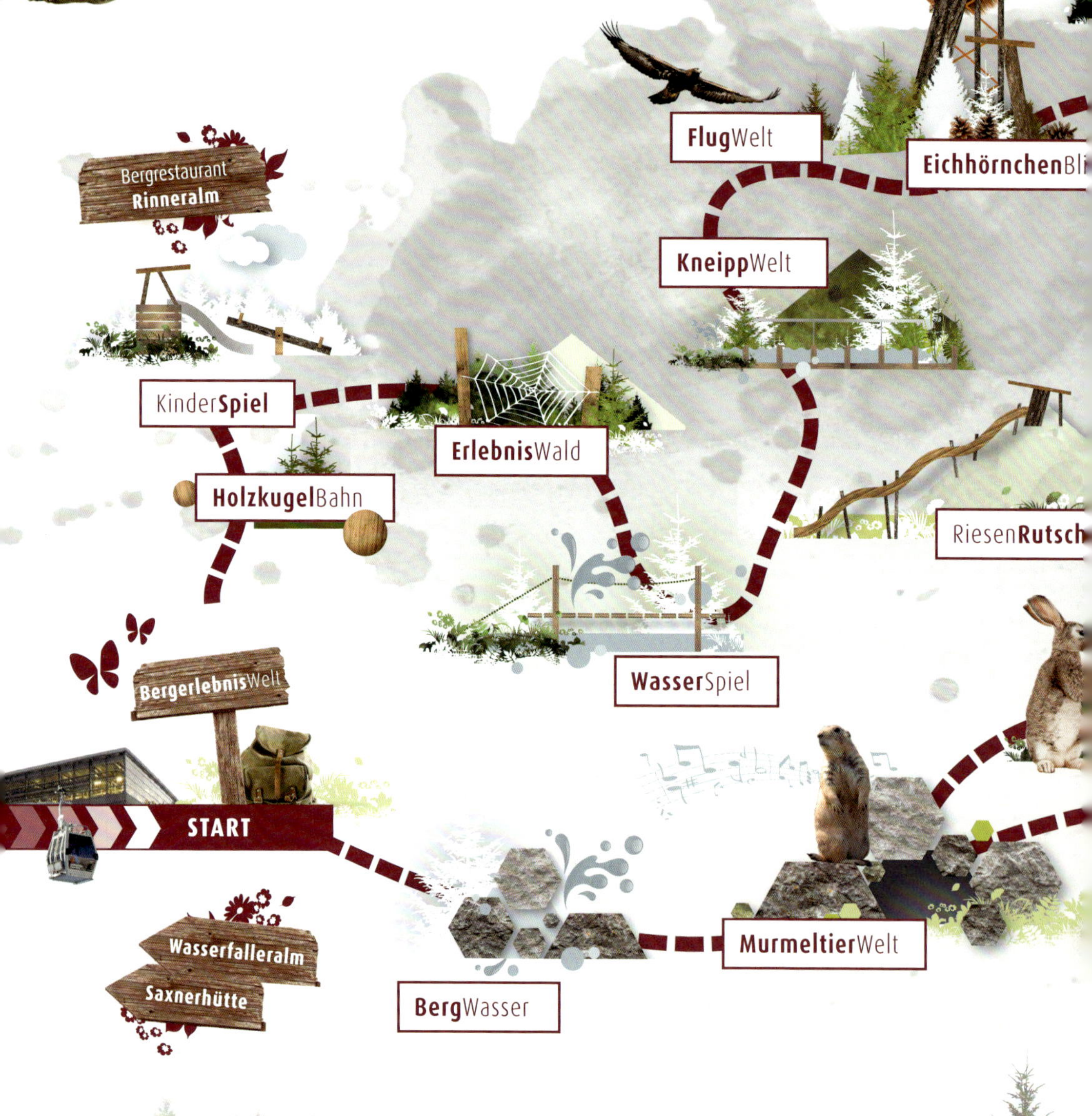

Bergrestaurant Rinneralm

KinderSpiel

HolzkugelBahn

ErlebnisWald

FlugWelt

EichhörnchenBli

KneippWelt

RiesenRutsch

WasserSpiel

BergerlebnisWelt

START

MurmeltierWelt

BergWasser

Wasserfalleralm

Saxnerhütte

www.ratschings-jaufen.it Tel. +39 0472 659 153

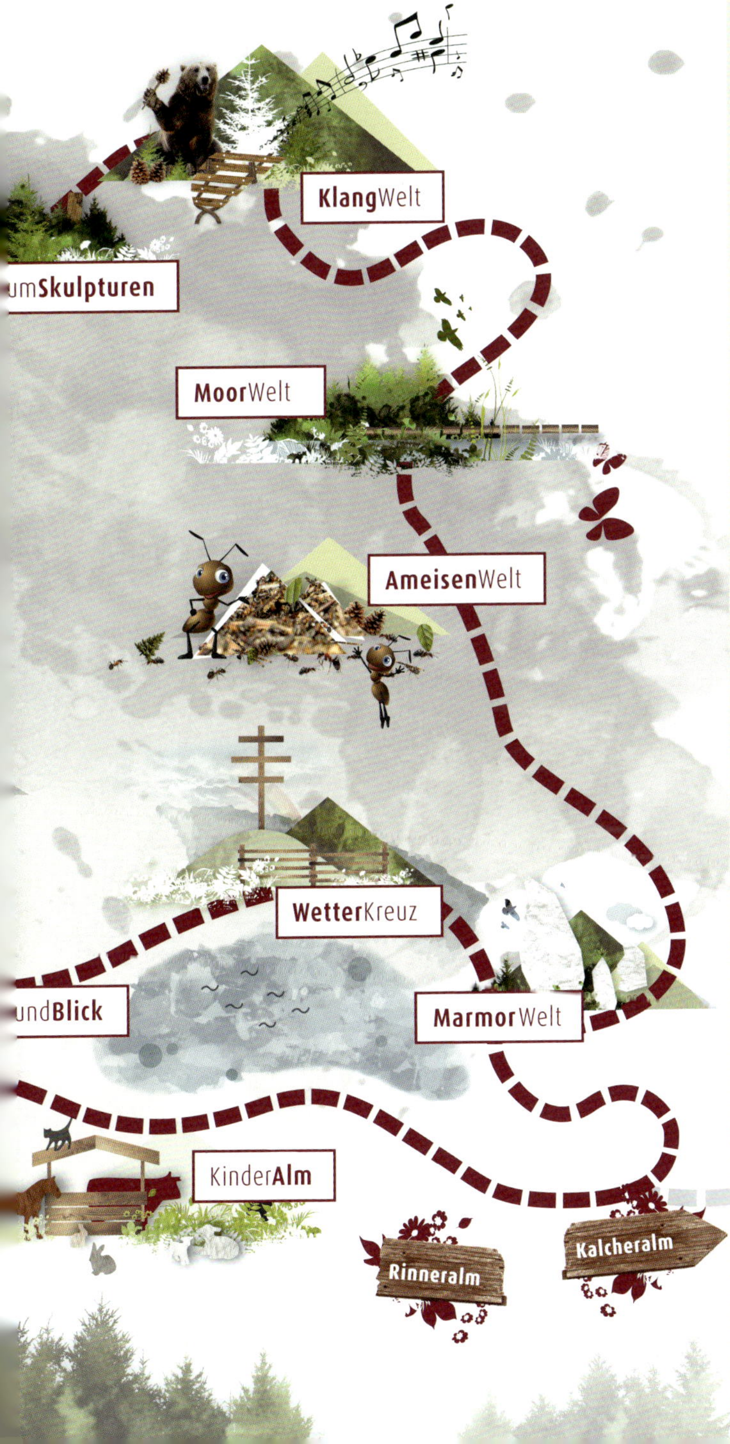

KlangWelt

umSkulpturen

MoorWelt

AmeisenWelt

WetterKreuz

undBlick

MarmorWelt

KinderAlm

Rinneralm

Kalcheralm

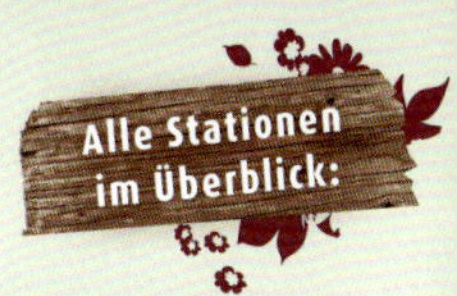

>>> START
Hallo, da bist du ja! Viel Spaß beim Riesen-Pinguin-Klettergerüst!

BergWasser Woher kommt eigentlich das Wasser? Schau genau!

MurmeltierWelt Murmeltiergänge zum Durchlaufen!

Kinder**Alm** Hier ist er, der kleine Kuschelzoo!

Rund**Blick** Erkunde die umliegende Bergwelt!

WetterKreuz Ideal für eine kleine Rast!

MarmorWelt Ratschinger Marmor – ein vielseitiger Werkstoff!

AmeisenWelt Achtung Riesenameise ... zum Erklettern! Entdecke aber auch die echten Ameisenhügel!

MoorWelt Seltene Pflanzen und Tierarten fühlen sich hier besonders wohl!

KlangWelt Urige Holzinstrumente – spiel mit ihnen!

Baum**Skulpturen** Was aus einem Baumstamm alles entstehen kann ...

EichhörnchenBlick Aussicht halten, hoch über den Spitzen der Bäume!

FlugWelt Einmal quer durch die Lüfte, los geht's!

KneippWelt Barfuß durchs kühle Nass und über so manch anderes Material!

Riesen**Rutsche** Achtung, fertig, los! Spaß und Bauchkribbeln garantiert!

WasserSpiel Das Fließen und Plätschern des Wassers beobachten, über Brücken laufen, spielen ...

ErlebnisWald Seilklettern, Netzspringen ... Zeig, was du drauf hast!

Kinder**Spiel** Spiel und Spaß im Freien, da ist für alle was dabei!

HolzkugelBahn 3-2-1-los! Welche Kugel macht das Rennen?

VON DER „HÖLLE" ZUR OCHSENHÜTTE

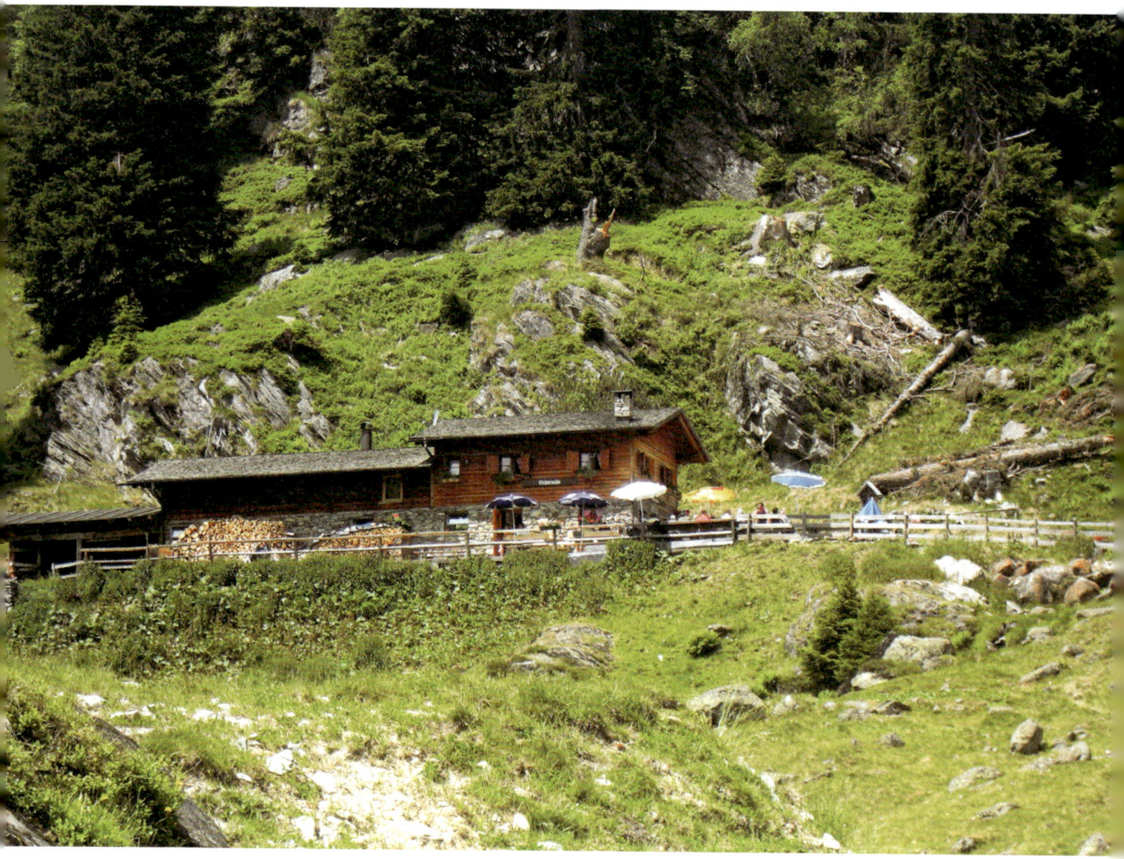

Wanderung zu Füßen der Stubaier Alpen

Vom Parkplatz aus folgen wir der geteerten Straße steil ansteigend, bis wir zur „Hölle" kommen (bis hierher bis 10 Uhr und ab 16 Uhr auch mit dem Auto möglich, Parkplatz vorhanden). Je nach Motivation kann diese Sehenswürdigkeit zu Beginn der Wanderung oder als Abschluss besichtigt werden (Dauer ca. 15 Min.). Weiter geht es über die nicht mehr asphaltierte Forststraße, stets leicht ansteigend. Die Gegend besticht durch steile Wände und Wälder. Kurz vor Erreichen der Hütte öffnet

Von der Alm kann man zu der Magdeburger Hütte (2423 m), welche sich in den Stubaier Alpen befindet, aufsteigen (ohne Kinderwagen).

sich das Tal und wir können eine Vielzahl von Wasserfällen, gespeist von der Schneeschmelze sehen. Der einsame Talkessel schließt sich und über uns befinden sich die Feuersteine und die Stubaier Alpen. Unser Ziel erreichen wir nach ca. eineinhalb Stunden (1690 m). Der Rückweg erfolgt über den Hinweg. bzw. es besteht die Möglichkeit die Tour zu verlängern, indem man den neuen Weg über die Alrißalm nimmt.

Einkehrmöglichkeiten: Ochsenalm und Gasthäuser längs der Straße in Pflersch
Sehenswertes in der Umgebung: Wasserfall in der „Hölle" und Altstadt von Sterzing

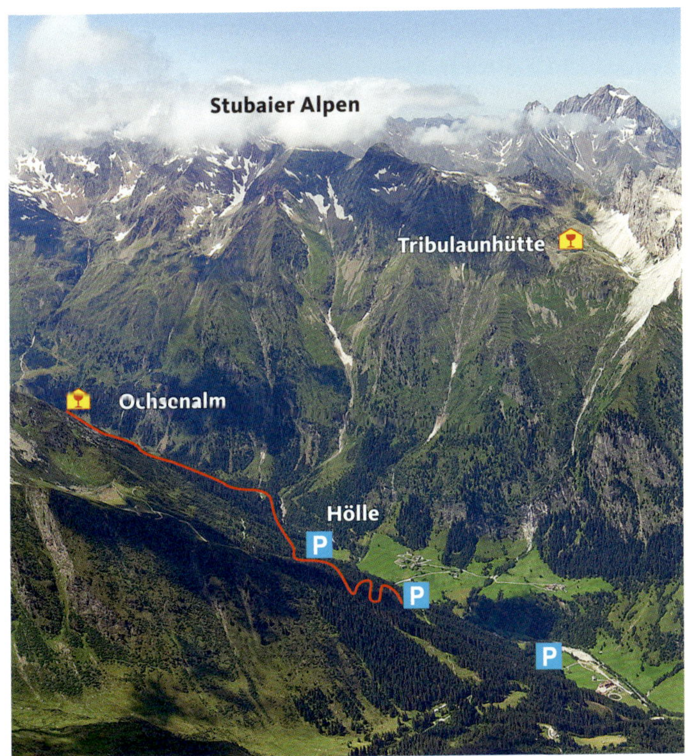

Anfahrt
bei Gossensaß ins Pflerschtal bis zum Talschluss bei Stein (ca. 1300 m)

Ausgangspunkt
Innerpflersch/Stein im Pflerschtal

Parkplatz
direkt an der Straße

Höhenunterschied
ca. 300 m

Wegbeschaffenheit
Forststraße

Gesamtgehzeit
ca. 2 ½ Stunden

Jahreszeit
Juni bis Mitte September

Kinderwagen
alpintauglich, 3 oder 4 Räder

Informationen
Tourismusverein Gossensaß
www.gossensass.org

Schwierigkeit

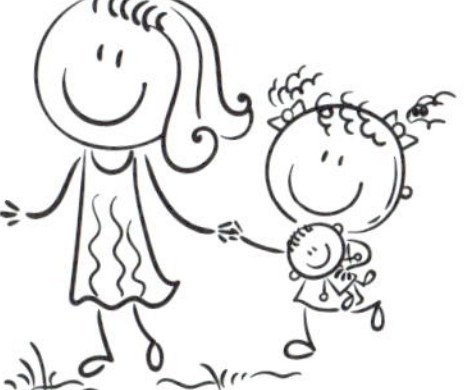

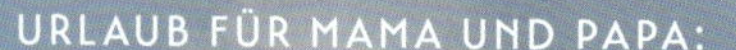

URLAUB FÜR MAMA UND PAPA:

VOM POOL AUF DIE RELAX-LIEGE.

DORT RELAXT ES SICH AM BESTEN, WENN MAN WEISS, DASS AUCH DIE KLEINEN VOLL AUF IHRE KOSTEN KOMMEN: IM BABY-POOL GENAUSO WIE IM MATSCHRAUM, AUF DEM SPIELPLATZ ODER BEI UNSERER ALTERSGERECHTEN BABY- UND KLEINKINDBETREUUNG.

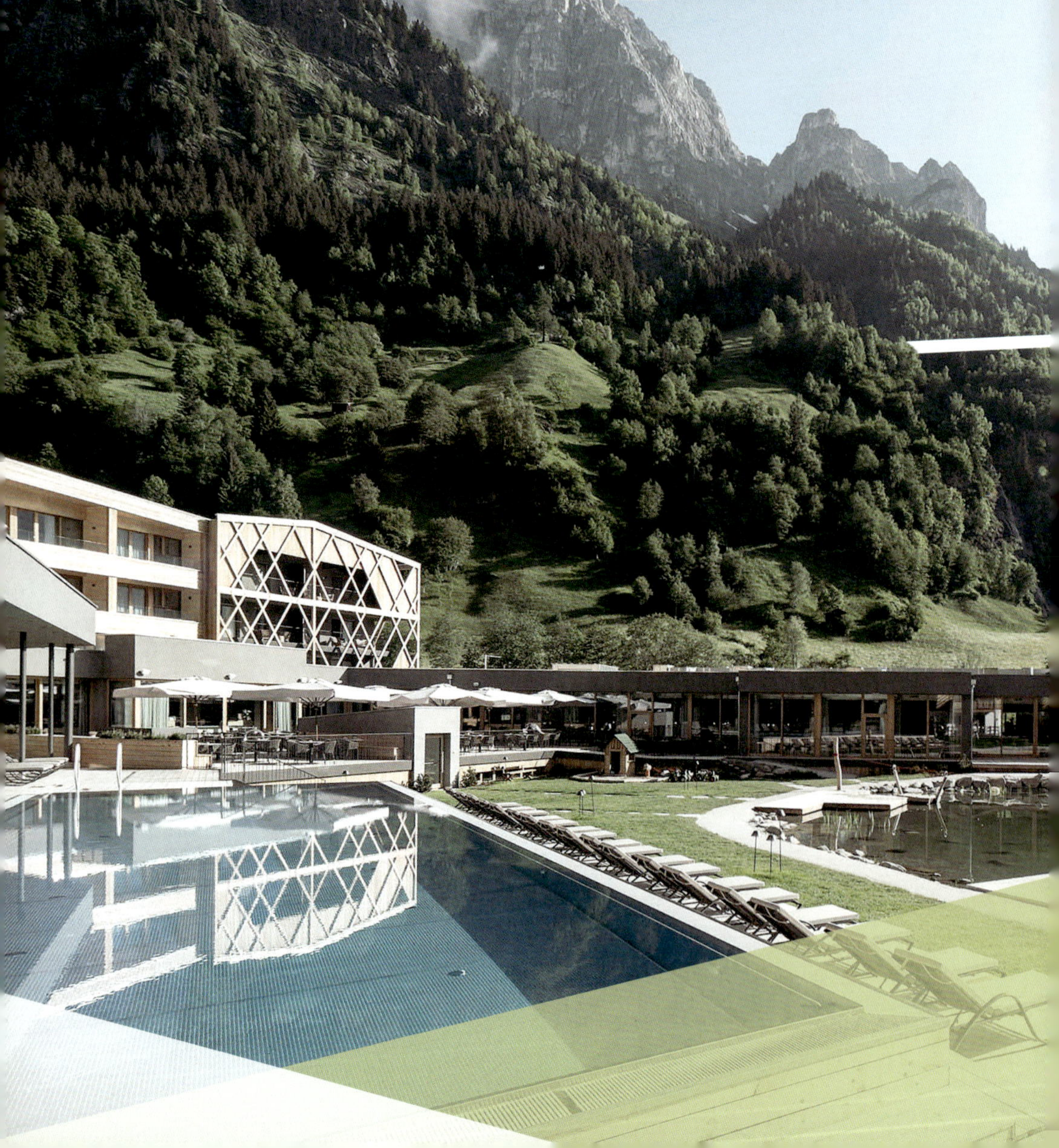

bielov.com

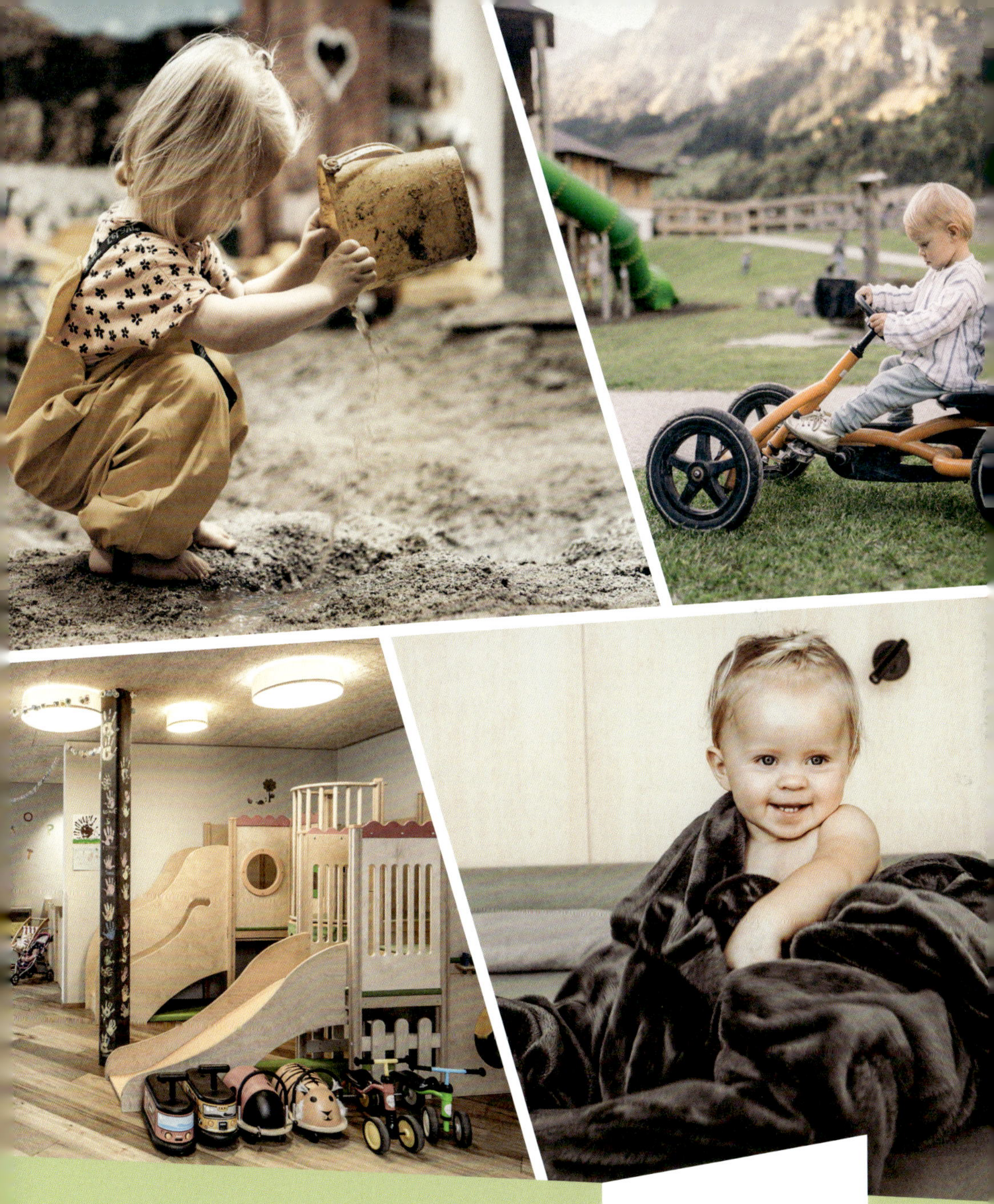

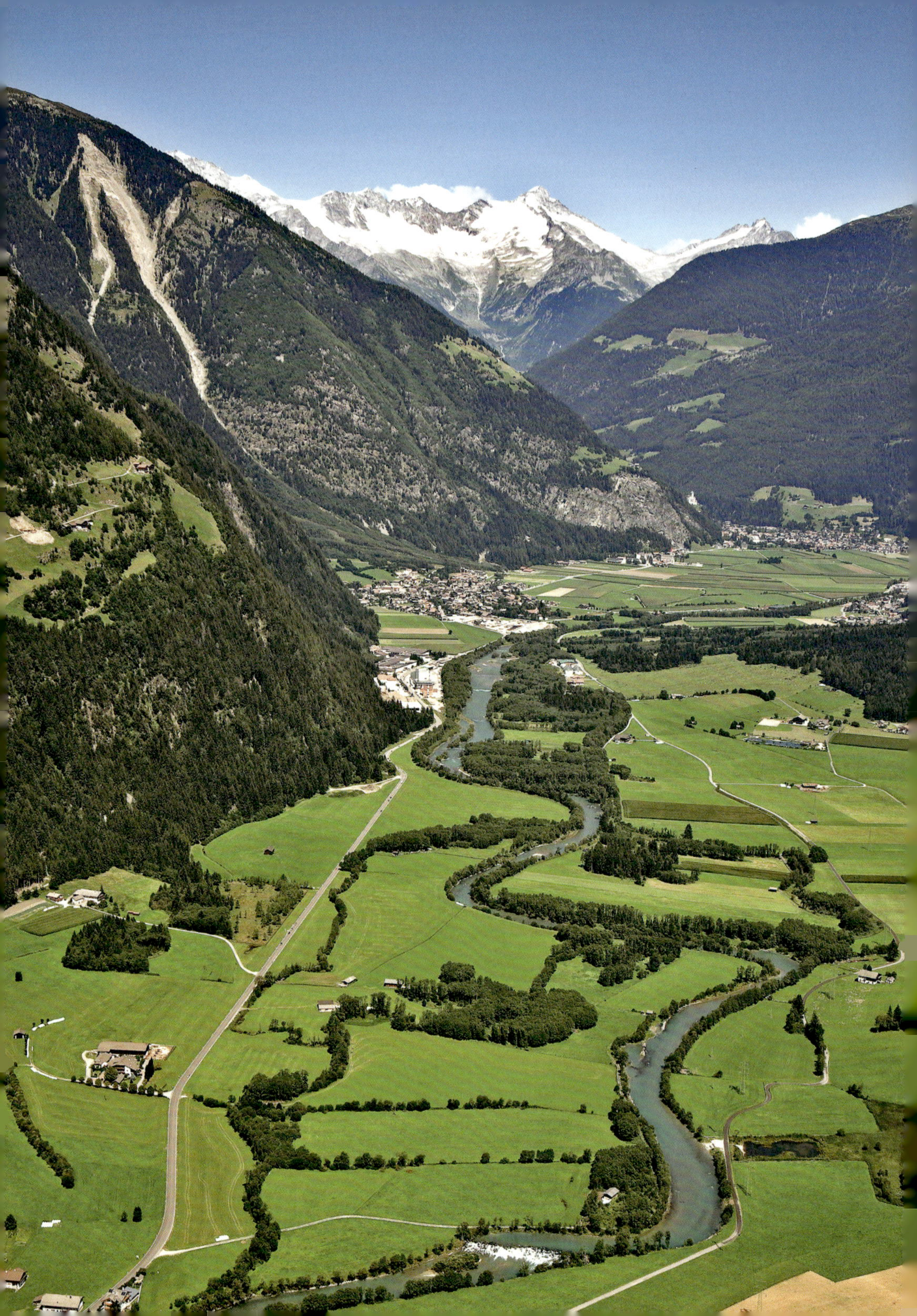

PUSTERTAL UND AHRNTAL

41 HOCHFLÄCHE DER RODENECKER ALM

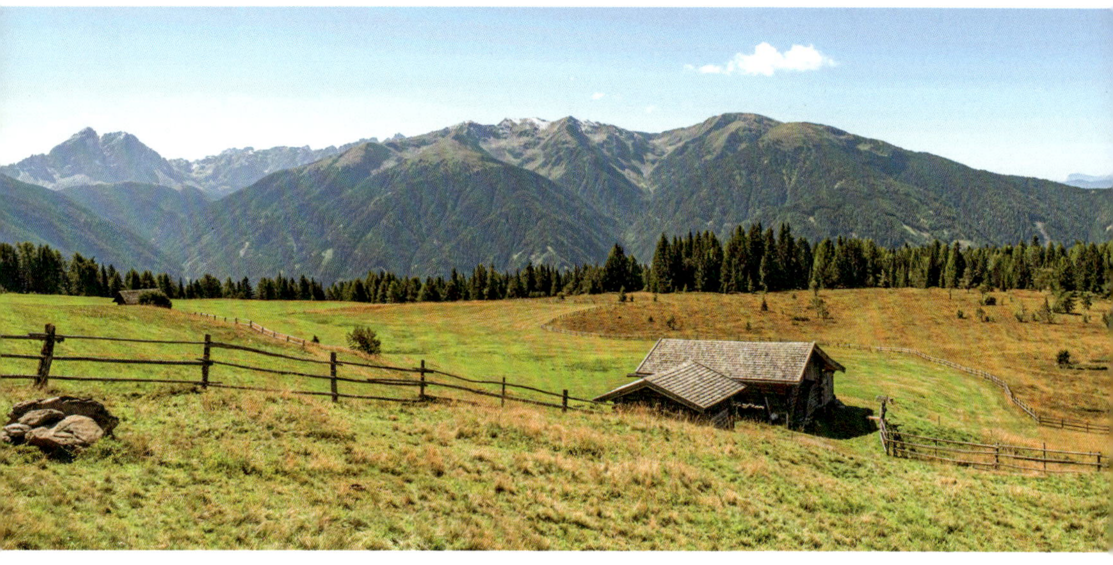

Panoramawanderung im Herzen Südtirols

Kurz nach Beginn der Wanderung bietet sich die Möglichkeit einen Abstecher zur Oberhauser Alm (rechts ab) zu machen. Wir gehen aber den bequemen Forstweg in Richtung Ronerhütte (1832 m), die wir in ca. einer Dreiviertelstunde erreichen, weiter. Anfangs führt uns der Weg durch einen lichten Wald, welcher durch die Hochalm abgelöst wird. Liebliche Wiesen und ein überwältigendes Panorama begleiten uns weiter in ca. einer Stunde bis zu einer Weggabelung, wo wir uns zwischen der Rastnerhütte (1931 m) oder der Starkenfeldhütte (1930 m) entscheiden müssen. Beide Hütten sind in ca. 5 Minuten erreicht. Hier halten wir Mittagsrast und können uns am vielfältigen Weitblick erfreuen: Zillertaler Alpen, Großglockner, Geislergruppe, Brenta, Ötztaler und Stubaier Alpen.

Die Rückkehr erfolgt über denselben Weg bis kurz nach der Ronerhütte, wo wir rechts abbiegen und dem Confinweg mit der Markierung Nr. 4 bis zum Parkplatz folgen.

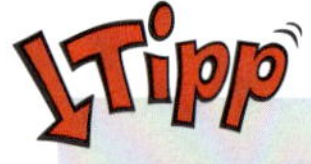

Der nahegelegene Aussichtsberg Astjoch (2192 m), auch Burgstall genannt, bietet beeindruckende Weitblicke.

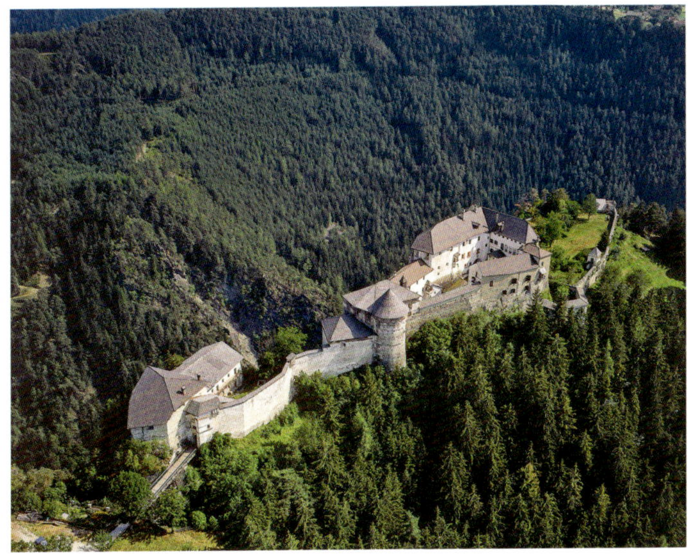

Einkehrmöglichkeiten: Oberhauser Alm (1725 m), Ronerhütte, Rastnerhütte, Starkenfeld-Plunahütte, Grimatzealm (1887 m)
Sehenswertes in der Umgebung: Schloss Rodenegg

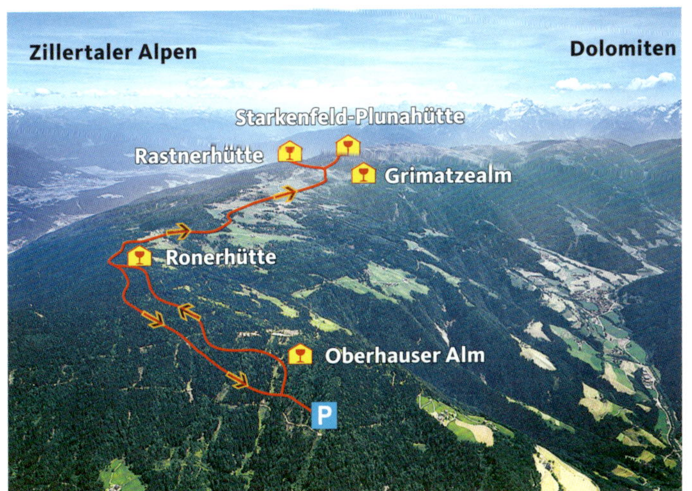

Anfahrt
Brixen, Mühlbach, Rodeneck bis Parkplatz Zumis

Ausgangspunkt
Rodeneck bei Brixen

Parkplatz
Zumis (1749 m), gebührenpflichtig

Höhenunterschied
ca. 190 m

Wegbeschaffenheit
angenehm befahrbare Forststraße bzw. Waldweg

Gesamtgehzeit
ca. 3 Stunden

Jahreszeit
ganzjährig

Kinderwagen
alle

Informationen
Tourismusverein Lüsen
www.luesen.com

Brixen Tourismus Genossenschaft
www.brixen.org

Schwierigkeit

42 VON MERANSEN ZUR WIESERHÜTTE

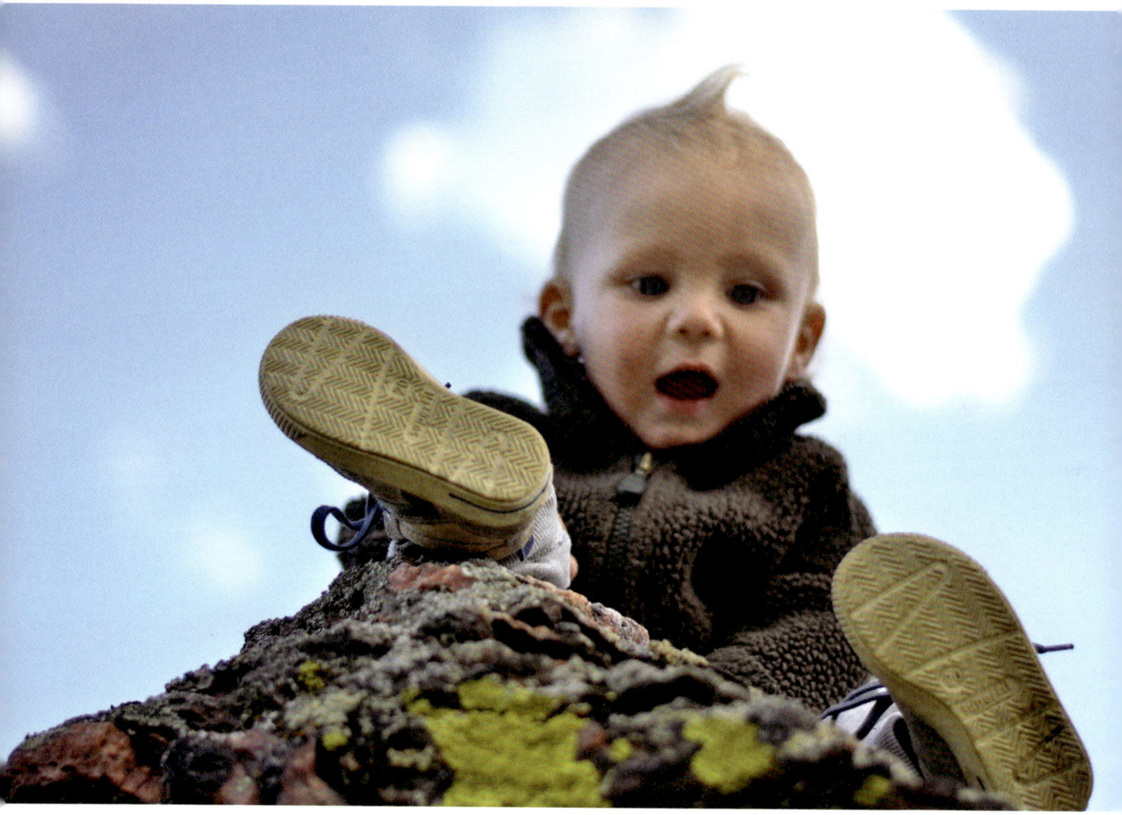

Von Alm zu Alm im romantischen Altfasstal

Vom Parkplatz (ca. 1530 m) folgen wir der für den Straßenverkehr gesperrten Forststraße in Richtung Großberghütte (1644 m), die wir in weniger als einer Stunde erreichen. Der Weg ist anfangs leicht abschüssig und führt uns durch einen malerischen Mischwald in das eigentliche Altfasstal. Bei der Hütte haben wir zum ersten Mal einen freien Blick und können fast die ganze Wanderung überschauen. Rechts erhebt sich der Gitsch (2510 m), der dem nahen Skigebiet den Namen gibt, und links das Gaisjoch (2641 m). Von nun an folgt Alm auf Alm; die meisten Almen sind

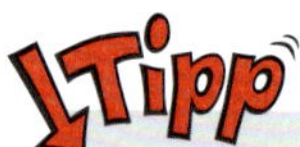

Lohnende Verlängerung der Wanderung zum großen Seefeldsee (2271 m) möglich.

nicht bewirtschaftet. Nach ca. eineinhalb Stunden erreichen wir das Ende unserer Wanderung, wobei wir uns entscheiden müssen, welche Hütte unser Ziel sein soll: die Wieserhütte (1850 m) oder die Pranter Alm, oft auch Pranter-Stadel-Hütte genannt (1833 m). Der Rückweg verläuft über den Hinweg.
Am Eingang des Altfasstals (2 km von Meransen entfernt) befindet sich eine neue Almkneippanlage. Die 300 Meter lange Watanlage bei der Großberghütte steht Kneippern und Gesundheitssuchenden zur Verfügung.

Einkehrmöglichkeiten: Großberghütte, Pranter-Stadel-Hütte, Wieserhütte und im Dorf Meransen
Sehenswertes in der Umgebung: Schloss Rodenegg, Mühlbacher Klause, Lodenmuseum bei Vintl

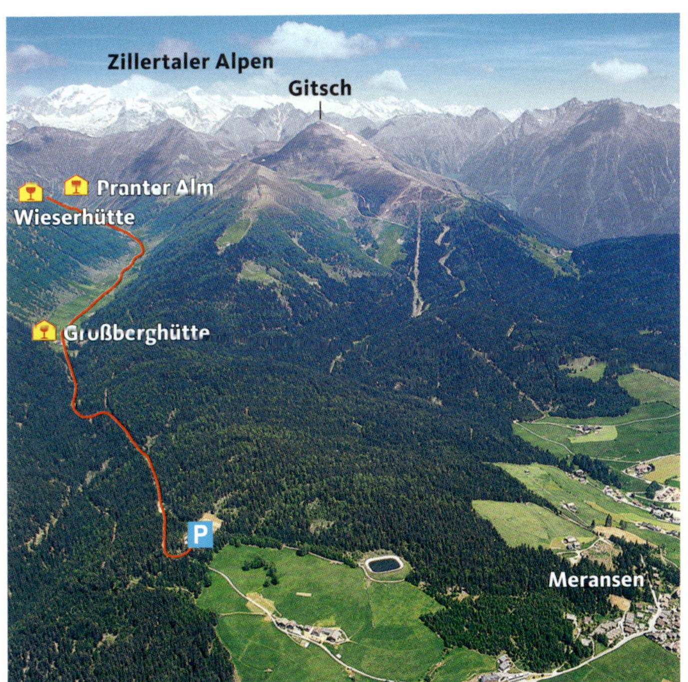

Anfahrt
über das Pustertal bis Mühlbach, dort der Beschilderung „Meransen“ folgen bis zu den Hinterwalder Höfen (Beschilderung „Altfasstal“)

Ausgangspunkt
Altfasstal

Parkplatz
am Beginn des Altfasstales, gebührenpflichtig

Höhenunterschied
ca. 350 m

Wegbeschaffenheit
nicht geteerte Forststraße

Gesamtgehzeit
2 ½ bis 3 Stunden

Jahreszeit
Sommer bis Herbst

Kinderwagen
alle

Informationen
Tourismusverein Meransen
www.gitschberg-jochtal.com

Schwierigkeit

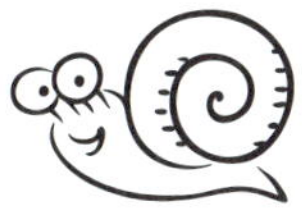

43 VON VALS ZUR FANE-ALM

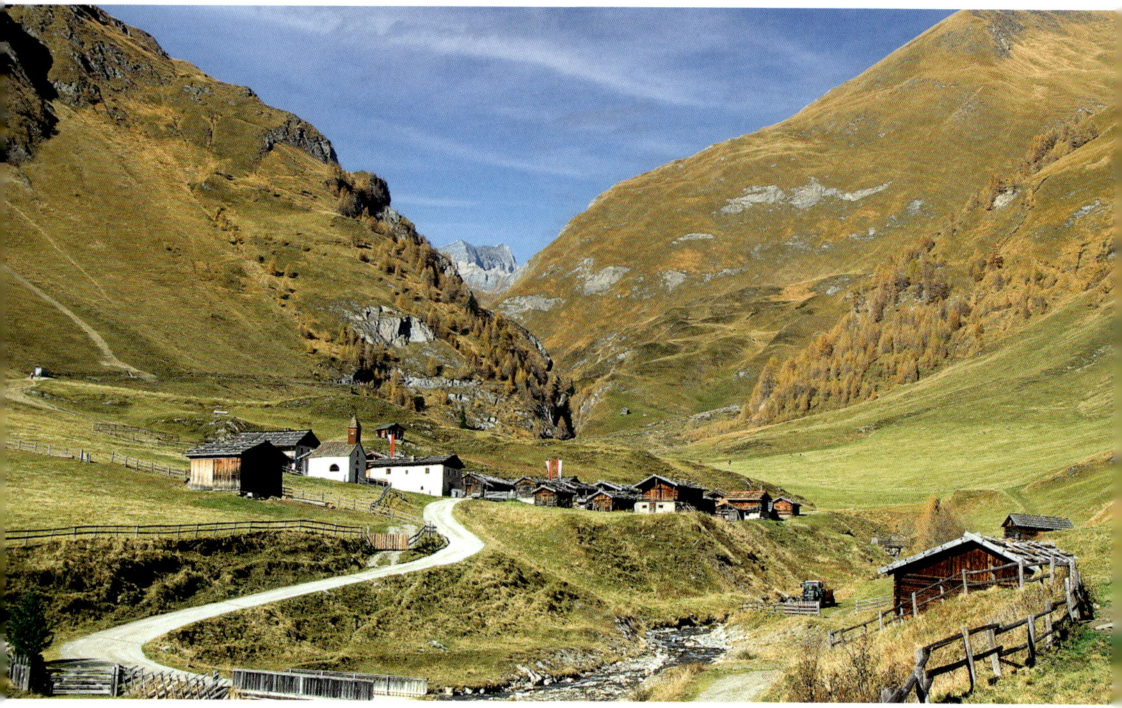

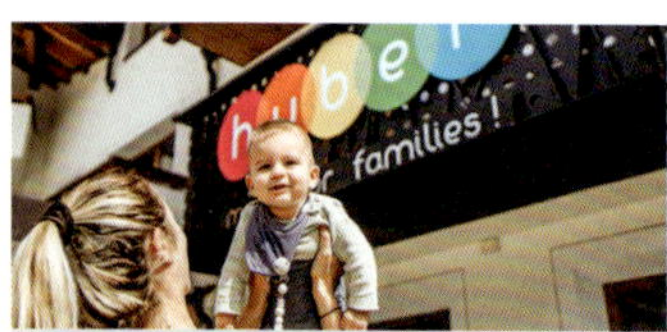

FAMILIENHOTEL HUBER

In Vals liegt das Familienhotel Huber, das auf Urlaub mit Babys und Kleinkindern spezialisiert ist. Mehrere kinderwagentaugliche Wanderwege führen vom Hotel in die Almenregion Gitschberg Jochtal.

Kirchdorfstraße 4
I-39037 Vals/Mühlbach
T +39 0472 547186
info@hotelhuber.com
www.hotelhuber.com

Durch die wildromantische Klamm zum einzigartigen Almhüttendorf Fane-Alm

Vom Parkplatz (1370 m) folgen wir der Straße mit der Markierung Nr. 17 eben taleinwärts bis zur Jausenstation Kurzkofelhütte (1422 m). Von nun an verengt sich das Tal und der Weg wird steil. Es besteht die Möglichkeit ab und zu die Straße zu verlassen und einen gut ausgeschilderten, parallel zur Straße verlaufenden Wanderweg zu beschreiten. Der Valser Bach hat sich eine wildromantische Klamm gegraben, welche wir auf unserer Wanderung bestaunen können. Taleinwärts ist uns der Blick durch die steilen Wände verwehrt, talauswärts können wir das urige Valser Tal in seiner gesamten Länge erfassen. Nach knapp zwei Stunden wird der Weg wieder flach und das

Tal weitet sich erneut. Nun sind wir fast schon am Ziel und können das einzigartige Almhüttendorf Fane-Alm (1739 m) sehen. Die hübschen Almhütten, von denen einige mittlerweile als gemütliche und einladende Einkehrmöglichkeiten genutzt werden, geben uns einen Einblick in die Vergangenheit und lassen uns die Mühe schnell vergessen. Der Rückweg erfolgt über dieselbe Strecke.

Einkehrmöglichkeiten: Kurzkofelhütte, verschiedene Hütten bei der Fane-Alm und im Dorf Vals
Sehenswertes in der Umgebung: Schloss Rodeneck, Brixen, Festung Franzensfeste (www.festung-franzensfeste.it)

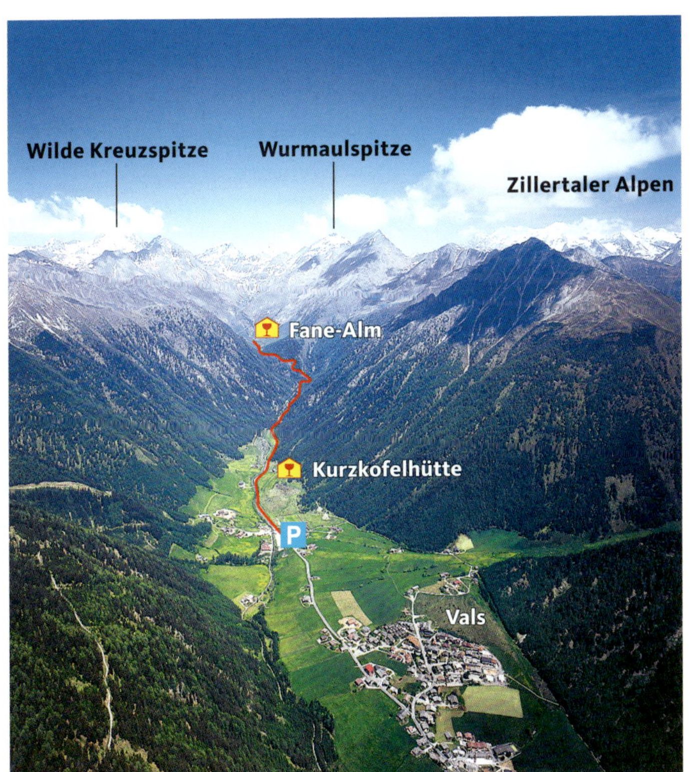

Anfahrt
über das Pustertal bis Mühlbach, dort weiter nach Vals bis ans Dorfende

Ausgangspunkt
Vals, Jochtal

Parkplatz
Talstation Skigebiet Jochtal

Höhenunterschied
ca. 370 m

Wegbeschaffenheit
geteert, zeitweilig für den Verkehr gesperrte Straße

Gesamtgehzeit
ca. 3 Stunden

Jahreszeit
Frühsommer bis Herbst, im Winter je nach Schneelage

Kinderwagen
alpintauglich, 3 oder 4 Räder

Informationen
Tourismusverein Meransen
www.gitschberg-jochtal.com

Schwierigkeit

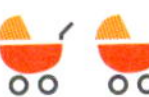  

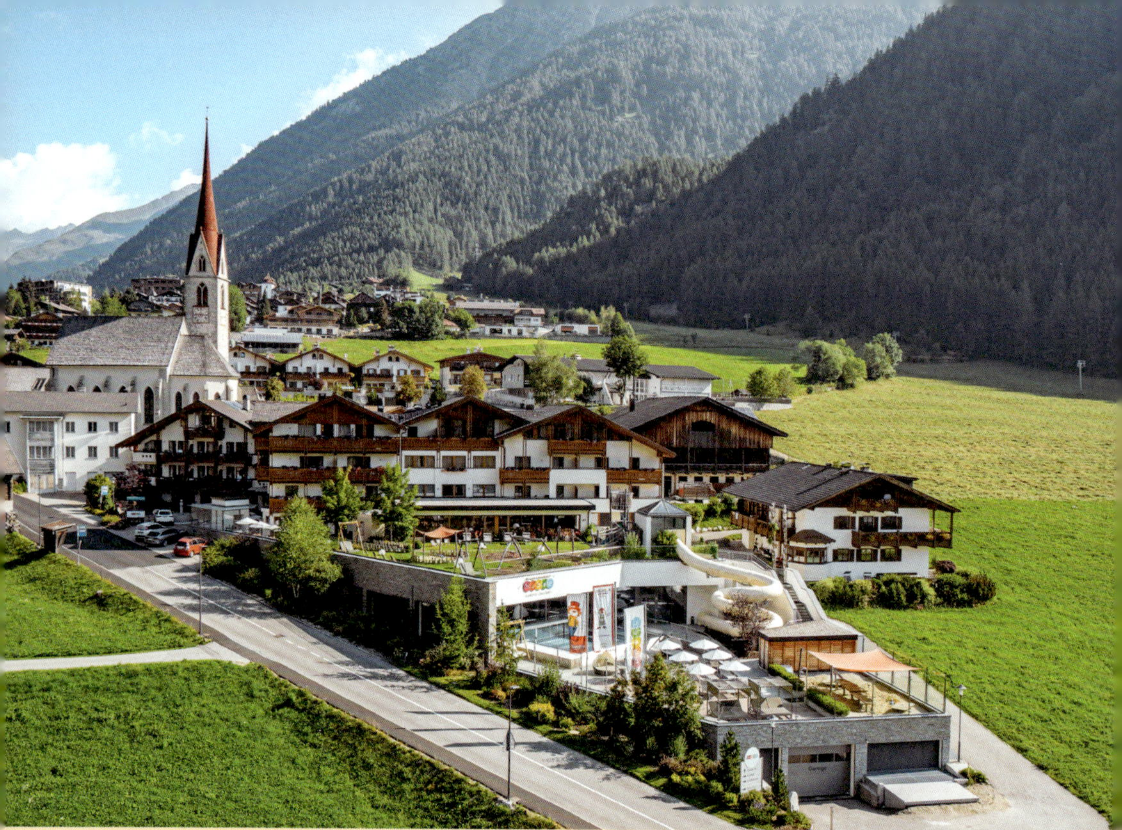

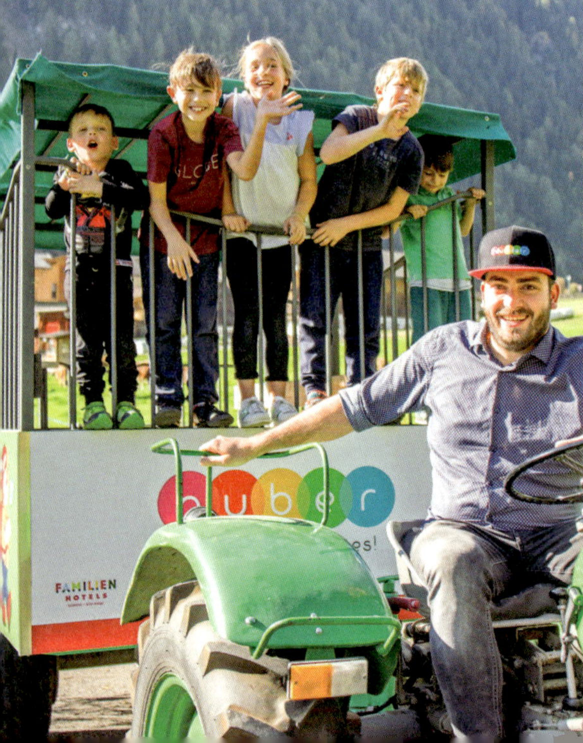
huber
FAMILIEN HOTELS

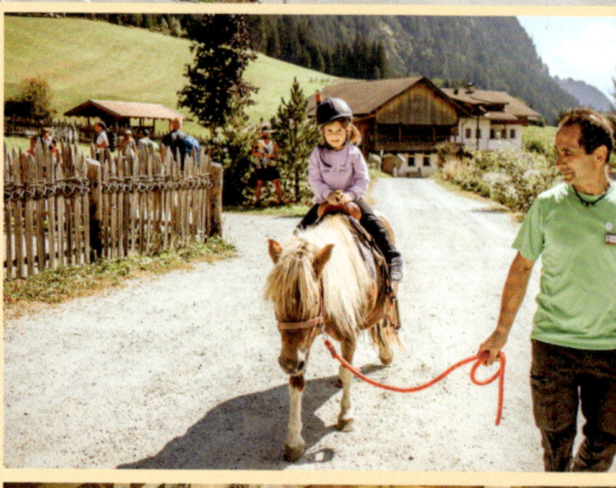

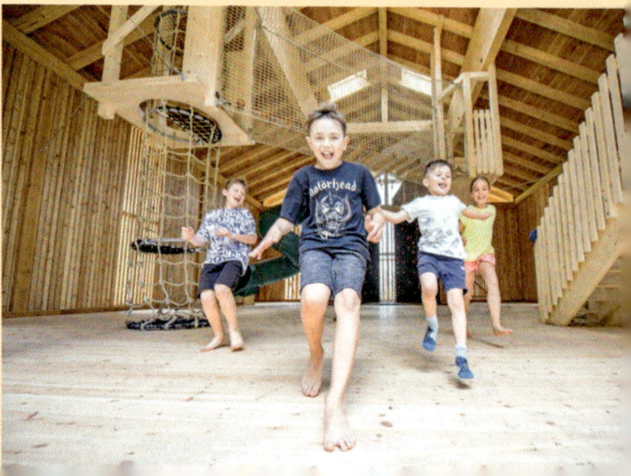

FAMILIENHOTEL HUBER ****

Direkt in der Ski- und Almenregion Gitschberg Jochtal gelegen, empfängt das Familienhotel Huber seine Gäste mit einem Aktiv- und Natur-Angebot, das die Herzen von Groß und Klein höherschlagen lässt. Kuschelige Familiensuiten, sowie der neue Wellnessbereich bilden ein entspanntes Refugium nach Almenwanderungen, Kletterabenteuern, Wasserspielen, Indianerfesten, Grillabenden oder dem Besuch auf unserem Erlebnisbauernhof.

Das Familienglück ruft

Während die kleinen Gäste im Pool toben oder im hoteleigenen Erlebnisbauernhof Ponys, Ziegen und Co. streicheln, lassen Mama und Papa im Infinity Außenbecken mit atemberaubendem Ausblick die Seele baumeln oder entspannen in der neuen Adults Only Saunalandschaft. Ob liebevolle Babybetreuung oder abwechslungsreiche Kinderbetreuung – im Happy Club ist Langeweile ein Fremdwort. Auf mehr als 200 m² warten tolle Attraktionen wie die Leseecke, Kletterwand, eine Küche zum gemeinsamen Backen und noch vieles mehr.

Das Familienhotel Huber – ein Ort, wo Kinder lachen und Eltern Urlaub machen.

Unsere Besonderheiten

- kleines Familienhotel für 40 Familien
- all-inklusiv-alkoholfrei-Verpflegung
- Baby- & Kinderbetreuung an 7 Tagen die Woche
- Familienparks am Berg in Gitschberg-Jochtal
- kinderwagentaugliche Wanderwege ab dem Hotel
- Wasserwelt mit Röhrenwasserrutsche und eigenem Kinderbecken
- Erlebnisbauernhof, Spielscheune und Abenteuerpark im Wald
- AlmencardPlus inkl. freie Fahrt mit Bergbahnen

Kinderwagen-Wanderungen in der Nähe

- Hochfläche der Rodenecker Alm
- von Spinges zur Anratterhütte
- von Meransen zur Wieserhütte
- von Vals zur Fane-Alm

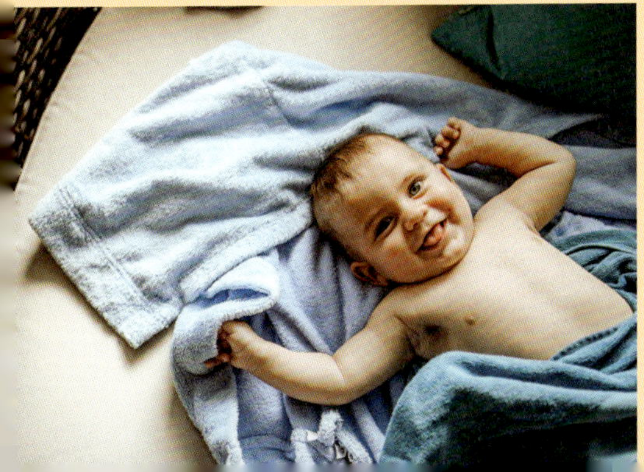

Kirchdorfstraße 4
I-39037 Vals/Mühlbach
T +39 0472 547186
info@hotelhuber.com
www.hotelhuber.com
Follow us on

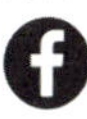

44 VON TERENTEN ZUR ASTNER-BERG-ALM

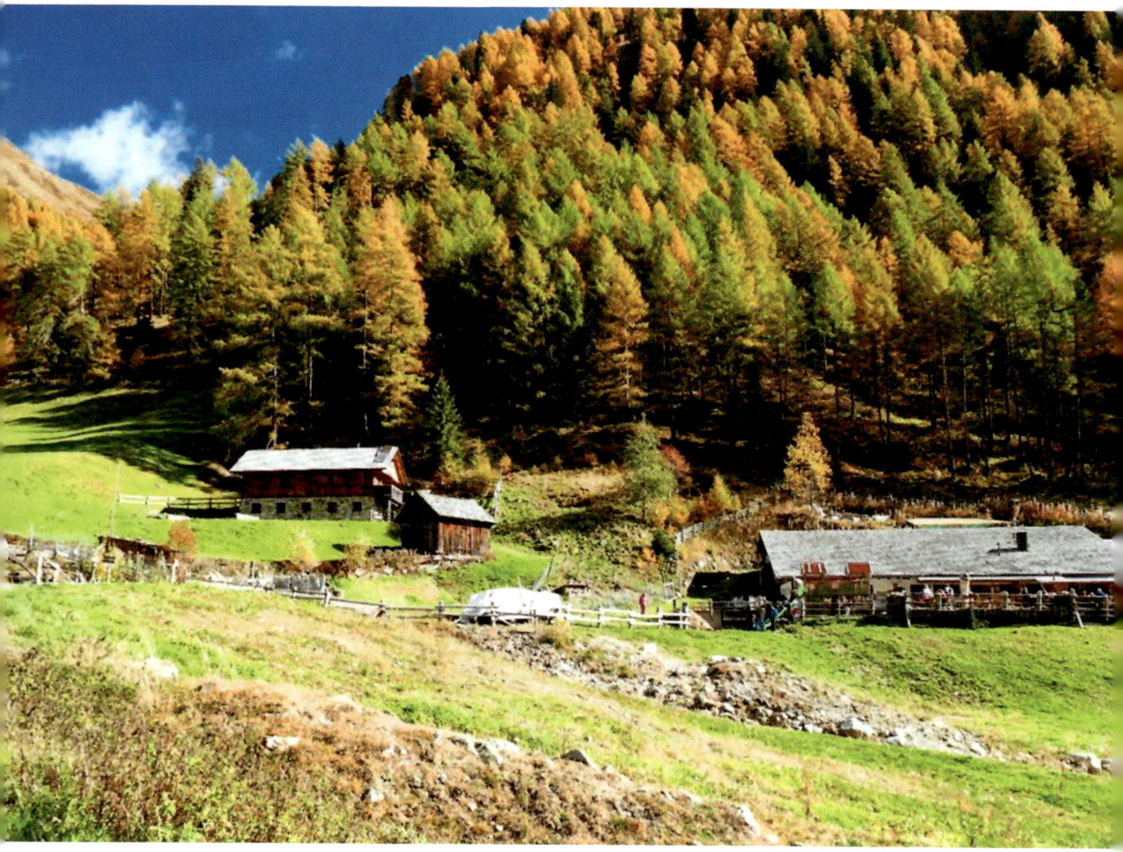

Unterwegs in den Pfunderer Bergen

Nach dem Parkplatz folgen wir der Forststraße durch den dichten Nadelwald. Von Anfang an begleitet uns der romantische Winnebach. Immer wieder bieten sich Möglichkeiten für die Kinder, dort mit dem Wasser zu spielen.

Bald schon kommen wir zu einer weiten Wiese. Der Weg steigt leicht an. Auf 1540 m treffen wir auf den sagenumwobenen Hexenstein, dessen Geschichte uns an einer Schautafel erzählt wird. Fast schon können wir unser Ziel erblicken. Wir queren den

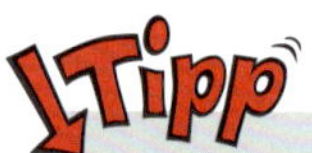

Besuch der Tiefrastenhütte (2312 m) im Herzen der Pfunderer Berge (ohne Kinderwagen in ca. 1 ½ Stunden).

Bach und der Weg wird wieder etwas steiler. Auf der orographisch linken Seite können wir nun die Astner-Berg-Alm (1640 m) sehen. Vor uns ein beeindruckender Talkessel mit dem Aufstieg zur Tiefrastenhütte mit See. Noch eine kleine Kurve und wir haben die Alm erreicht. Hier finden unsere Kinder Platz zum Spielen (Sandkasten, Schaukel, Kinderseilbahn, Rutschbahn).

Einkehrmöglichkeiten: Astner-Berg-Alm und in Terenten
Sehenswertes in der Umgebung: Erdpyramiden in Terenten

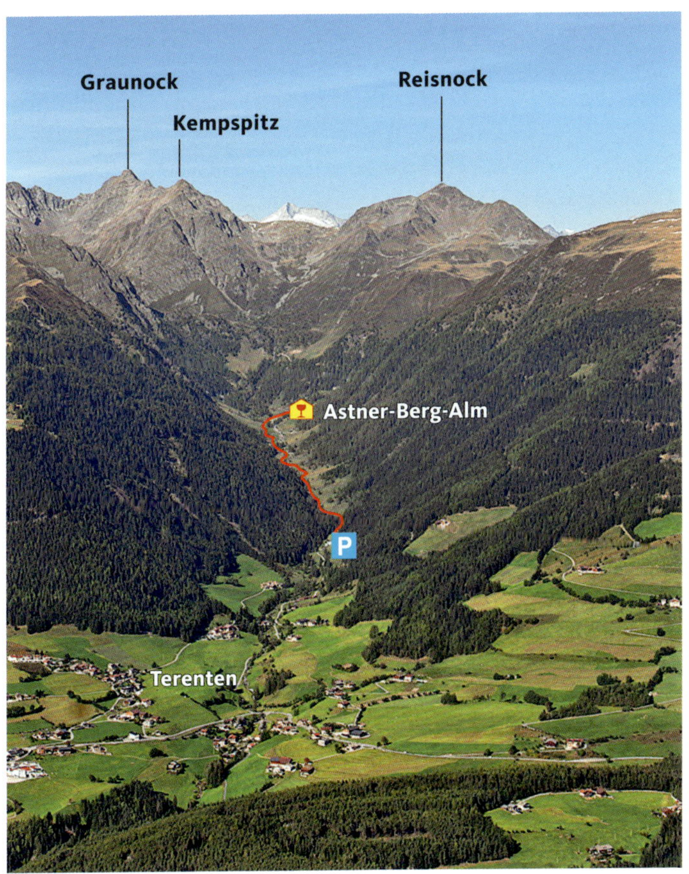

Anfahrt
über das Pustertal bis nach Terenten, dann links in Richtung Kiens ab ins Winnebachtal (Beschilderung)

Ausgangspunkt
im Winnebachtal bei Terenten (Pustertal)

Parkplatz
am Straßenende

Höhenunterschied
ca. 250 m

Wegbeschaffenheit
nicht asphaltierte Forststraße

Gesamtgehzeit
ca. 1 ½ Stunden

Jahreszeit
Frühsommer bis Herbst

Kinderwagen
alpintauglich, 3 oder 4 Räder

Informationen
www.astnerberg-alm.com

Tourismusverein Terenten
www.gitschberg-jochtal.com

Schwierigkeit

VON SAND IN TAUFERS NACH LUTTACH

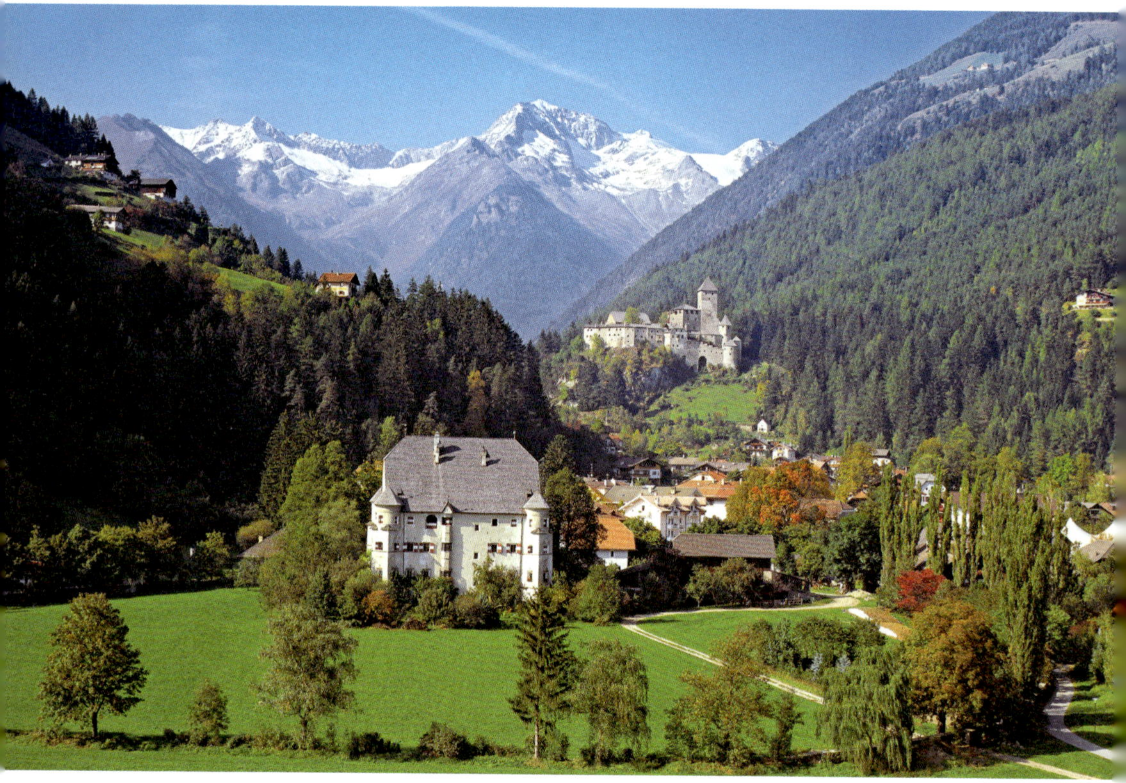

Die Ahr mit all ihren Gesichtern

Am Parkplatz halten wir uns links auf Markierung 27 und wandern auf dem Schotterweg an der Ahr entlang taleinwärts. Bald gelangen wir in die enge Schlucht unterhalb der Burg Taufers, die Ahr kann hier zum wild tosenden Wildbach werden, weiter flussaufwärts „beruhigt" sie sich dann. Bei einer Brücke verlassen wir die Markierung 27 und setzen geradeaus auf Markierung 4 fort. Prächtig ist der Blick auf die vereisten Gipfel der Zillertaler Alpen.

Zunächst nur leicht ansteigend, dann über eine markante Steilstufe gelangt man wieder in flaches Gelände. Nahe der Talstation

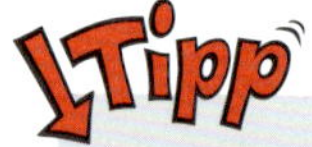

Die Maskenschnitzereien im Marantha in Luttach sind einzigartig!

der Seilbahn Speikboden überqueren wir die Ahrntaler Staatsstraße und die Ahr und setzen auf der gegenüberliegenden Bachseite fort. Eine Schranke am Weg ist leicht zu umgehen, entlang einiger Rastplätze und Trinkwasserbrunnen wandern wir weiter und biegen bei der zweiten Brücke nach links ab ins Zentrum von Luttach. Den Rückweg treten wir am besten mit dem Linienbus an, die nächste Haltestelle ist nur ein paar Meter entfernt.

Einkehrmöglichkeiten: Gasthof Toblhof, Cafè Konditorei Röck, Sand in Taufers

Sehenswertes in der Umgebung: Burg Taufers, Naturparkhaus Rieserferner-Ahrn in Sand, Maranatha – Krippen- und Volkskunstmuseum in Luttach

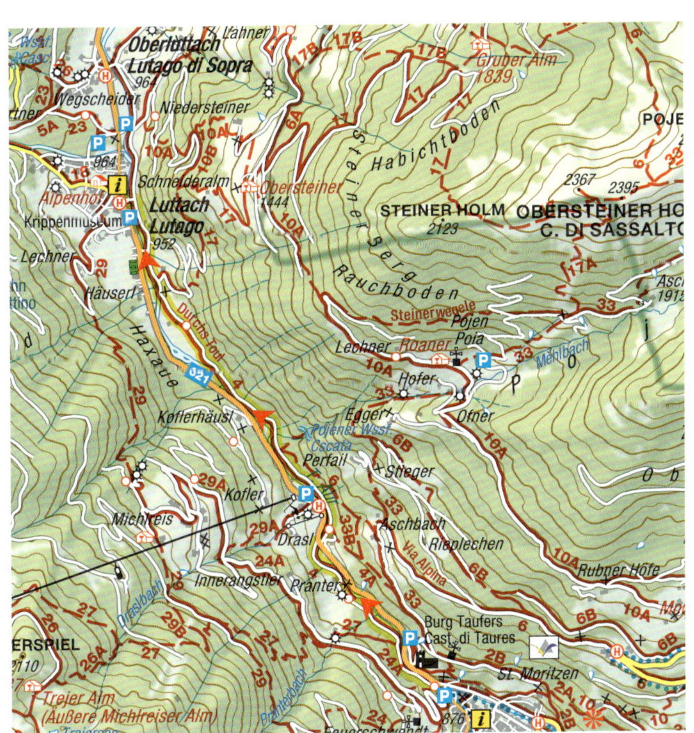

Anfahrt
über das Pustertal bis Bruneck, dort abzweigen nach Sand in Taufers

Ausgangspunkt
Sand in Taufers

Parkplatz
am nördlichen Dorfende (gebührenpflichtig)

Höhenunterschied
ca. 65 m

Wegbeschaffenheit
meist leicht ansteigender, ungeteerter Weg

Gesamtgehzeit
1 bis 1½ Stunden

Jahreszeit
Sommer und Herbst

Kinderwagen
alpintauglich, 3 oder 4 Räder

Informationen
Tourismusverein Sand in Taufers
www.ahrntal.com

Schwierigkeit

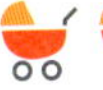 

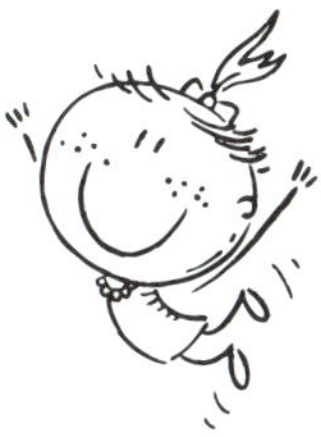

FAMILY PARK SPEIKBODEN

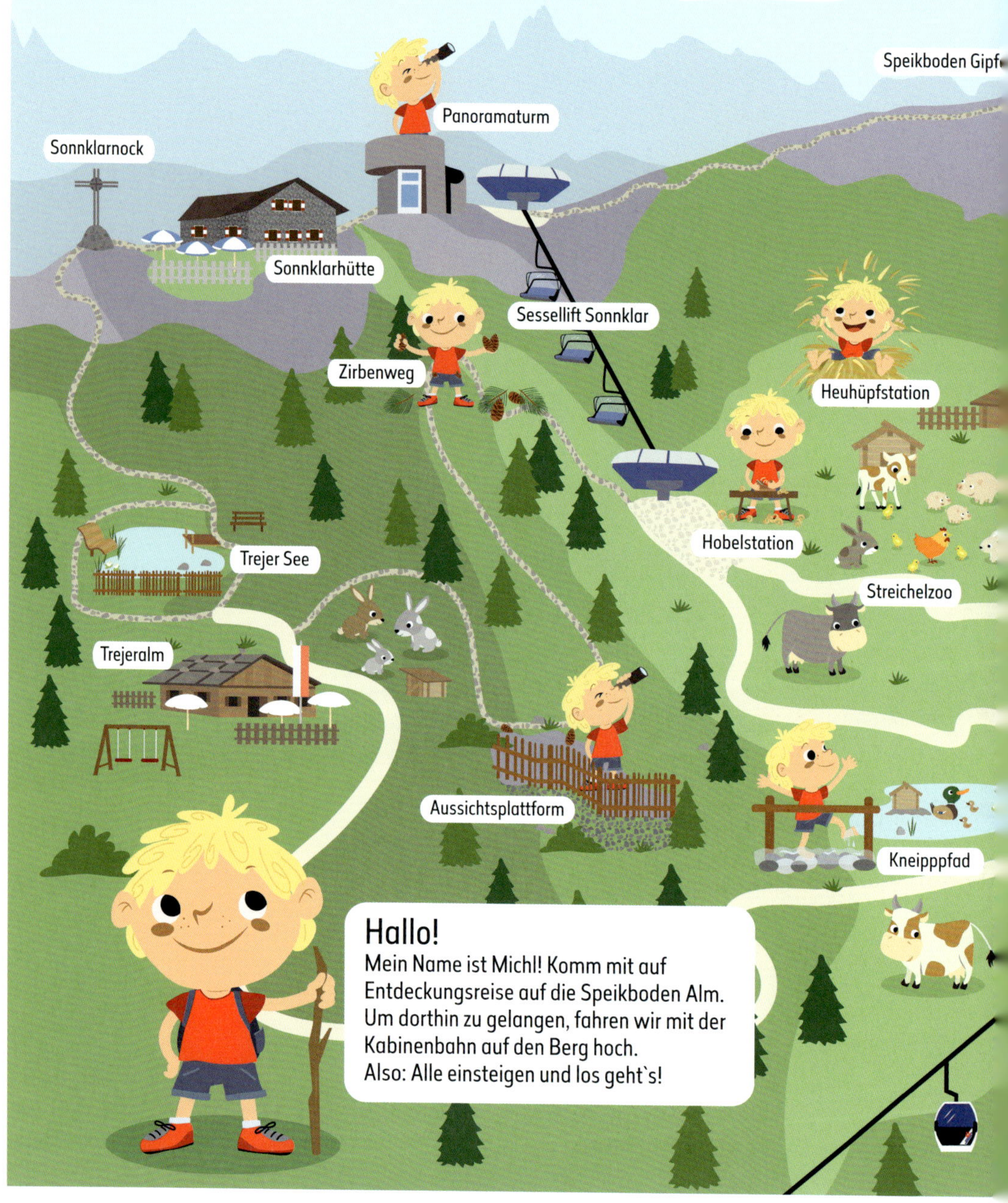

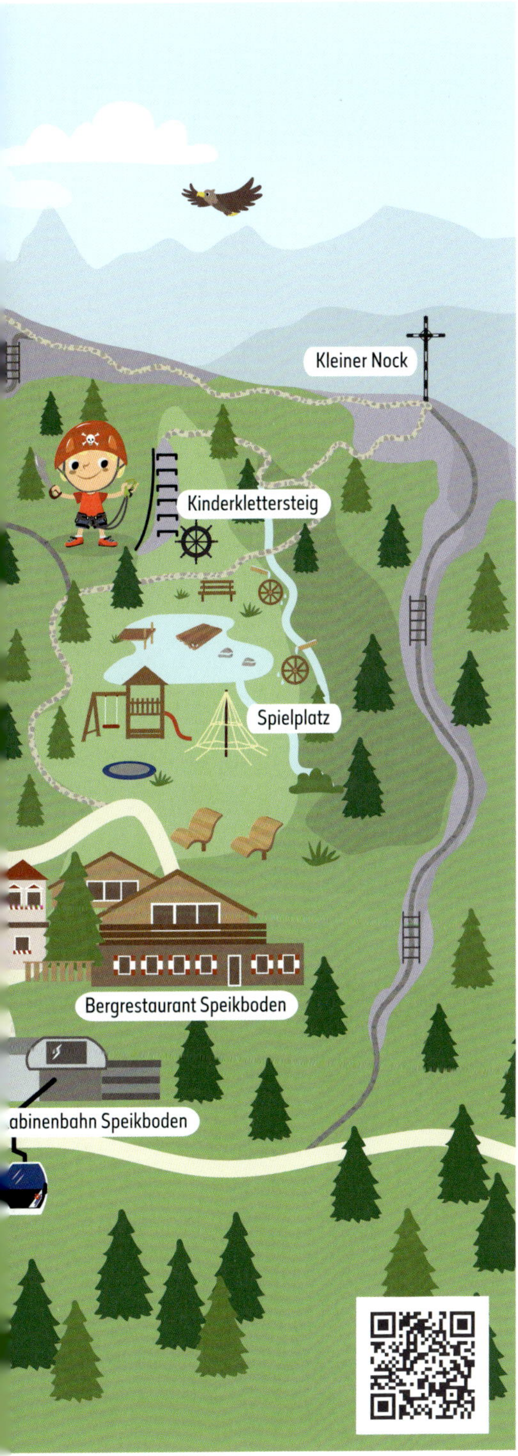

Kleiner Nock

Kinderklettersteig

Spielplatz

Bergrestaurant Speikboden

Kabinenbahn Speikboden

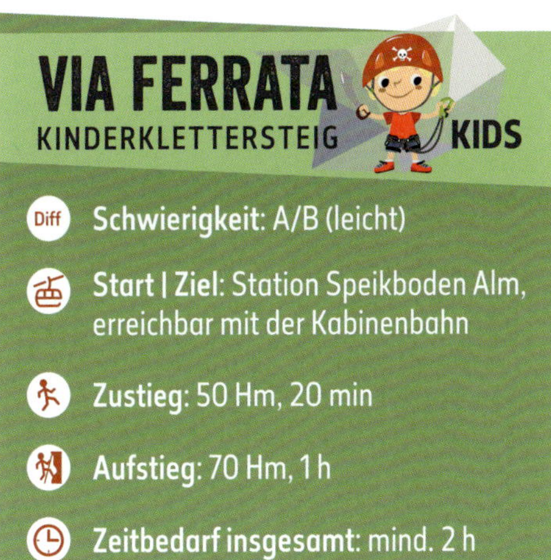

VIA FERRATA

KINDERKLETTERSTEIG KIDS

Schwierigkeit: A/B (leicht)

Start | Ziel: Station Speikboden Alm, erreichbar mit der Kabinenbahn

Zustieg: 50 Hm, 20 min

Aufstieg: 70 Hm, 1 h

Zeitbedarf insgesamt: mind. 2 h

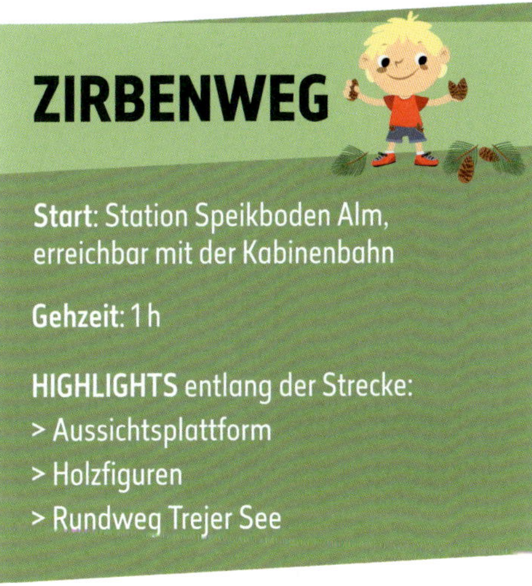

ZIRBENWEG

Start: Station Speikboden Alm, erreichbar mit der Kabinenbahn

Gehzeit: 1 h

HIGHLIGHTS entlang der Strecke:

> Aussichtsplattform

> Holzfiguren

> Rundweg Trejer See

SPEIKBODEN
SKIWORLD AHRNTAL

Bergbahnen Speikboden
Drittelsand 7
39030 Sand in Taufers
T +39 0474 678 122
www.skiworldahrntal.it

Öffnungszeiten Sommer
Anfang Juni - Mitte Oktober

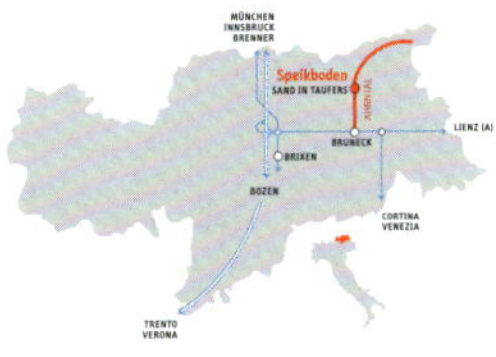

46 ZUR KNUTTENALM IM REINTAL

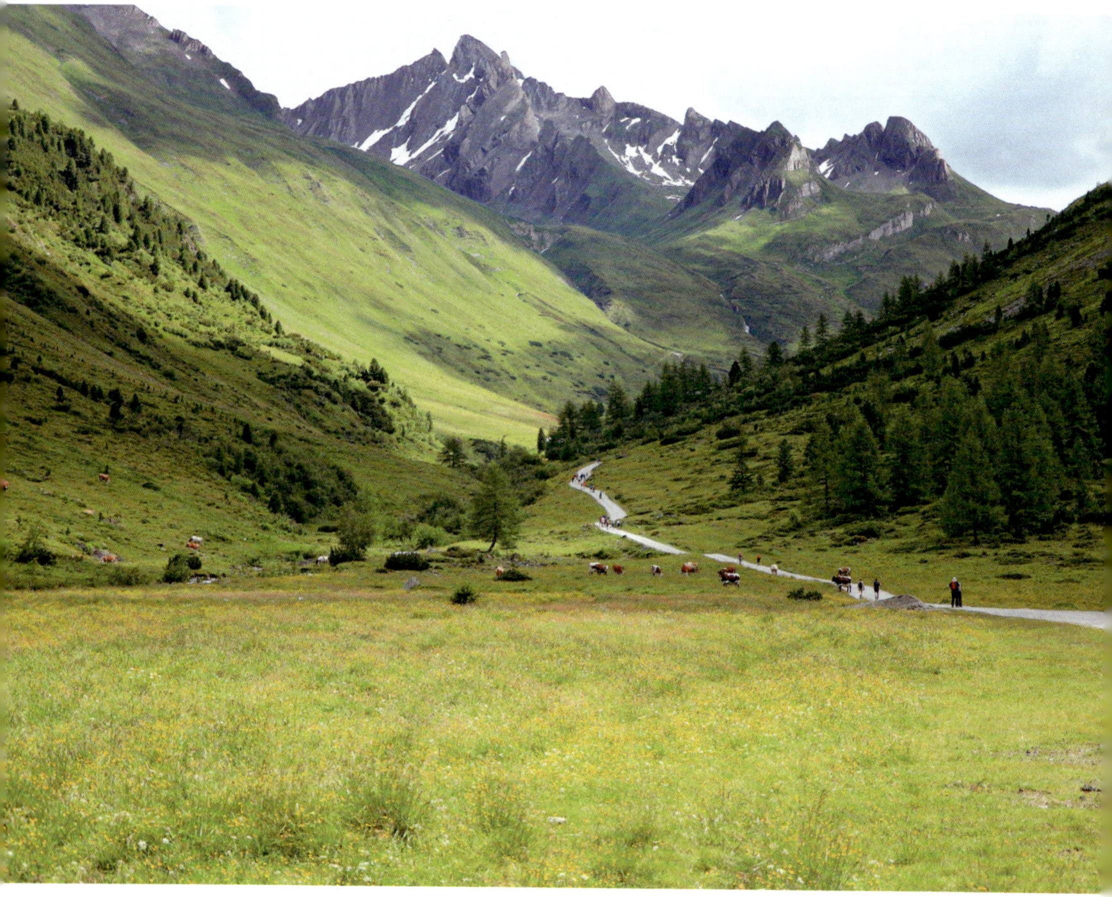

Liebreizendes Almdorf im Grenzbereich zu Österreich

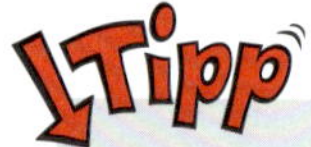

Wanderung bis zum Klammlsee (2243 m); ist mit dem Kinderwagen möglich, sofern er alpintauglich ist.

Der Wegverlauf der Wanderung befindet sich im Naturpark Rieserferner-Ahrn, einer der sieben Naturparke Südtirols.

Vom Parkplatz (1684 m) aus führt uns der Weg leicht ansteigend durch das unverbaute Knuttental, dessen Unberührtheit uns die ganze Schönheit der Natur vor Augen führt. Latschenwäldchen und Almwiesen sowie ein verspieltes Bächlein säumen unseren Weg. Die nicht geteerte Forststraße weist eine angenehme

Steigung auf und bietet unserem Wagen einen geringen Rollwiderstand, so dass wir schon bald die Knuttenalm (1911 m) in der Ferne ausmachen können. Hierbei handelt es sich um eine der wenigen verbliebenen Haufensiedlungen Südtirols. In gut einer Stunde sind wir dort. Der Rückweg erfolgt auf derselben Strecke.

Einkehrmöglichkeiten: Dorf Rein, Knuttenalm
Sehenswertes in der Umgebung: Reinbachwasserfälle bei Sand in Taufers, Burg Taufers (www.burgeninstitut.com)

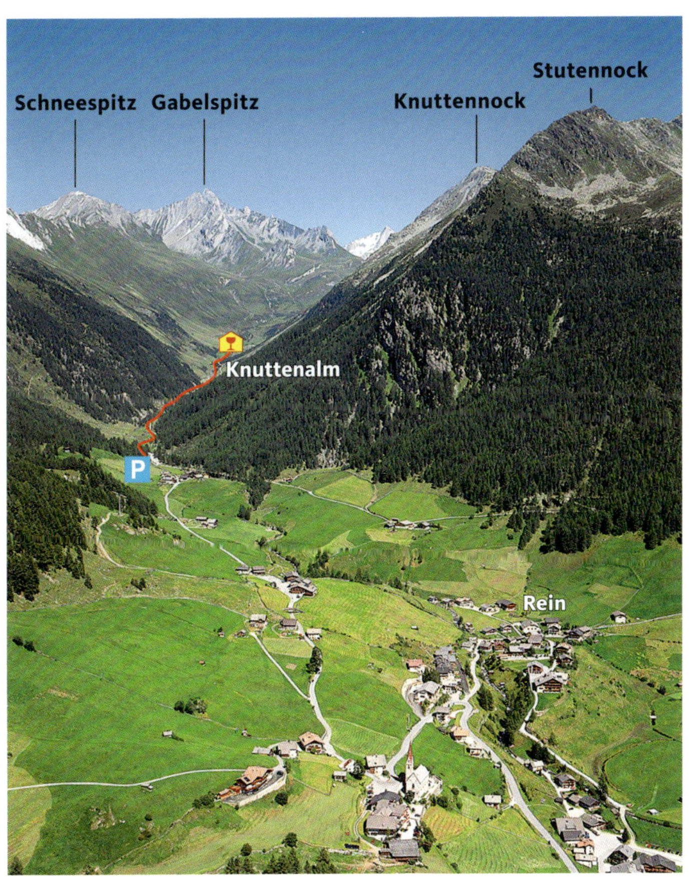

Anfahrt
über das Pustertal nach Sand in Taufers, von dort nach Rein

Ausgangspunkt
bei Rein im Reintal (Ahrntal)

Parkplatz
ausgewiesener Parkplatz am Ende der Ortschaft

Höhenunterschied
ca. 230 m

Wegbeschaffenheit
bequeme Forststraße

Gesamtgehzeit
ca. 2 Stunden

Jahreszeit
Sommer und Herbst

Kinderwagen
alle

Informationen
Tourismusvereine Tauferer-Ahrntal
www.ahrntal.com

Infos Naturparks
http://naturparks.provinz.bz.it

Schwierigkeit

47 DER TAISTNER SAGENWEG

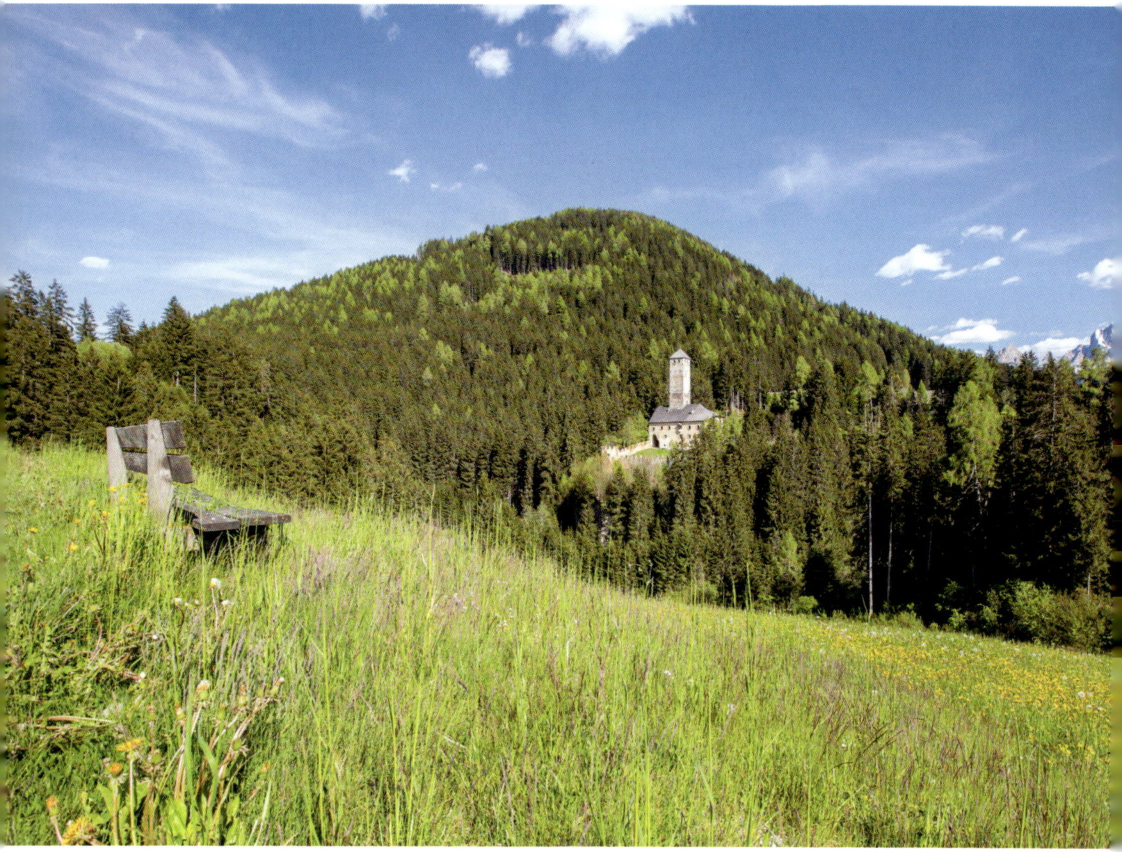

Eintauchen in die Sagenwelt

Auf dem knapp 5 km langen Weg tauchen wir – vor allem unsere Kinder – ein in die Welt der Taistner Sagen. An vier eigens errichteten Stationen mit bunten Tafeln erfährt man Interessantes, Mystisches uns Spannendes aus der Sagenwelt rund um Taisten. Da erfahren wir etwas über das Geisterlicht, das in den Außerwiesen noch vor etwa 50 Jahren sein Unwesen trieb. Skulpturen aus Holz sind Begleiter in die Märchenwelt. Und dann sind da … Aber hier soll nicht mehr verraten werden, das sollte man schon

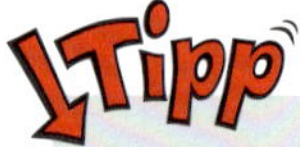

Besichtigung des prachtvollen Schlosses Welsperg mit seinem ungewöhnlich hohen Bergfried!

selbst entdecken. Was die Kinder vielleicht etwas weniger interessiert (aber oft „hilft" frühe Prägung!) ist der prächtige Blick auf die mächtig aufragende Dolomitenwelt auf der gegenüberliegenden Seite des Pustertales.

Vom Parkplatz wandern wir der Unterrainerstraße entlang und biegen nach links ab in den Dolomitenpanoramaweg. Wir folgen diesem bis kurz vor einer Gruppe von Gebäuden, wo wir nach rechts abzweigen und wieder zur Unterrainerstraße hinaufsteigen. Wir überqueren die Straße und setzen etwas steiler fort hinauf zum Zufahrtsweg, der nach rechts zurück führt zur Markierung 31 und zum Ausgangspunkt.

Einkehrmöglichkeiten: Gastlokale in Taisten

Sehenswertes in der Umgebung: Schloss Welsperg, Georgskirche in Taisten (Bilder von Paul Troger), MMM Ripa auf Schloss Bruneck

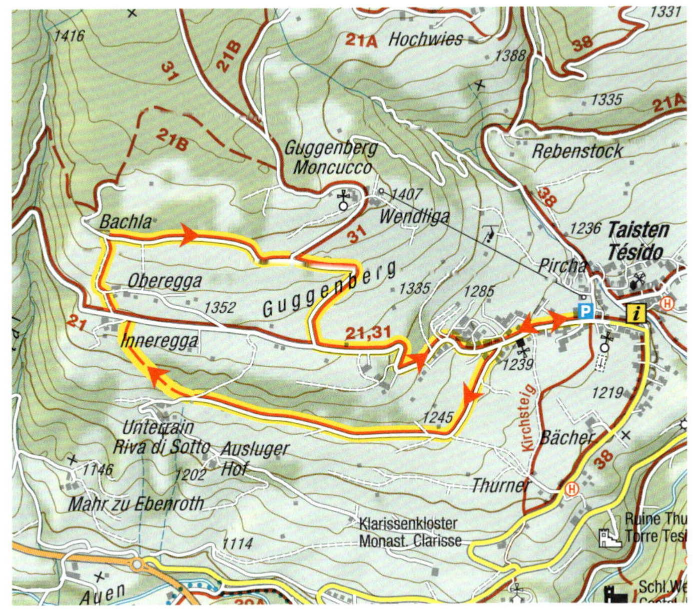

Anfahrt
über das Pustertal bis Welsberg, dort abzweigen nach Taisten

Ausgangspunkt
Taisten

Parkplatz
Unterrainer Straße, ca. 100 m oberhalb der Pfarrkirche

Höhenunterschied
ca. 180 m

Wegbeschaffenheit
teils ungeteerter Weg

Gesamtgehzeit
1½ bis 2 Stunden

Jahreszeit
Sommer und Herbst

Kinderwagen
alpintauglich, 3 oder 4 Räder

Informationen
Tourismusverein Gsieser Tal, Welsberg, Taisten
www.gsieser-tal.com

Schwierigkeit

48 ZUR SCHWÖRZALM IN ANTHOLZ

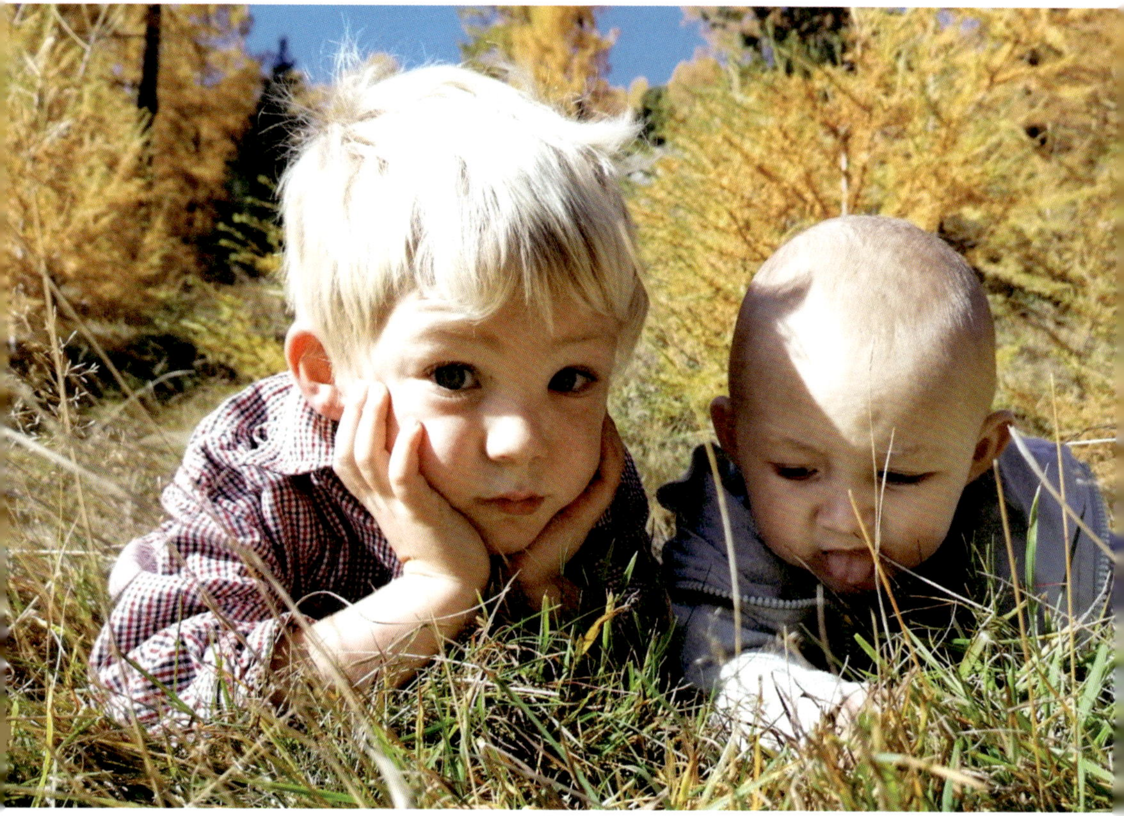

(Fast) schon eine Bergtour

Ein bisschen Muskelkraft ist bei dieser Tour schon gefragt, es gilt immerhin mehr als 400 Höhenmeter zu überwinden. Aber Papi wird sich bestimmt bestätigt fühlen und Lage, Aussicht und Ruhe sind reichlich Lohn für die Mühen. Die Schwörzalm liegt am Fuß des Magersteins in einer Lichtung in etwa 1680 m Seehöhe. Die Aussicht zu den gegenüberliegenden Defregger Bergen und über das Antholzer Tal ist beeindruckend.

Vom Parkplatz folgen wir am besten durchgehend dem Zufahrtsweg (und meiden alle Abkürzungen) zunächst zu den Eggerhöfen

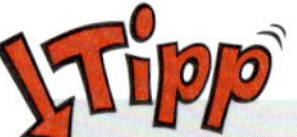

Der Antholzer See ist zu jeder Jahreszeit einen Ausflug wert!

(Via Alpina Red 31) und von dort weiter in Richtung Bergeralm. In einer markanten Linkskehre können wir (ohne Kinderwagen) einen kleinen Abstecher zum sehenswerten Klammbach-Wasserfall (kleine Aussichtsplattform) machen. Nicht allzu steil wandern wir meist durch Wald weiter hinauf, vorbei an der Bergeralm, bis die die Markierung 3B nach rechts abzweigt. Dieser folgen wir nun in leichtem Gefälle zur Schwörzalm.
Den Rückweg treten wir am besten auf dem Hinweg an, der sehr steile Direktabstieg ist mit dem Kinderwagen nicht geeignet.

Einkehrmöglichkeiten: Bruggerwirt in Antholz-Mittertal mit historischer Wirtsstube, Gastlokale in Antholz-Mittertal
Sehenswertes in der Umgebung: die Ansitze Heufler und Goller, der Antholzer See

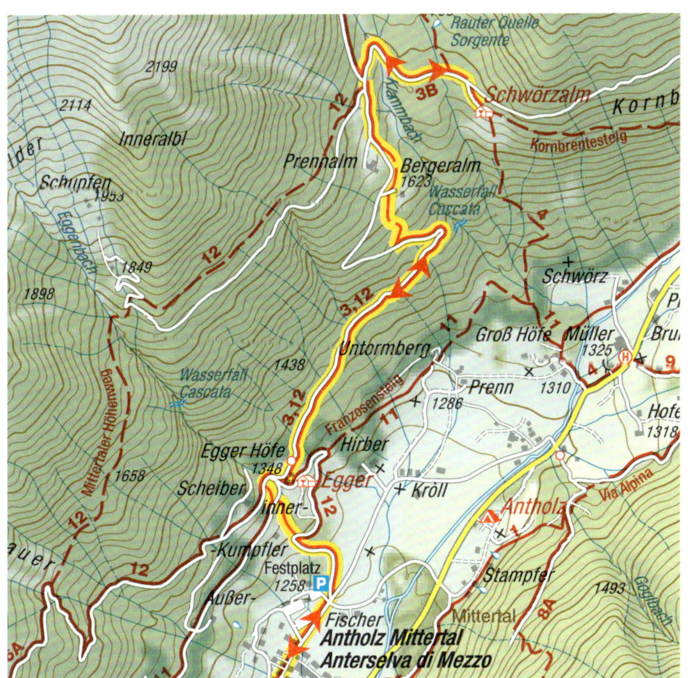

Anfahrt
über das Pustertal bis nahe Olang, dort abzweigen ins Antholzer Tal

Ausgangspunkt
Antholz-Mittertal

Parkplatz
in Antholz-Mittertal nahe Sportplatz

Höhenunterschied
ca. 450 m

Wegbeschaffenheit
meist ungeteerter Weg

Gesamtgehzeit
3 bis 3 ½ Stunden

Jahreszeit
Hochsommer bis Herbst

Kinderwagen
alpintauglich, 3 oder 4 Räder

Informationen
Tourismusverein Antholzertal
www.antholzertal.com

Schwierigkeit

 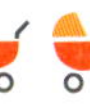  

49 LEHRPFAD AM ANTHOLZER SEE

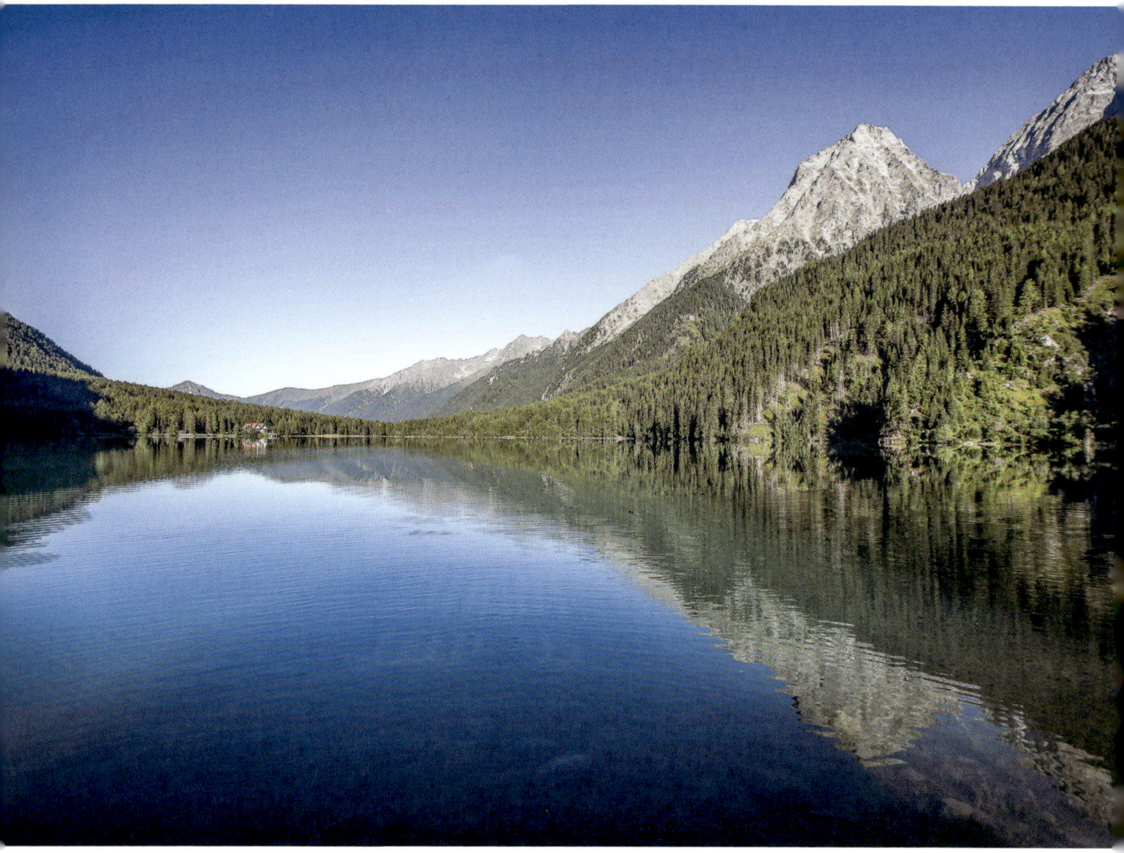

Rundgang um den herrlich gelegenen See

Hinter der Huberalm (1631 m) überqueren wir den Antholzer Bach und folgen dem Lehrpfad um den See. Immer wieder informieren uns Schautafeln über die einzigartige Natur der umliegenden Bergwelt und des Sees und Bänke laden zum Innehalten ein. Das grün-blaue, kristallklare Wasser ermöglicht uns beeindruckende Blicke unter die Wasseroberfläche. Am oberen Ende des Sees befinden sich das Seerestaurant und die Enzianhütte, Orte zum Verweilen und Spielen. Der Rückweg,

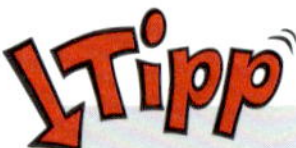

Vom Ende des Sees aus kann die Wanderung verlängert werden bis zum Obersee (2016 m), der bereits in Österreich liegt.

orografisch rechts, führt oberhalb der Straße durch den steilen Uferwald. Auch hier werden wir mittels origineller Tafeln mit Eigenarten der Umgebung vertraut gemacht. Der See bleibt unser steter Begleiter. Immer wieder können wir beeindruckende Blicke auf diesen erleben.

Einkehrmöglichkeiten: Huberalm, Seerestaurant, Enzianhütte, Seeresidenz, Biathlon-Zentrum
Sehenswertes in der Umgebung: Erdpyramiden bei Oberwielenbach, Altstadt von Bruneck, Museum für Volkskunde in Dietenheim (www.provinz.bz.it/volkskundemuseen)

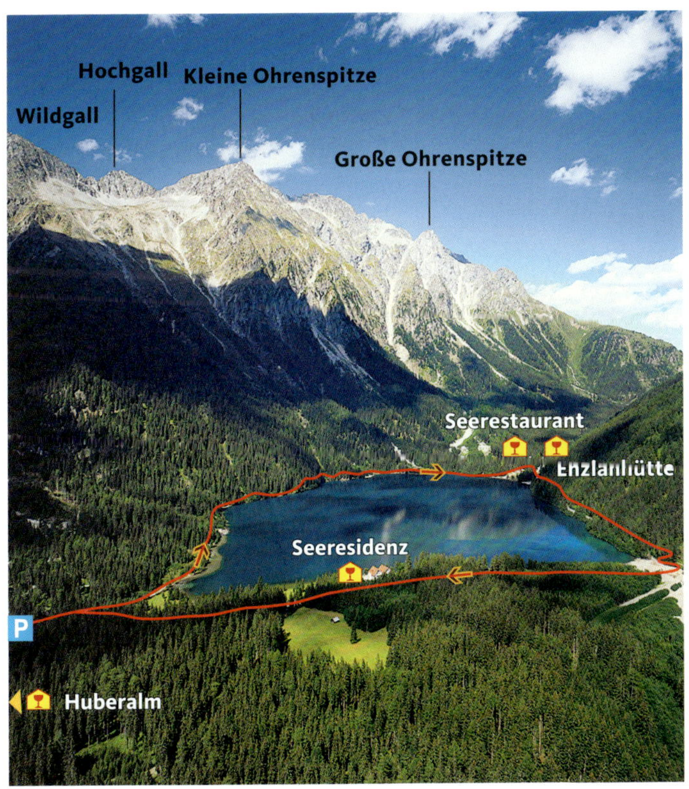

Anfahrt
über das Pustertal ins Antholzer Tal

Ausgangspunkt
im hinteren Antholzer Tal

Parkplatz
längs der Straße ab der Huberalm

Höhenunterschied
einige Passagen mit Stufen

Wegbeschaffenheit
angenehmer Waldweg mit einigen Abschnitten, wo der Wagen getragen werden muss

Gesamtgehzeit
ca. 1½ Stunden

Jahreszeit
Sommer und Herbst

Kinderwagen
alpintauglich, 3 oder 4 Räder

Informationen
Tourismusverein Antholzertal
www.antholzertal.com

Schwierigkeit

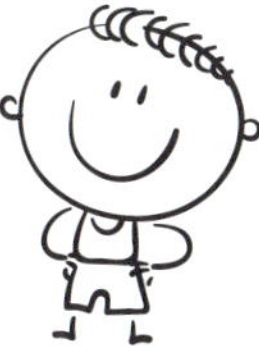

VOM PRAGSER WILDSEE ZUR GRÜNWALDHÜTTE

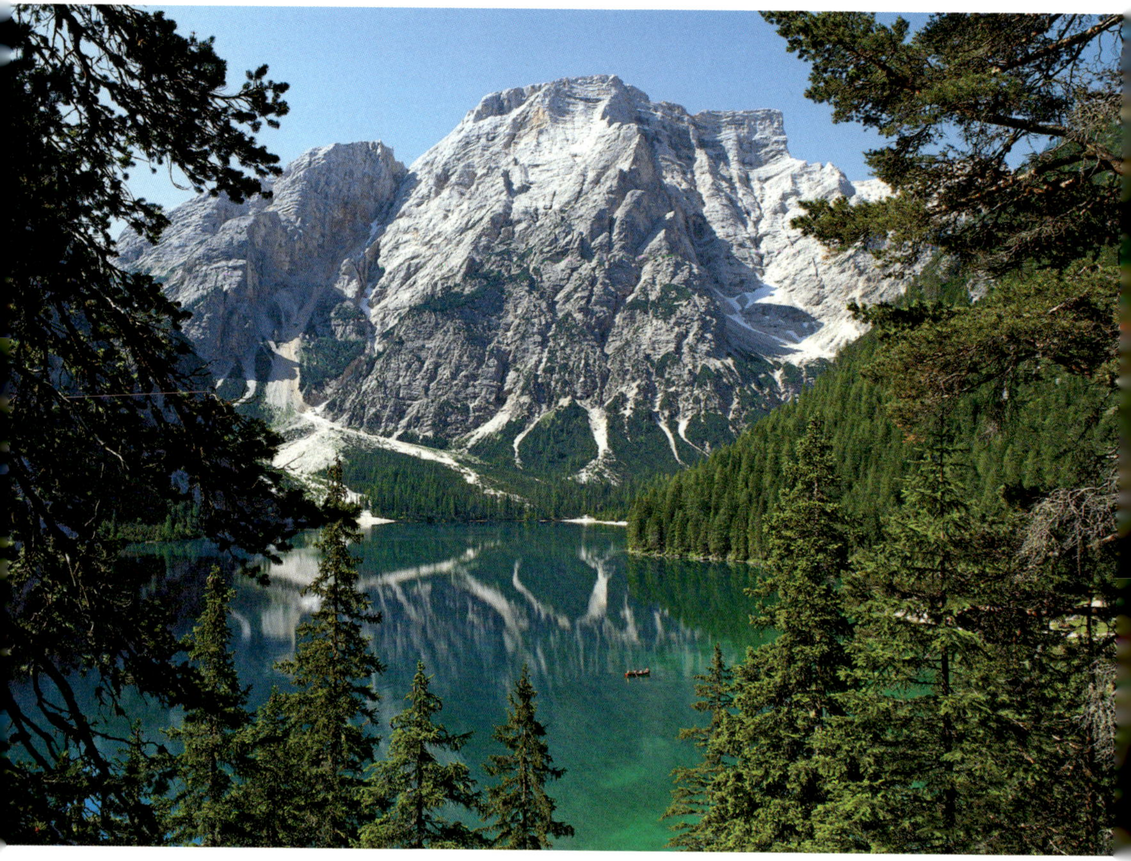

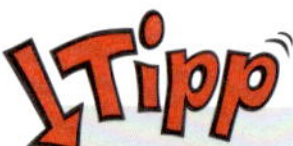

Umrundung des einzigartigen Pragser Wildsees über den schmalen Steig oder bei der Grünwaldhütte weiter durch das Grünwaldtal.

Unterwegs im Naturpark Fanes-Sennes-Prags

Wir starten beim historisch interessanten Hotel Pragser Wildsee und gehen am See entlang bis zu dessen Südufer. Dort verlassen wir den Dolomiten-Höhenweg, folgen der Beschilderung „Grünwaldhütte" und halten uns dabei leicht rechts. Vor uns erheben sich die mächtigen Wandfluchten des Seekofels (2810 m), welche uns auf der gesamten Wanderung begleiten. Immer wieder laden uns malerische Plätze zum Verschnaufen ein. Der Weg wird steiler, aber nicht zu steil. Nach ca. einer halben Stunde erreichen wir

das Ziel unserer Wanderung, die Grünwaldhütte (1590 m). Schauen wir talauswärts, so können wir ein überwältigendes Panorama der sich erhebenden Gipfel genießen: Herrensteinturm (2447 m), Großer Apostel (1995 m), Großer Rosskofl (2559 m), Schwalbenkofel (2481 m), usw.
Für den Rückweg nehmen wir die gleiche Strecke wie für den Hinweg.

Einkehrmöglichkeiten: Hotel Pragser Wildsee, Grünwaldhütte
Sehenswertes in der Umgebung: Pfarrkirche von Innichen, Museum „Dolomythos" (www.dolomythos.com), MMM Schlossmuseum in Bruneck (www.messner-mountain-museum.it)

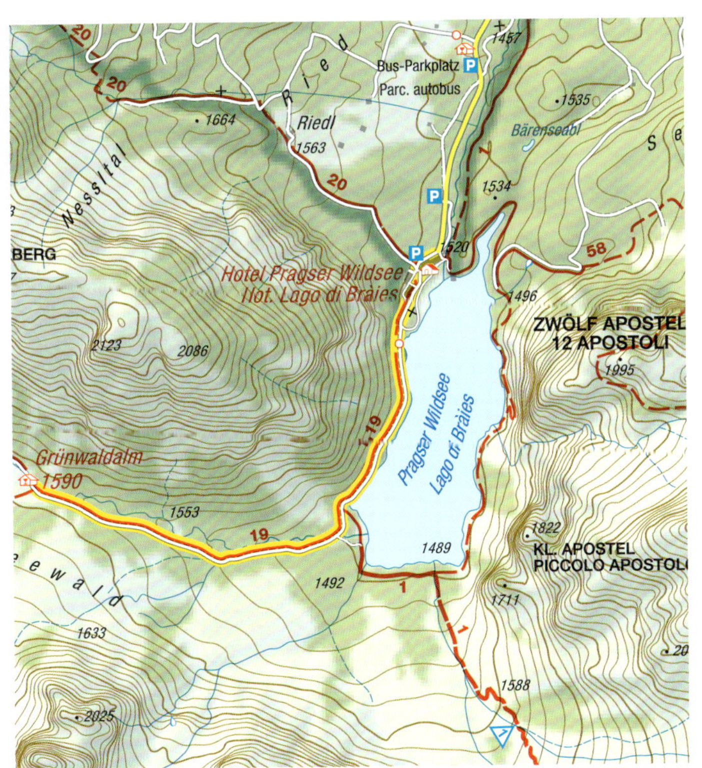

Anfahrt
über das Pustertal nach Welsberg, rechts ab der Beschilderung „Pragser Wildsee" folgen (evtl. Zufahrtsbeschränkungen beachten!)

Ausgangspunkt
im Prager Tal, Seitental des Pustertals

Parkplatz
beim Hotel Pragser Wildsee (1494 m), gebührenpflichtig

Höhenunterschied
ca. 100 m

Wegbeschaffenheit
ungeteerte Forststraße mit grob schotterigen Abschnitten

Gesamtgehzeit
1 ½ bis 2 Stunden

Jahreszeit
Frühjahr bis Herbst

Kinderwagen
alpintauglich, 3 oder 4 Räder

Informationen
Tourismusverein Prags
www.pragsertal.info

Schwierigkeit

51 ZUM TOBLACHER SEE

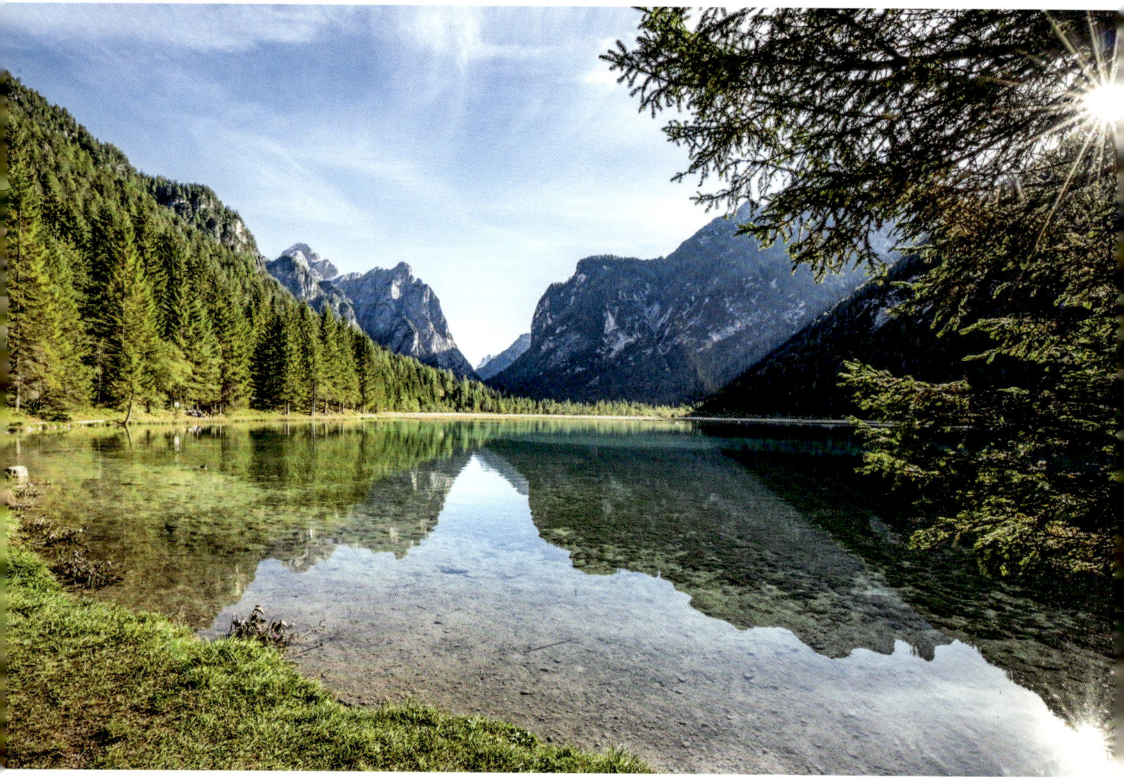

Längs der alten Bahnlinie im Höhlensteintal

Wir starten bei den Saghäusern in Richtung Toblacher See. Der Weg verläuft orografisch links längs der Rienz und führt durch einen lichten Mischwald. Einige Male treffen wir auf Schutt und Geröll, die die Bäche von den steilen Bergen heruntergetragen und mit denen sie dieses Gebiet überschwemmt haben. Bald schon erreichen wir das Nordende des Sees. Hier befinden sich die verschiedenen Einkehrmöglichkeiten der Wanderung. Ebenso beginnt dort ein kurzweiliger und gut angelegter Naturlehrpfad, der uns um den See führt. Immer wieder können wir an malerischen Plätzen Rast halten und uns an der Schönheit der

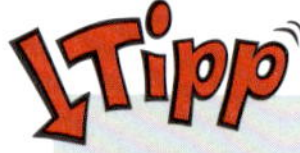

Abstecher zum Dürrensee oder Misurina-See; Besuch der Drei Zinnen.

Umgebung erfreuen. Der Naturlehrpfad bringt uns am Südende des Sees durch eine urige Au- und Mooslandschaft an das rechte Ufer.
Hier beginnt unser Rückweg, der über die alte Bahntrasse führt, die um die vorletzte Jahrhundertwende Cortina mit dem Pustertal verband. Nach einer knappen Stunde queren wir die Rienz erneut und sind wieder beim Auto.

Einkehrmöglichkeiten: Seerestaurant, Restaurant Seeschupfe, Hotel am See
Sehenswertes in der Umgebung: Kultur- und Kongresszentrum Grand Hotel Toblach (www.grandhotel-toblach.com), Naturparkhaus und WaldWunderWelt, Wildpark in Altschluderbach

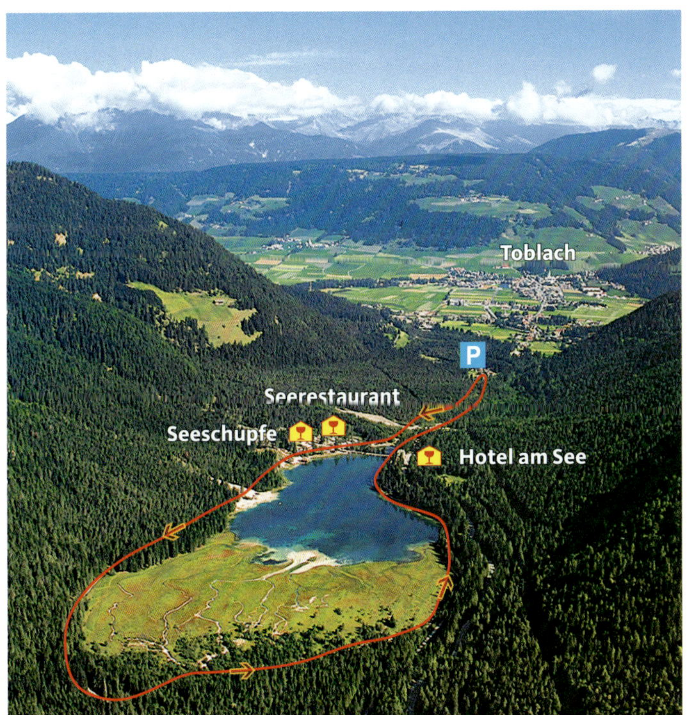

Anfahrt
über das Pustertal bis Toblach, rechts abbiegen Richtung Toblacher See; in der Ortschaft Neu-Toblach zweigen wir rechts ab und folgen der alten Bahnlinie (Radweg) bis zu den Saghäusern

Ausgangspunkt
im Höhlensteintal bei Toblach, Pustertal

Parkplatz
im Dorf bzw. bei den Saghäusern

Höhenunterschied
ca. 80 m

Wegbeschaffenheit
angenehm, abwechslungsreich von Forststraße bis Waldweg

Gesamtgehzeit
ca. 2 Stunden

Jahreszeit
Frühjahr bis Herbst

Kinderwagen
alle

Informationen
Tourismusverein Toblach
www.toblach.it

Schwierigkeit

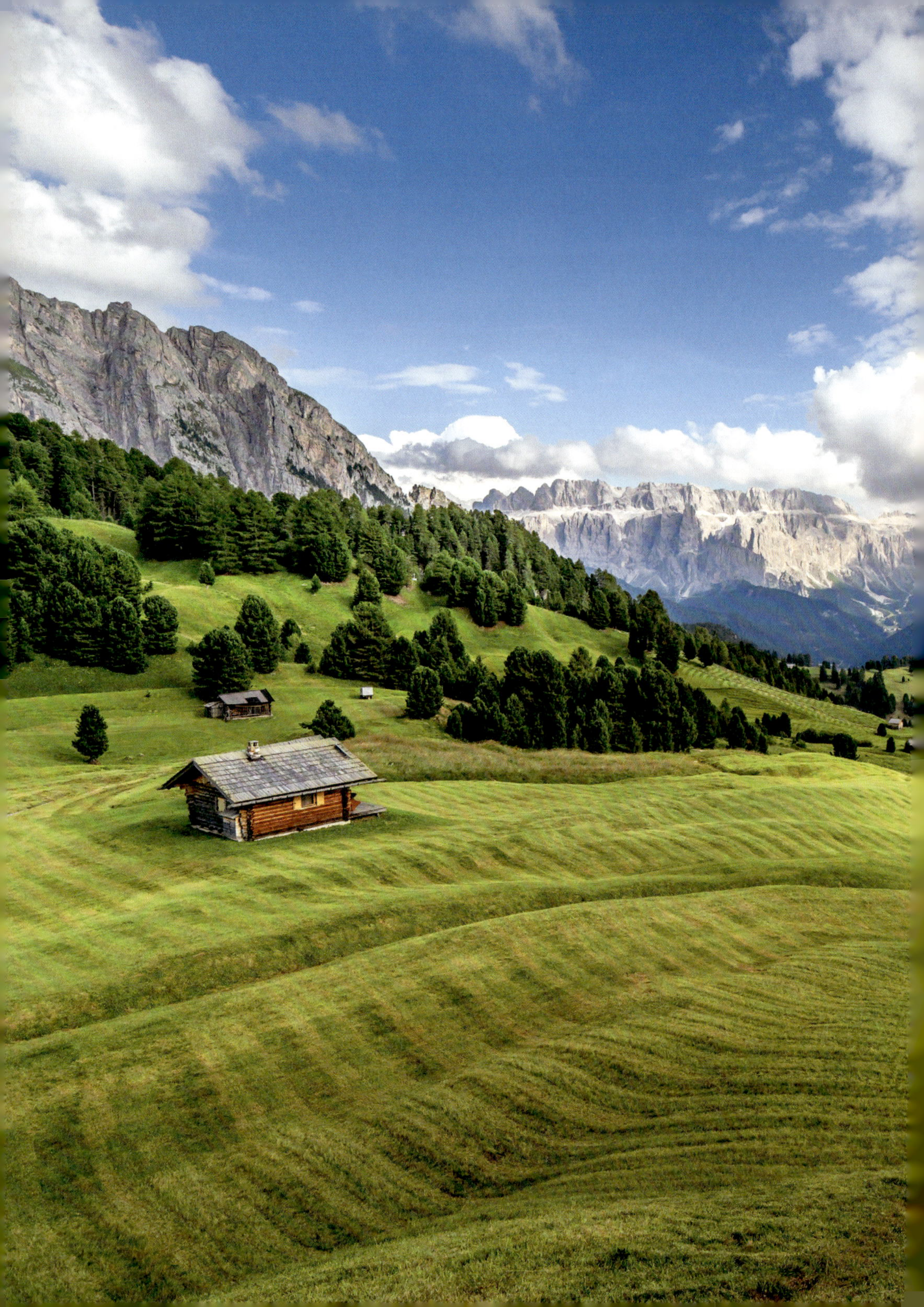

DOLOMITEN

52 VON SEXTEN ZUR HAHNSPIELHÜTTE

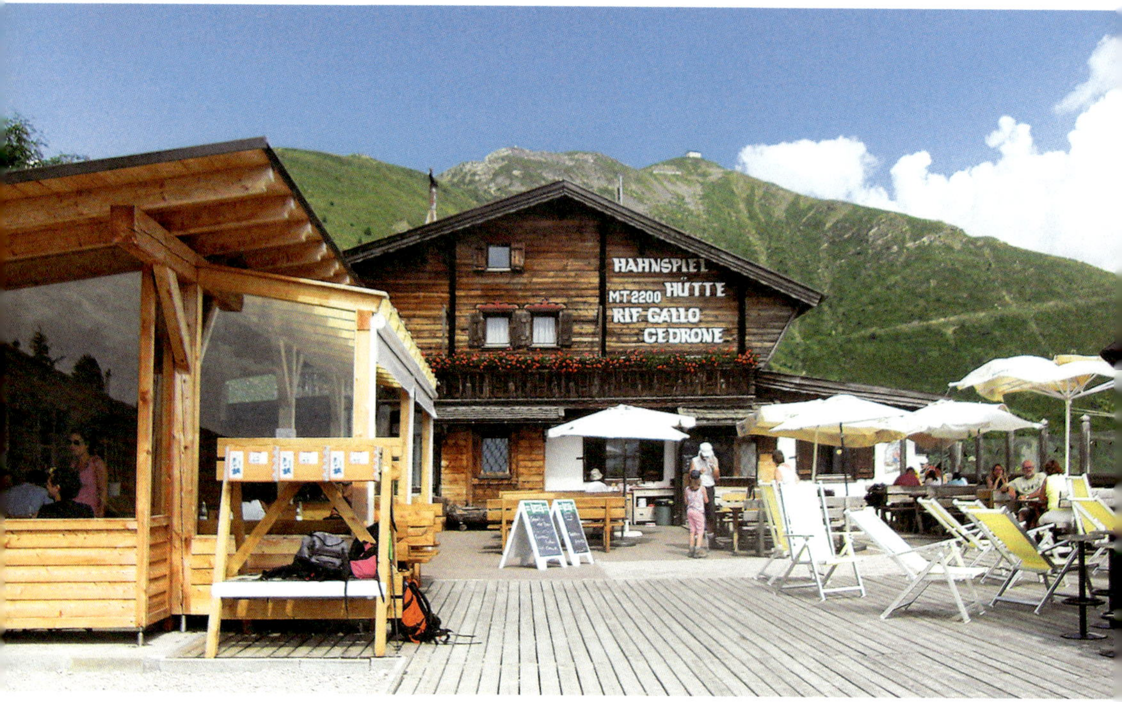

Unterwegs am Beginn des Karnischen Höhenweges

Wir parken direkt bei der Seilbahn, welche uns mit einem atemberaubenden Panorama auf die Sextner Bergwelt belohnt und uns mühelos auf 2041 m bringt. Der Beginn unserer Wanderung ist wahrlich ein Wetteifern an Eindrücken. Bunte Almwiesen konkurrieren mit den rasanten Gipfeln des Sextner Naturparkes (Dreischusterspitze, Sextner Rotwand usw.). Die Nähe der Drei Zinnen ist förmlich spürbar. Wir aber wandern bequem in einer halben Stunde aufwärts über die Forststraße zur Hahnspielhütte (2150 m). Wer will kann hier sein Etappenziel wählen, Platz zum Spielen für die Kinder und Möglichkeiten, sich zu stärken sind vorhanden. Wer den alten Militärweg weitergehen möchte, wird bald schon mit dem Blick zur geschichtsträchtigen Helmhütte

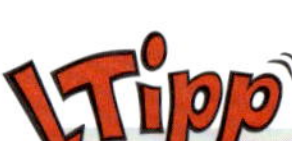

Rundwanderung (ohne Kinderwagen): Vom Gipfel in Richtung Vierschach (Mark. Nr. 4–20) über einen schmalen Steig absteigen.

(2434 m) belohnt. Der Weg wird etwas beschwerlicher (manchmal ausgewaschen und grobschotterig). Nach ca. einer halben Stunde kommen wir zu einer Weggabelung (wunderschöner Aussichtspunkt). Dort kann man ohne Kinderwagen direkt über den Grat den Gipfel des Helm in ca. 20 Minuten erreichen oder aber dem Militärweg weiterhin folgen und etwas länger, dafür aber gemütlicher den Gipfel (2434 m) erreichen. Dieser ist aus mehreren Gründen ein Kuriosum, zum einen verläuft die Staatsgrenze zu Österreich direkt über ihn, zum anderen befindet sich hier die verlassene Helmhütte mit ihrer interessanten Geschichte. Davon zeugen unzählige Schützenstellungen und Bunkerruinen der vergangenen Weltkriege in der näheren Umgebung.

Einkehrmöglichkeiten: Sexten Dorf und Hahnspielhütte
Sehenswertes in der Umgebung: Krippenmuseum in Sexten, Pfarrkirche Petrus und Paulus in Sexten

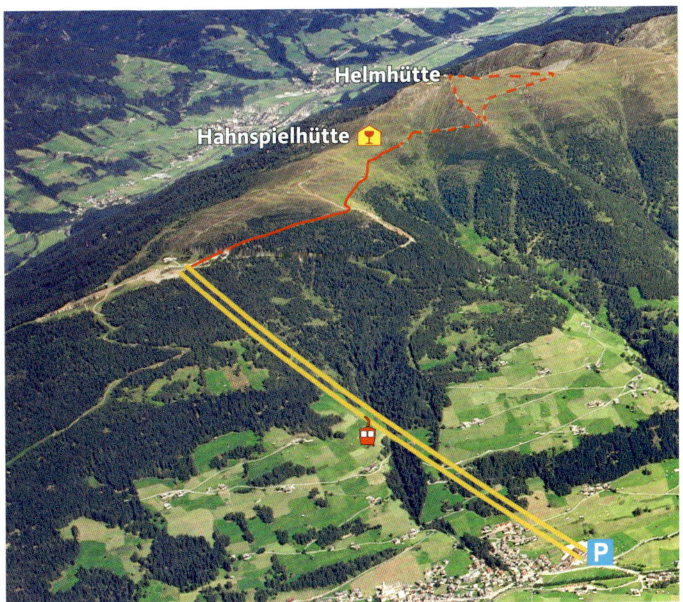

Anfahrt
über das Pustertal bis nach Sexten zur Talstation der Seilbahn

Ausgangspunkt
bei Sexten im Hochpustertal

Parkplatz
bei der Seilbahnstation

Höhenunterschied
110 m bzw. 390 m je nach Ziel

Wegbeschaffenheit
nicht asphaltierte Forststraße

Gesamtgehzeit
ca. 1 Stunde (Hahnspielhütte) bzw. 2 ½ Stunden (Helmbesteigung)

Jahreszeit
Sommer und Herbst (Betrieb der Seilbahn beachten!)

Kinderwagen
alpintauglich, 3 oder 4 Räder

Informationen
Tourismusverein Sexten
www.drei-zinnen.info

Schwierigkeit

53 ZUR TALSCHLUSSHÜTTE IM FISCHLEINTAL

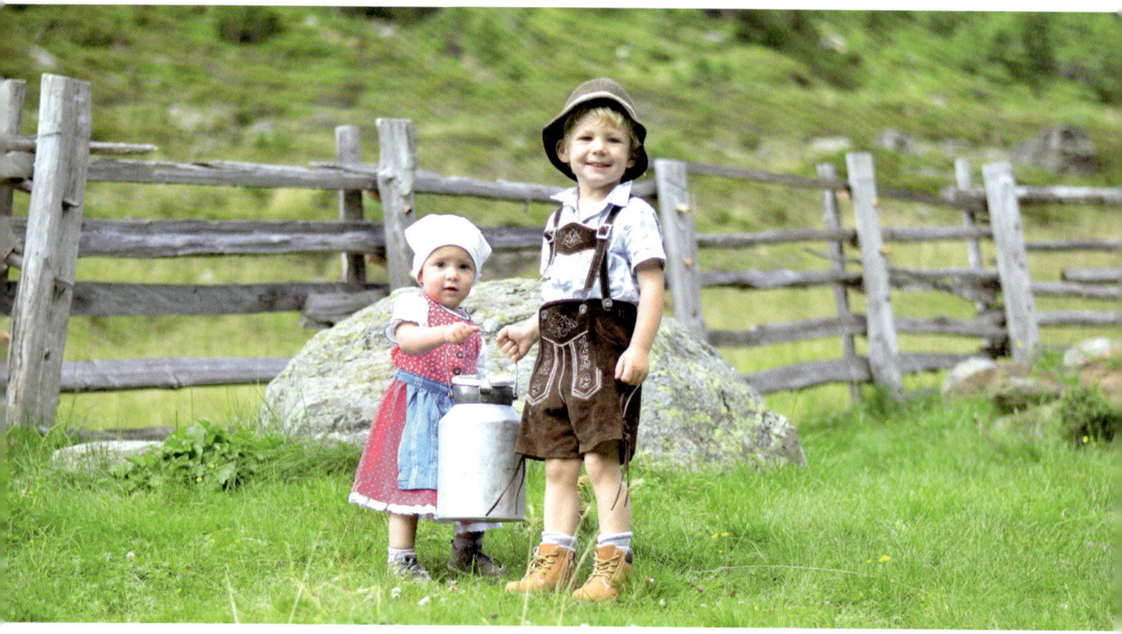

Wandern im Vorland der Drei Zinnen

Vom Parkplatz (1353 m) ausgehend queren wir den Fischleinbach und folgen der Beschilderung in Richtung Talschlusshütte. Unser Weg führt durch einzigartige Lärchenwiesen, welche intensiv landwirtschaftlich genutzt werden. Nach ca. einer Dreiviertelstunde erreichen wir über den gemütlich ansteigenden Weg die Fischleinbodenhütte (1454 m); bis hierher eventuell auch mit dem Auto, gebührenpflichtiger Parkplatz. Nun befinden wir uns inmitten der Sextner Dolomiten, deren Gipfel sich majestätisch vor uns erheben: Sextner Rotwand, Elfer, Zwölfer, Einser u. a.
Unser Weg führt durch kleinwüchsige Latschenwälder und Weiden mit lauschigen Plätzen zum Sitzen und Rasten. Nach einer halben Stunde erreichen wir die Talschlusshütte (1548 m). Hier laden uns ein wohl einzigartiger Rundblick und ein Spielplatz zum Verweilen ein. Der Rückweg erfolgt auf demselben Weg.

Tipp

Von der Talschlusshütte über den Steig 102 zur Drei-Zinnen-Hütte (2402 m) aufsteigen und das einzigartige Panorama der drei Zinnen genießen (ohne Kinderwagen).

Variante: Bei der Fischleinbodenhütte halten wir uns gleich nach dem Parkplatz links und wandern auf einem Waldweg bis nach Sexten. Kleine, aber bewältigbare Hindernisse (enger Zaundurchgang, Wurzeln, usw.) erfordern gelegentlich etwas Geschicklichkeit. Die Mühen werden aber sicherlich durch den wunderschönen Verlauf der Wanderung belohnt.

Einkehrmöglichkeiten: Hotel Bad Moos, Fischleinbodenhütte, Dolomitenhof, Talschlusshütte

Sehenswertes in der Umgebung: Krippenmuseum in Sexten, Pfarrkirche Petrus und Paulus in Sexten

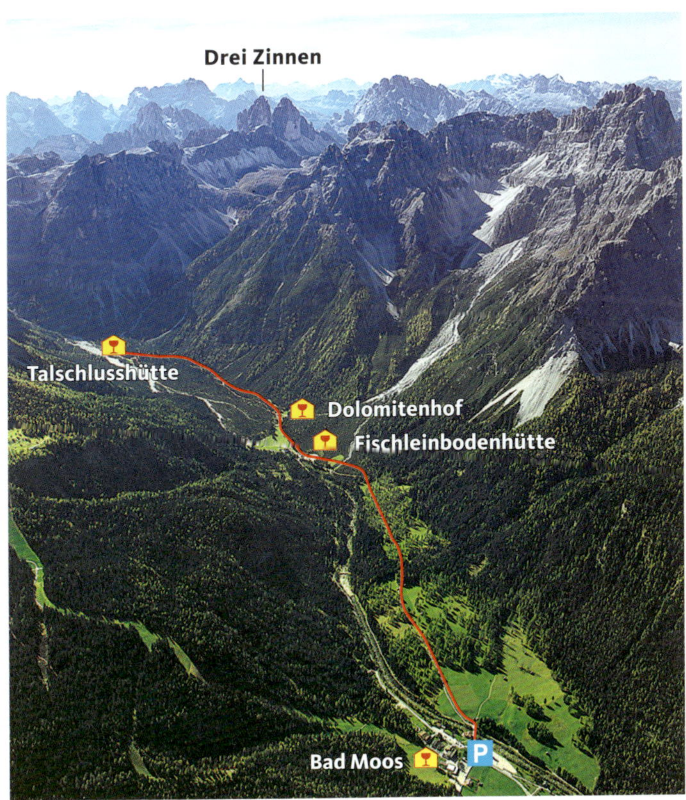

Anfahrt
über das Pustertal bis nach Sexten-Moos

Ausgangspunkt
Fischleintal bei Sexten-Moos

Parkplatz
bei Bad Moos, gebührenpflichtig

Höhenunterschied
ca. 200 m

Wegbeschaffenheit
leicht befahrbare Forststraße

Gesamtgehzeit
ca. 2 bis 2 ½ Stunden; bei Variante zusätzlich noch eine halbe Stunde

Jahreszeit
Frühjahr bis Herbst

Kinderwagen
alle

Informationen
Tourismusverein Sexten
www.drei-zinnen.info

Schwierigkeit

54 DIE SCHNULLERMEILE IN SEXTEN

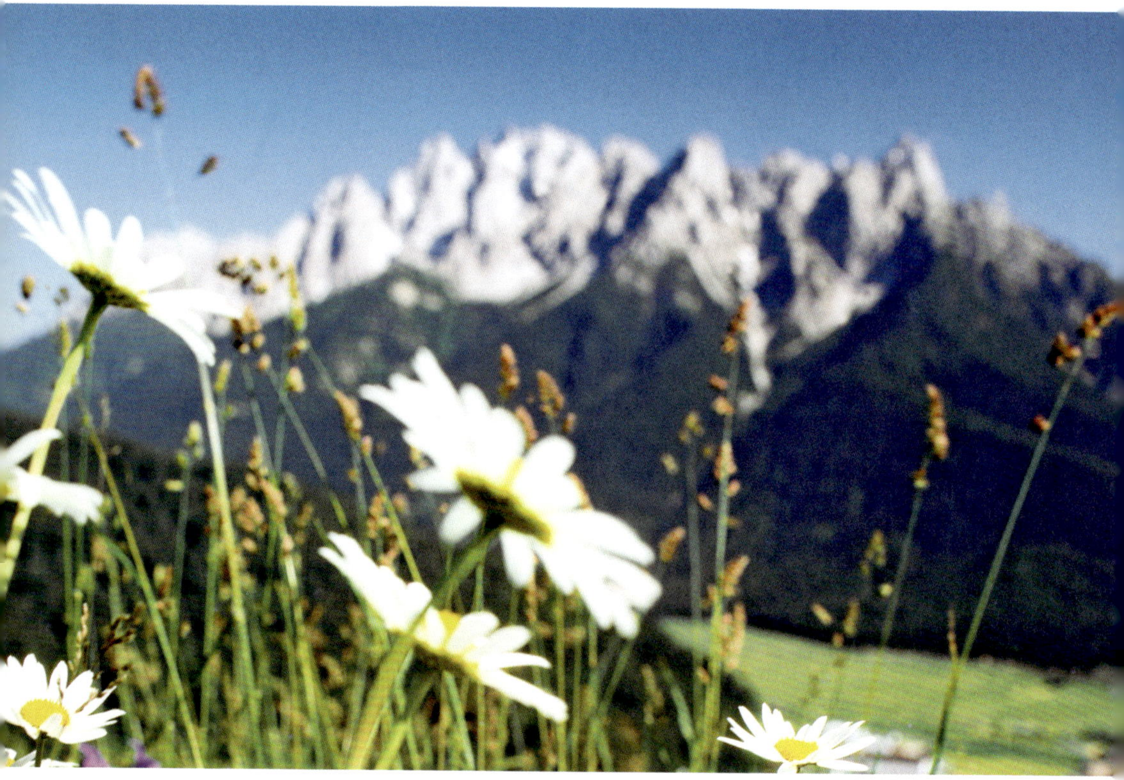

Nomen est omen

Auf dieser Wanderung wird Kindern ganz bestimmt nicht langweilig, dafür dürfte aber die unten angegebene Gehzeit wohl nicht ausreichen. Vorbei an Wald und Wiesen, Bächlein und gemütlichen Rastplätzen, streift der Weg sämtliche Kinderspielplätze im Tal: Spielplatz „Gissa Waldile", „Sonnwendplatz", Spielplatz „Sparkasse", Spielplatz „Teich" beim Parkhotel und als Abschluss Spielplatz „Mooser Waldile".

Vom Parkplatz am Friedhof folgen wir zunächst der Straße taleinwärts und überqueren bei der ersten Brücke den Sextner Bach. Vom Parkplatz rechts der Hauptstraße folgen wir dem Bach

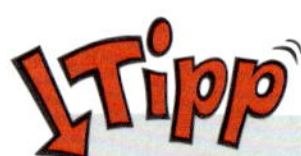

Auf keinen Fall versäumen sollte man einen Besuch des Friedhofs von Sexten/St. Veit mit dem berühmten Totentanz von Rudolf Stolz.

taleinwärts. Der Markierung 102 folgen, bis nach links die Markierung 1A über den Bach und hinüber nach Moos leitet.
Alternativ kann man der Markierung 102 taleinwärts folgen zur Fischleinboden-Hütte (plus 45 Min.) oder gar zur Talschlusshütte (plus 1½ Std., jeweils eine Strecke).
Rückweg wie Hinweg.

Einkehrmöglichkeiten: mehrere Gastbetriebe in den Ortschaften, Fischleinboden- und Talschlusshütte
Sehenswertes in der Umgebung: Rudolf-Stolz-Museum, Krippenmuseum in Sexten, Stiftskirche und Stiftsmuseum in Innichen, MMM Ripa auf Schloss Bruneck

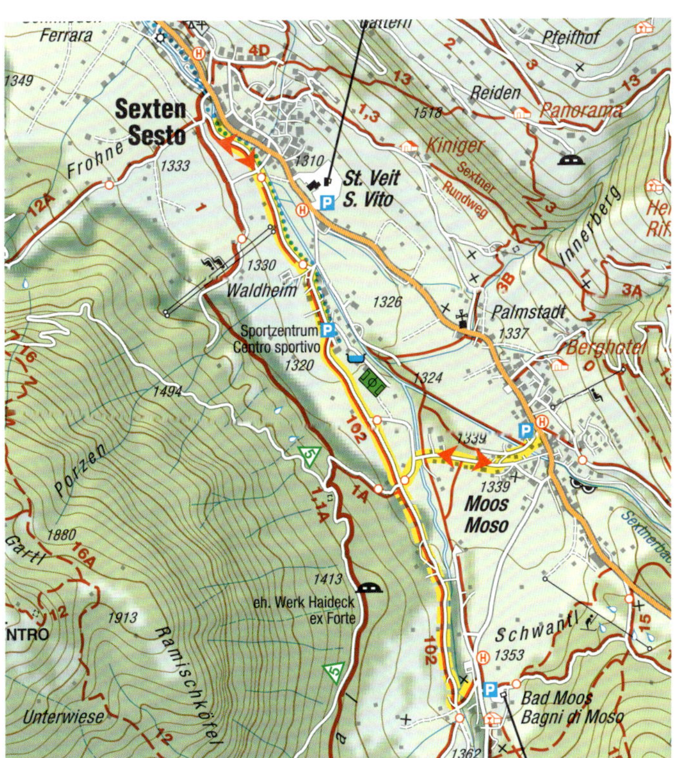

Anfahrt
durch das Pustertal bis Innichen und weiter nach Sexten (St. Veit)

Ausgangspunkt
Parkplätze am Ortsanfang von Sexten

Parkplatz
Ortsanfang von Sexten

Höhenunterschied
ca. 50 m

Wegbeschaffenheit
teilweise ungeteerter Weg, gut zu befahren

Gesamtgehzeit
ca. 2 Stunden

Jahreszeit
Sommer bis Frühherbst

Kinderwagen
alle

Informationen
Tourismusverein Sexten
www.drei-zinnen.info

Schwierigkeit

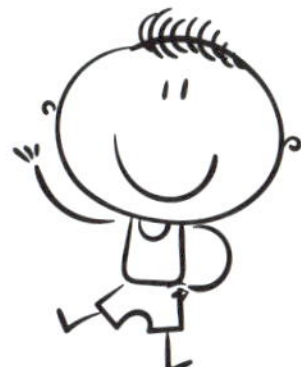

55 VON PEDERÜ ZUR FANESHÜTTE

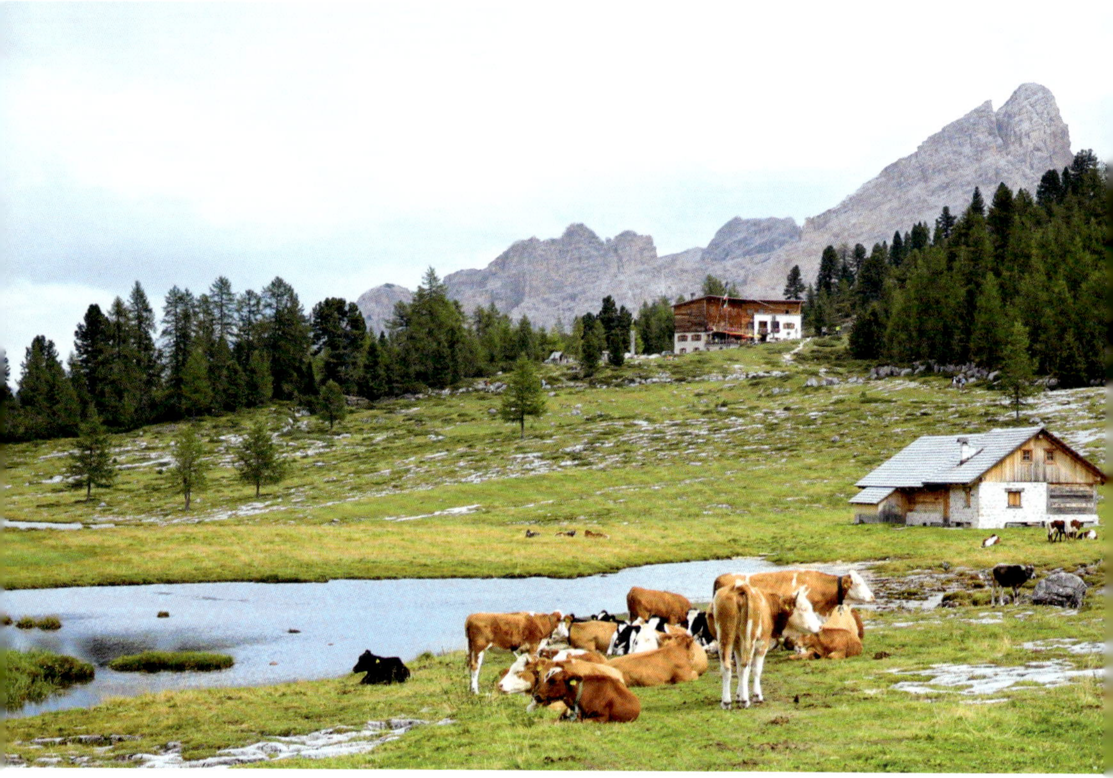

Ins Zauberreich der Fanes

Diese Wanderung führt uns in das sagenumwobene Reich der Fanes. Vielleicht denken wir an die Geschichten unserer Kindheit, an die Prinzessin Dolasilla, an ihren gierigen Vater, der als König den Untergang des Reiches der Fanes verursachte, an den wüsten Zauberer Spina de Mul, an den herrlichen Edelstein Rayeta … Es gibt so viel zu erzählen auf dieser Wanderung (wenn der Atem reicht) und die Zeit verfliegt wie im Fluge.
Vom Parkplatz folgen wir der für den Verkehr gesperrten Schotterstraße, die hinauf führt zu den beiden Schutzhütten. (Ab und zu ist aber doch ein Hüttenfahrzeug unterwegs.) Eine

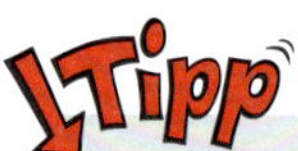

In knapp 20 Minuten ohne Kinderwagen aufsteigen zum Ju de Limo/Limopass mit prächtigem Blick auf den Limosee und Großfanes.

erste Steilstufe überwinden wir in mehreren Serpentinen, dann lehnt sich das Gelände zurück und wir wandern gemächlich am See Lé Piciodel in Richtung Schutzhaus. Uns zur Rechten erstreckt sich das Parlament der Murmeltiere, eine gewaltige natürliche Arena aus übereinander gestapelten Dolomitschichten. Ein letzter Anstieg und wir sind bei der Faneshütte.
Rückweg wie Hinweg.

Einkehrmöglichkeiten: Gastbetrieb in Pederü, Faneshütte
Sehenswertes in der Umgebung: Museum Ladin Ciastel de Tor in St. Martin in Thurn, Museum Ursus Ladinicus in St. Kassian, Südtiroler Volkskundemuseum Dietenheim (Bruneck)

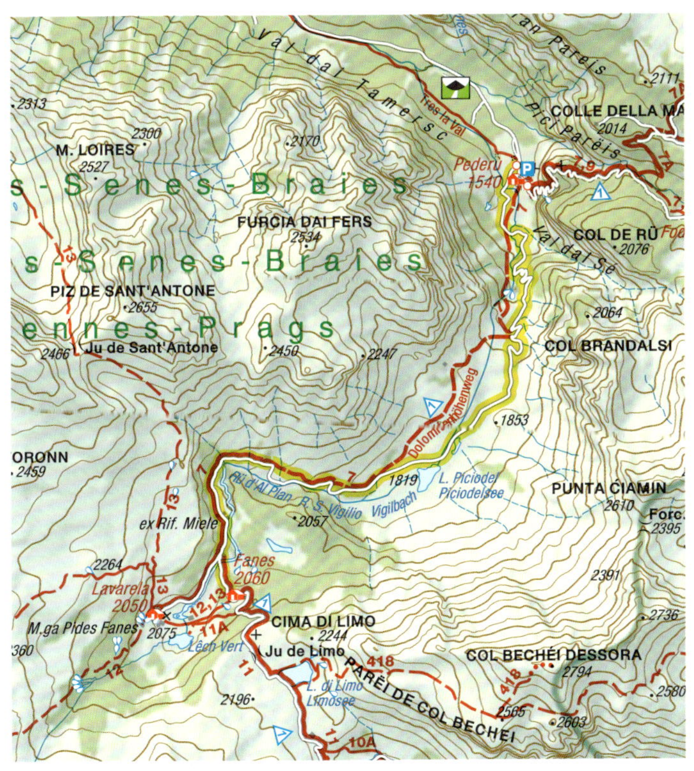

Anfahrt
durch das Pustertal bis St. Lorenzen, ins Gadertal bis Longega/Zwischenwasser, links weiter nach Al Plan de Mareo/ St. Vigil und auf gebührenpflichtiger Straße nach Pederü

Ausgangspunkt
Parkplatz Pederü

Parkplatz
Pederü

Höhenunterschied
ca. 630 m

Wegbeschaffenheit
ungeteerter Weg, aber gut zu befahren

Gesamtgehzeit
ca. 4 Stunden

Jahreszeit
Sommer bis Frühherbst

Kinderwagen
alpintauglich, 3 oder 4 Räder

Informationen
Tourismusverein St. Vigil/Enneberg
www.sanvigilio.com

Schwierigkeit
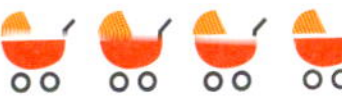

56 VON STERN-LA ILA NACH CORVARA

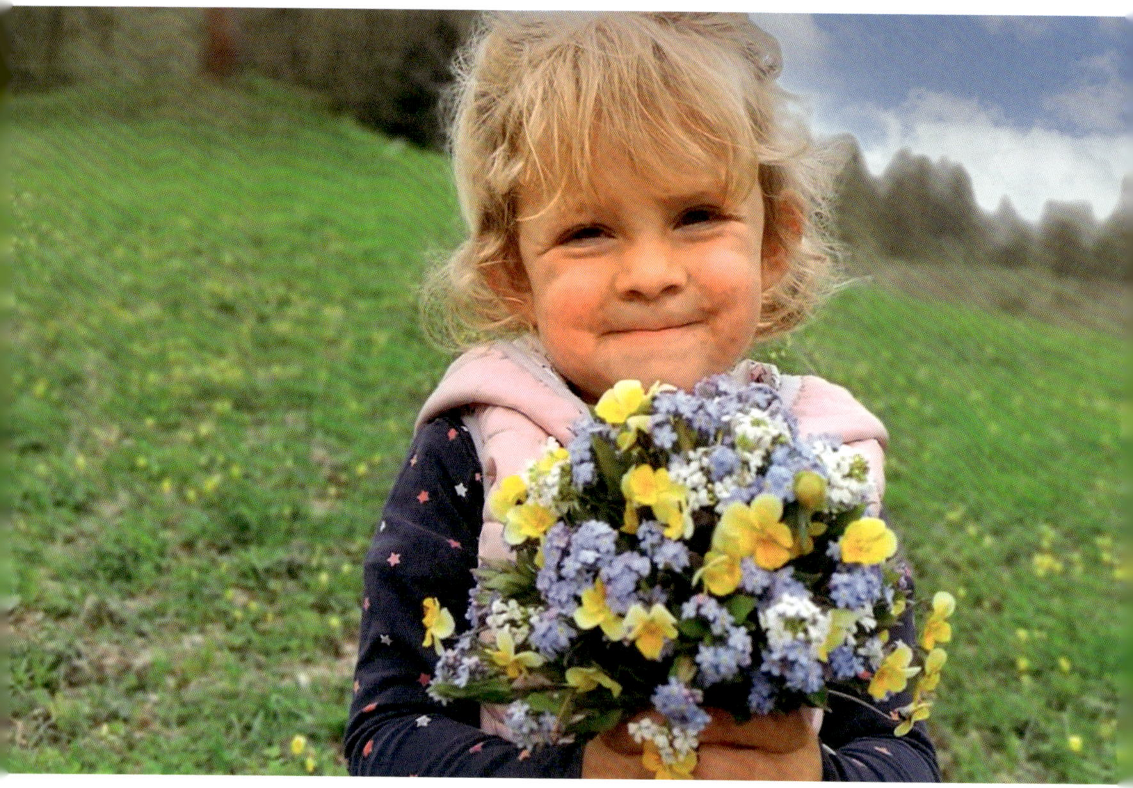

Wanderung flankiert von Dolomiten-Wänden

Wir fahren am Kreisverkehr in Stern-La Ila in Richtung St. Kassian, verlassen die Hauptstraße aber vor der Brücke über die Gader nach rechts und parken das Auto nach einer Kehre am Ufer in der Nähe einer Holzbrücke.

Wir überqueren nun die Holzbrücke und wandern der Gader entlang auf der Naturstraße taleinwärts. Ein etwa 100 m langes Steilstück bewältigen wir mit etwas Mühe, danach erreichen wir aber schon den ersten Rastplatz mit Kinderspielplatz. Kurz darauf erreichen wir in einer Lichtung den Zielbereich der weltberühmten Skipiste Gran Risa (einer der schwierigsten RTLs der Welt!)

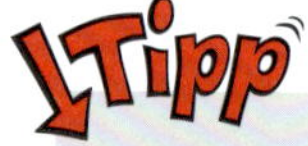

Das Wildgehege Paraciora ist ein beliebtes Ausflugsziel für Familien!

und kurz darauf die Sportzone mit Kinderspielplatz und Teich. Bald danach überqueren wir auf einer Holzbrücke die Gader. Die meist mäßige Steigung wird immer wieder von einzelnen kurzen Steilstücken unterbrochen. Am Dorfeingang von Corvara überqueren wir die Gader erneut, nutzen die (leider) steile Fußgängerunterführung zur Unterquerung der stark befahrenen Landstraße und erreichen auf dem Fußweg über die Fraktion Pescosta die Bushaltestelle im Zentrum von Corvara.
Rückkehr nach Stern-La Ila mit dem Bus.

Einkehrmöglichkeiten: Restaurants in Stern-La Ila und Corvara
Sehenswertes in der Umgebung: Wallfahrtskirche Heilig Kreuz, die Viles, Wildgehege Paraciora, Museum Ladin Ursus Ladinicus in St. Kassian, Museum Ladin Ciastel de Tor in St. Martin in Thurn

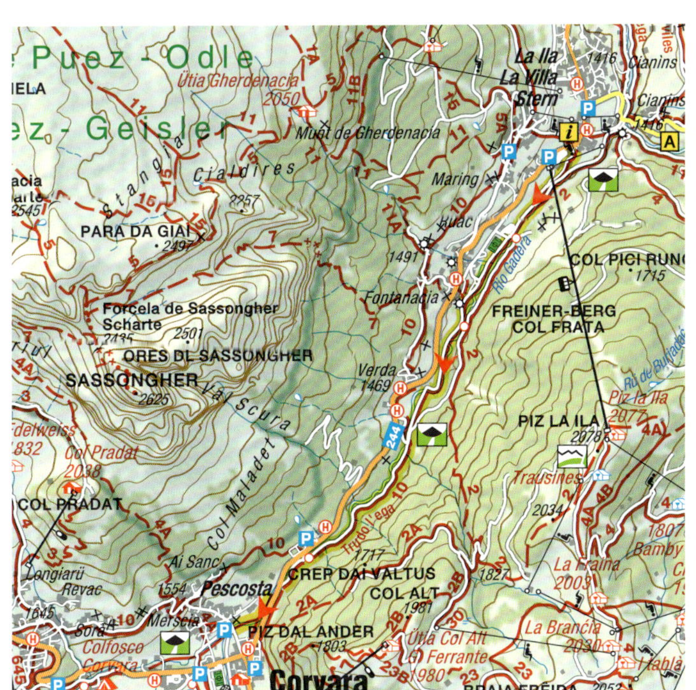

Anfahrt
von Bruneck ins Gadertal nach Stern-La Ila oder durch Gröden und über das Grödner Joch und Corvara dorthin

Ausgangspunkt
Stern-La Ila im Gadertal

Parkplatz
nahe der Gader in Stern-La Ila

Höhenunterschied
ca. 130 m

Wegbeschaffenheit
meist ungeteerter Weg

Gesamtgehzeit
ca. 1½ Stunden

Jahreszeit
Frühsommer bis Herbst

Kinderwagen
alpintauglich, 3 oder 4 Räder

Informationen
Tourismusverein Alta Badia
www.altabadia.org

Schwierigkeit

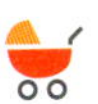  

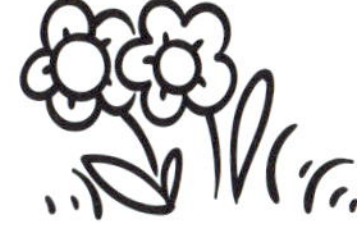

RUNDWANDERUNG AUF DER SEISER ALM

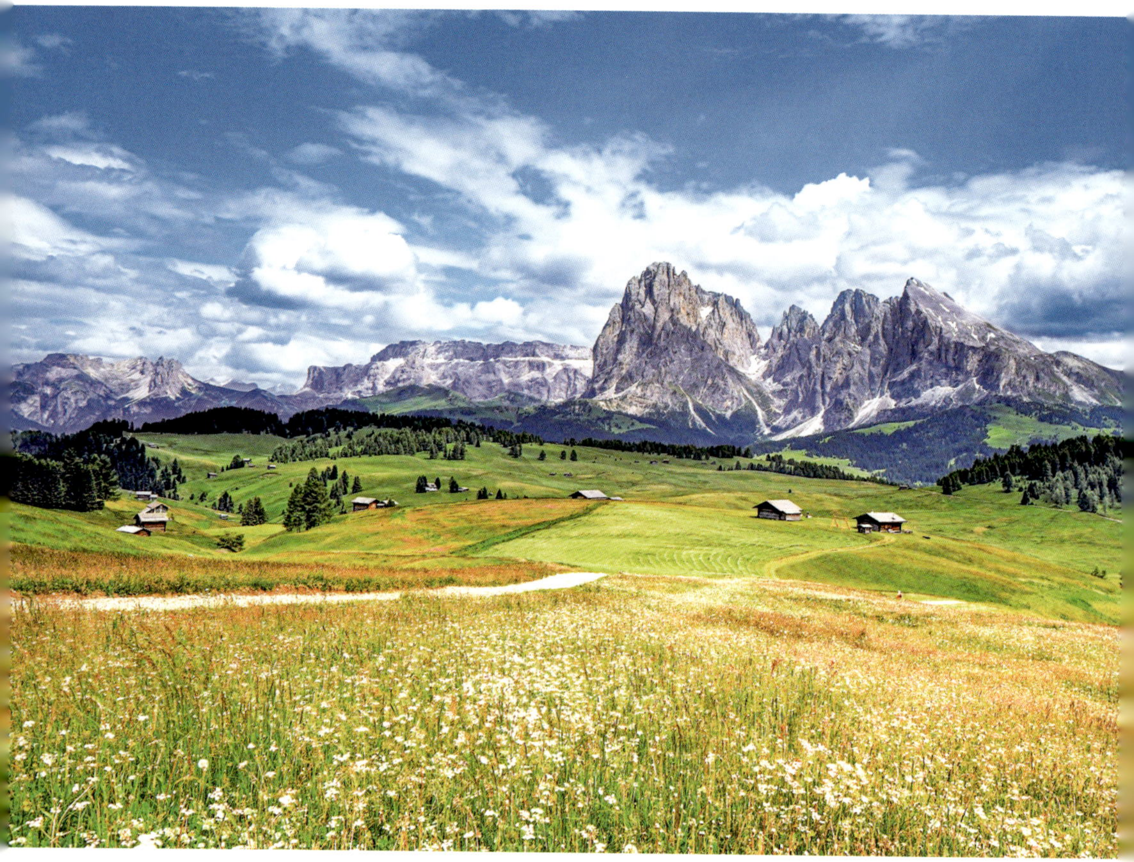

Wandern über die größte Hochalm Europas

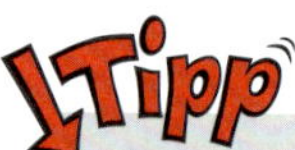

In der näheren Umgebung existieren sagenumwobene Plätze. Es lohnt sich ein kurzer Blick in die Sagenliteratur der Gegend.

Die Umlaufbahn bringt uns von Seis nach Compatsch (1870 m); alternativ über die Straße, welche nur bis 9 Uhr befahrbar ist, und bietet uns gleich schon ein einzigartiges Panorama mit Santner, Euringer und Schlern sowie den Dolomiten im Hintergrund. An der Bergstation angekommen, halten wir uns rechts und wählen den Weg Nr. 10 Richtung „Panorama". Kurz unterhalb des Bergrestaurants Panorama nehmen wir an der Abzweigung den Weg Nr. 7 Richtung „Goldknopf" (2004 m); bis

hierher ca. eine Dreiviertelstunde. Im leichten Auf und Ab passieren wir die Mahlknecht-Schwaige und erreichen nach einer guten Stunde unser Ziel, die Mahlknechthütte (2054 m). Hier halten wir Rast (im Winter Rodelverleih). Das umwerfende Panorama von Plattkofel, Langkofel, Marmolada, Sellastock sowie Puez und Geisler können wir hier ungestört auf uns wirken lassen.
Als Abstieg wählen wir den Weg Nr. 8 nach Saltria (1670 m), von wo wir mit dem Shuttlebus zum Ausgangspunkt nach Compatsch zurückfahren.

Einkehrmöglichkeiten: Gasthäuser in Compatsch, Alpenhotel Panorama, Hotel Goldknopf, Mahlknecht-Schwaige, Mahlknechthütte, Almgasthof Tirler, Gasthäuser in Saltria
Sehenswertes in der Umgebung: Burg Hauenstein, Trostburg, Kirchturm von Kastelruth

Anfahrt
bis nach Kastelruth-Seis

Ausgangspunkt
Seiser Alm

Parkplatz
Talstation der Umlaufbahn

Höhenunterschied
180 m Aufstieg, 480 m Abstieg

Wegbeschaffenheit
befahrbare Fortstraße, teils geteert

Gesamtgehzeit
ca. 3 ½ Stunden

Jahreszeit
ganzjährig, je nach Schneelage

Kinderwagen
alle

Informationen
Tourismusvereine Seiser Alm
www.seiseralm.it

Schwierigkeit

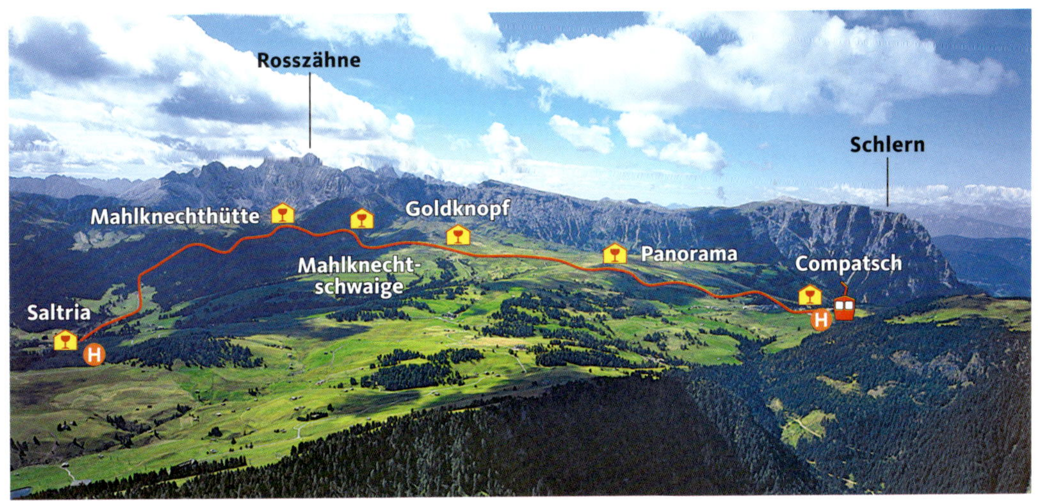

58 REGENSBURGER HÜTTE UND FERMEDAHOCHFLÄCHE

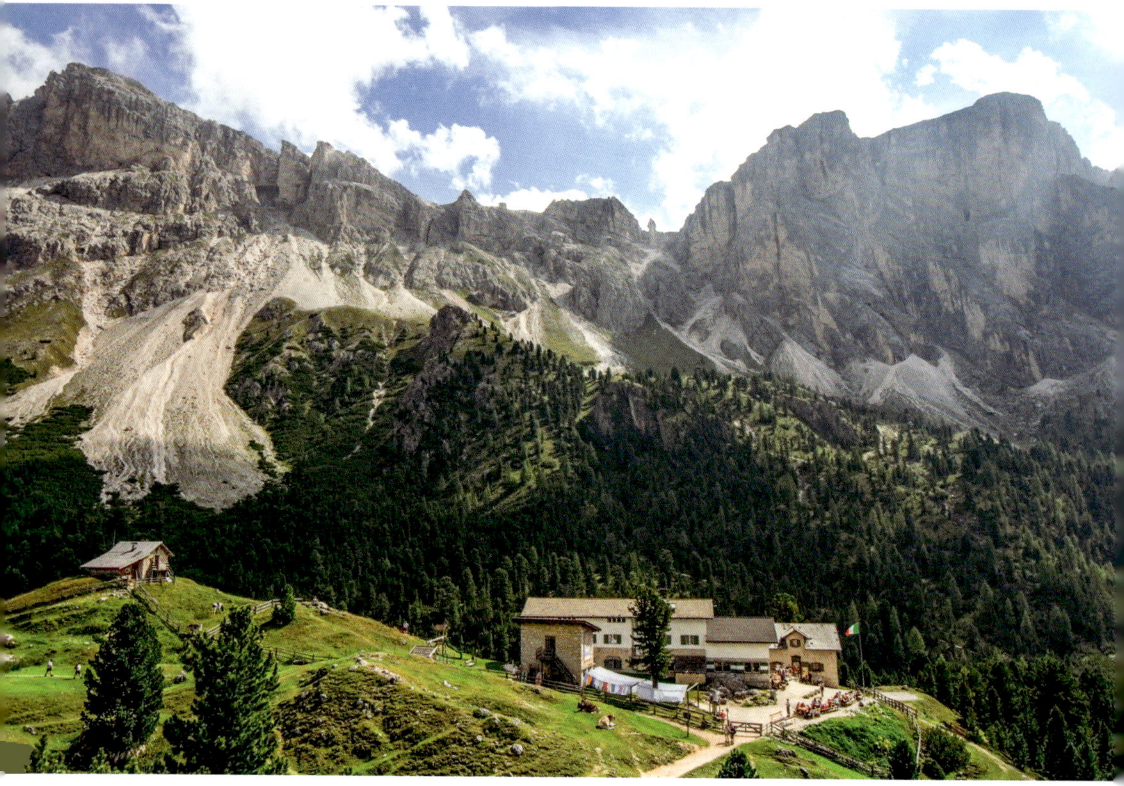

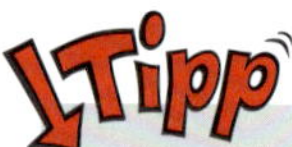

Man kann von Anfang an den Lift benutzen und die wunderbare Gegend zu Füßen der Geislergruppe erwandern. Besonders lohnenswert ist der Weg zum Bergsee Lech da Iman (2225 m) und zur Hochalm Pieralongia (2297 m). Alle Ziele sind mit dem Kinderwagen erreichbar.

Im Naturpark zwischen Geisler und Stevia

Vom Parkplatz aus gehen wir die geteerte Straße entlang, welche in eine Forststraße übergeht. Dort können wir den Markierungen eines Waldweges oder aber auch der Straße folgen (rechts halten). Nach einer guten halben Stunde können wir etwas verschnaufen und uns am Panorama erfreuen. Der Weg wird gemütlicher und flacher. Die Sangon-Alm und die Juac-Hütte lassen wir links bzw. rechts hinter uns und folgen der Forststraße. Unsere Wanderung ist umrahmt von den steilen Fluchten der Stevia-Hochfläche (rechts) und den markanten Gipfeln der Geislergruppe. Hinter uns erhebt sich das mächtige Langkofelmassiv, und wir können

die berühmte Seiser Alm erkennen. Noch einmal gilt es, eine Steigung zu überwinden, dann sind wir nach ca. eineinhalb Stunden am Ziel unserer Wanderung, der Regensburger Hütte (2037 m).
Für den Abstieg nehmen wir entweder denselben Weg wie für den Aufstieg oder aber wir benützen den Col-Raiser-Lift, dessen Bergstation (2107 m) in ungefähr einer halben Stunde von der Regensburger Hütte gemütlich erreicht werden kann.

Einkehrmöglichkeiten: Sangon-Alm (1850 m), Juac-Hütte (1903 m), Regensburger Hütte, Col-Raiser-Hütte (2107 m)
Sehenswertes in der Umgebung: Grödner Kunstausstellung UNIKA (www.unika.org), die alten Mühlen von Pufels (Infos über Führungen Tourismusverein Gröden), die größte sphärische Äquatorial-Sonnenuhr auf dem Monte Pana

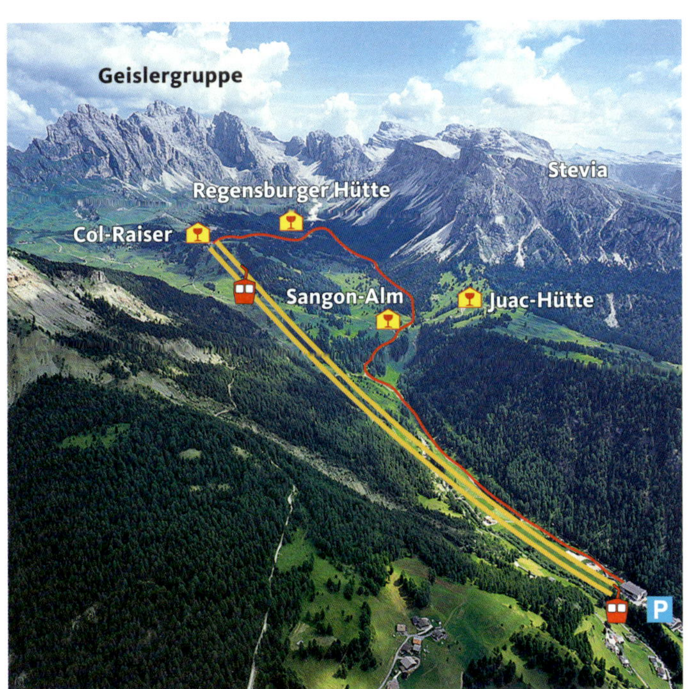

Anfahrt
ins Grödner Tal bis nach St. Christina, dort zum Col-Raiser-Lift (1551 m)

Ausgangspunkt
St. Christina, Gröden

Parkplatz
entweder beim Lift (gebührenpflichtig) oder noch etwas weiter bei einem Wasserwerk

Höhenunterschied
ca. 450 m

Wegbeschaffenheit
steile, nicht geteerte Forststraße

Gesamtgehzeit
2 ½ bis 3 Stunden

Jahreszeit
Sommer und Herbst

Kinderwagen
alpintauglich, 3 oder 4 Räder

Informationen
Tourismusverein St. Christina
www.valgardena.it

Schwierigkeit

59 VON ZANS ZUR GAMPENALM

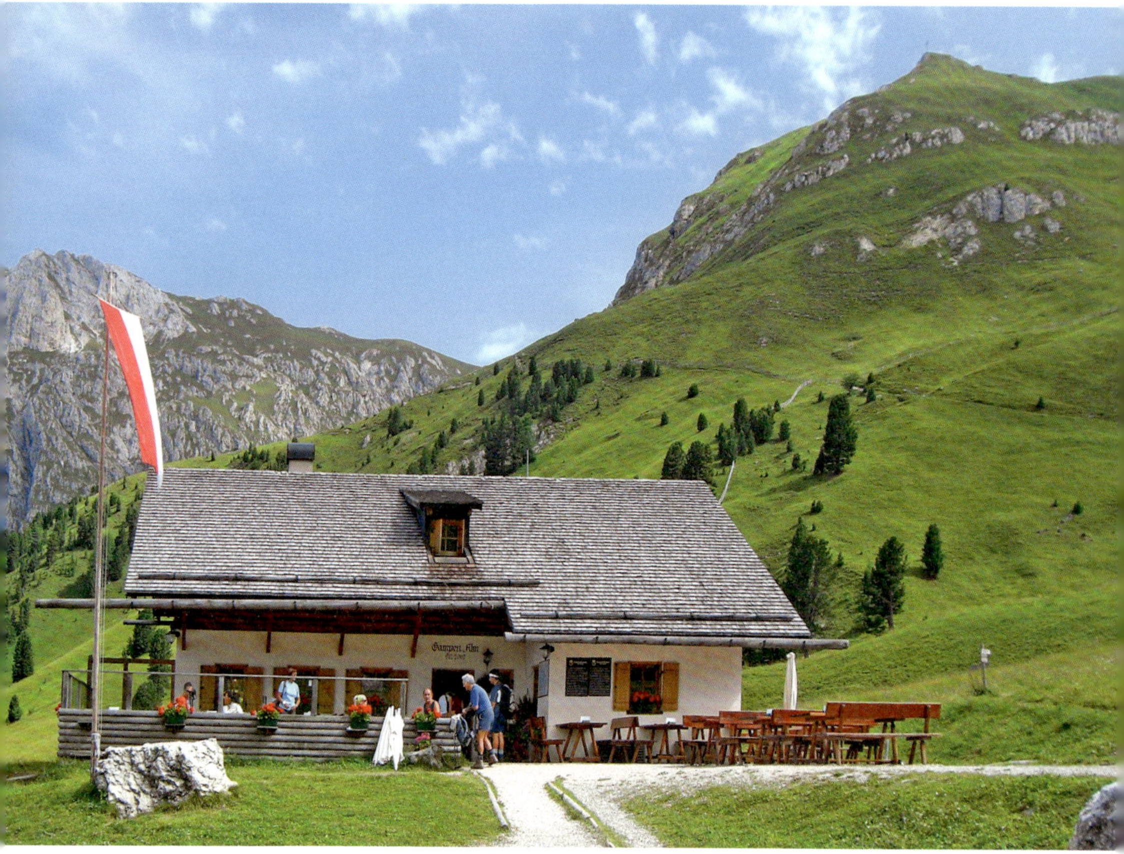

Rundwanderung im Puez-Geisler-Gebiet

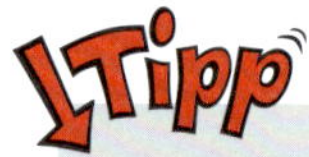

Wanderung zur Schlüterhütte (2297 m); auch mit Kinderwagen möglich und Besteigung des Zendleser Kofel (2422 m).

Vom Parkplatz wählen wir rechts den Weg Nr. 33, welcher uns an der Zanser Alm (1665 m) vorbeiführt. Der Weg führt anfangs steil durch einen wunderschönen Wald. Vor uns erheben sich die mächtigen Gipfel der Geislergruppe (Sass Rigais, Furchetta), welche wir aber bald schon rechts hinter uns lassen. Oberhalb unseres Weges verläuft der von der Seceda bzw. Brogleshütte kommende und bekannte Adolf-Munkel-Weg. Nach erreichter Höhe wandern wir mit den Geislern im Rücken weiter (Weg Nr. 35) bis

zur Gampenalm (2062 m). Hier halten wir Rast und können etwas Geschichtsluft in der nahen Kapelle, welche voll von Bildern vergangener Zeiten ist, schnuppern.
Für den Abstieg bieten sich zwei Möglichkeiten: Entweder auf demselben Weg zurück oder aber steil und anstrengend über den lohnenden Weg Nr. 32–33 zum Kaserill-Bach. Von dort führt der Weg Nr. 33 angenehm und unschwer zum Wildgehege und weiter zum Ausgangspunkt zurück.

Einkehrmöglichkeiten: Parkplatz Zans, Zanser Alm, Gampenalm, Schlüterhütte
Sehenswertes in der Umgebung: Mineralienmuseum in Villnöß (www.mineralienmuseum-teis.it), die Filialkirche von St. Valentin, die Kirche zur hl. Magdalena

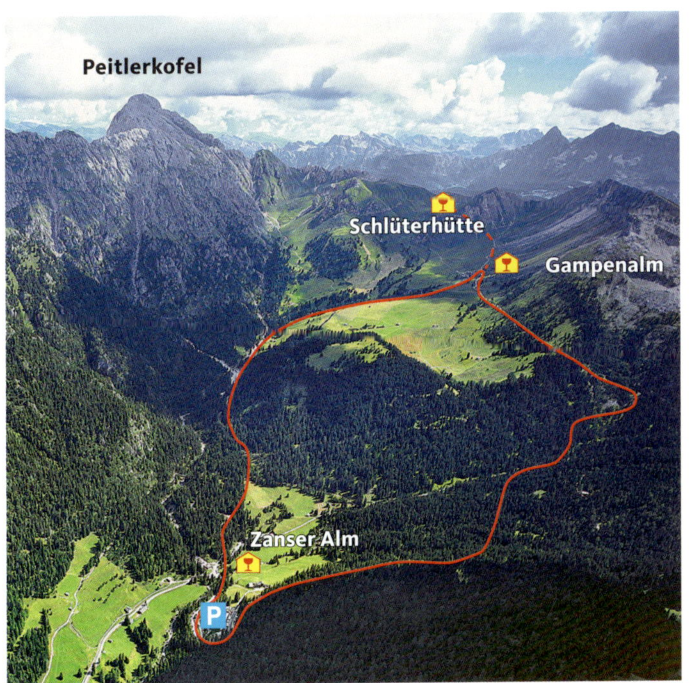

Anfahrt
über das Eisacktal ins Villnößtal bis zur Zanser Alm

Ausgangspunkt
Zans am Ende des Villnößtals

Parkplatz
Zans, gebührenpflichtig

Höhenunterschied
ca. 400 m

Wegbeschaffenheit
ungeteerte Forststraße

Gesamtgehzeit
ca. 3 ½ Stunden

Jahreszeit
Sommer und Herbst

Kinderwagen
alpintauglich, 3 oder 4 Räder

Informationen
Tourismusverein Villnöß
www.villnoess.com

Schwierigkeit

60 DER DOLOMITEN-SAGEN-WEG

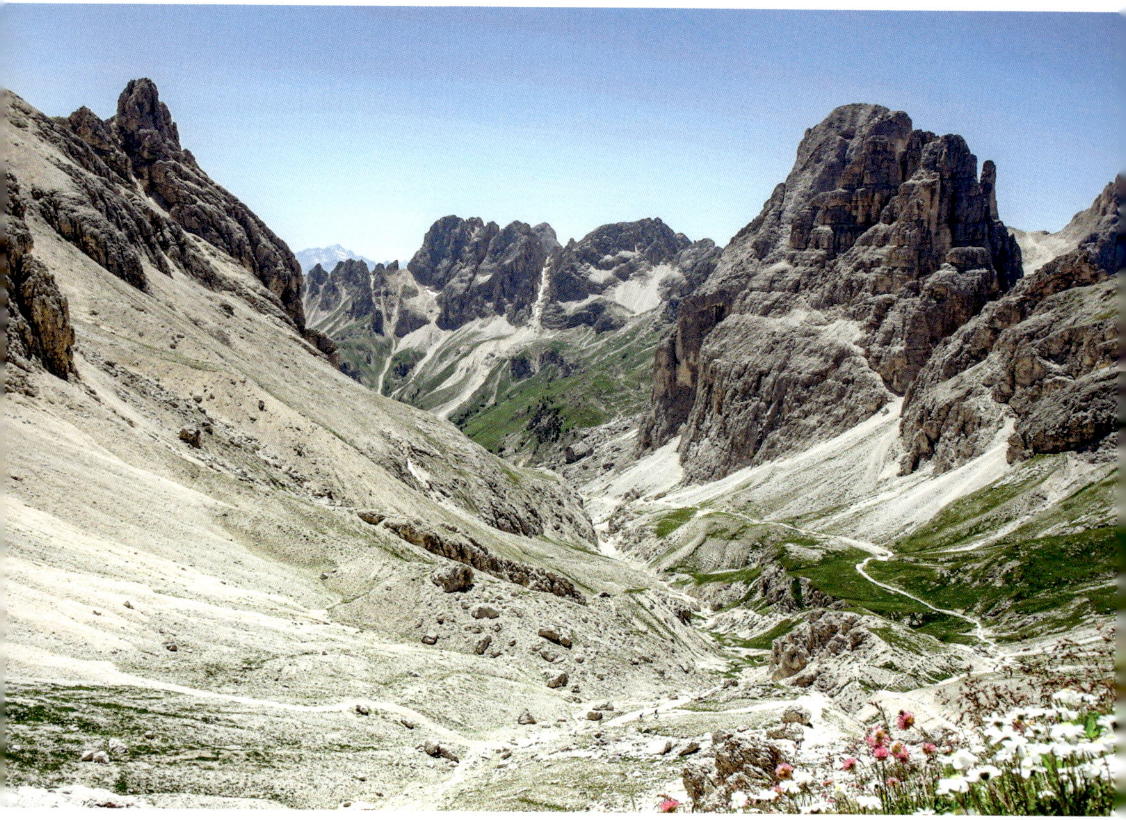

Eintauchen in die magische Welt des sagenhaften Zwergenkönigs Laurin

Es handelt sich hier um eine einfache Wanderung im Vajolettal, die gut mit dem Kinderwagen zu bewältigen ist.

Die Bergfahrt mit der Seilbahn führt auf die Hochfläche von Ciampedìe (2000 m Höhe), die einen einzigartigen Ausblick auf die Gipfel der Dolomiten bietet. Links vom Kinderpark steigt man relativ steil ab zum Pian Pecei. (Für ganz Bequeme: Man kann auch mit dem Sessellift hinunterschweben, der Fahrpreis ist in der Seilbahnkarte eingeschlossen.) Nun folgt man dem

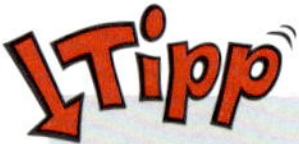

Wenn man ganz genau aufpasst, kann man auf dieser Wanderung gut Murmeltiere sehen und beobachten!

„Sentiero delle leggende“ (Sagenweg) in sanfter Steigung hinein ins Vajolettal, entlang des Weges werden auf Schautafeln einige der Dolomitensagen erzählt. Im weiten Kessel von Gardeccia bieten mehrere Schutzhütten Rast und Einkehr. Für den Rückweg wählt man Markierung 540, den „Sentiero della foresta“ (Waldweg), der sich mit der Natur im Hochgebirge befasst. Fast eben gelangt man so zur Bergstation der Seilbahn von Vigo di Fassa zurück.

Einkehrmöglichkeiten: Gardeccia-Hütte, Rifugio Stella Alpina Spiz Piaz, Rifugio Negritella, Rifugio Ciampedie, Rifugio Baita Checco, Rifugio Baita La Zondra, Rifugio Bellavista

Sehenswertes in der Umgebung: Karersee, Museum Ladino di Fassa, Pieve di S. Giuliana in Vigo di Fassa

Anfahrt
Eggental, Karerpass, Vigo di Fassa

Ausgangspunkt
Talstation Seilbahn Vigo di Fassa

Höhenunterschied
ca. 150 m im Auf- und Abstieg

Gesamtgehzeit
gut 2 Stunden

Kinderwagen
alpintauglich

Schwierigkeit

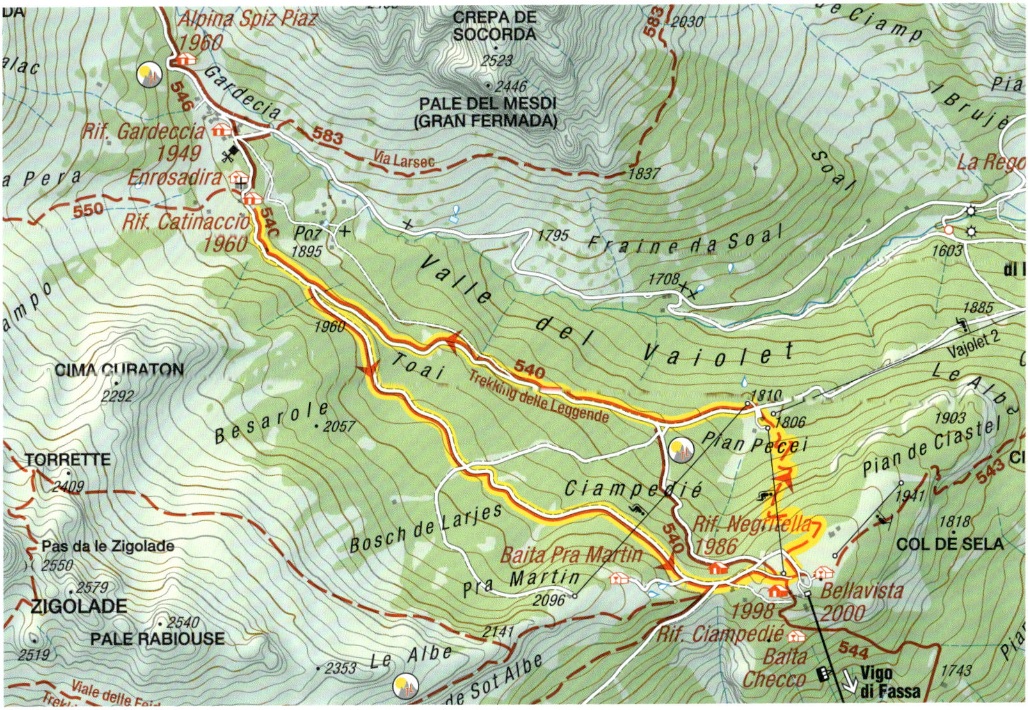

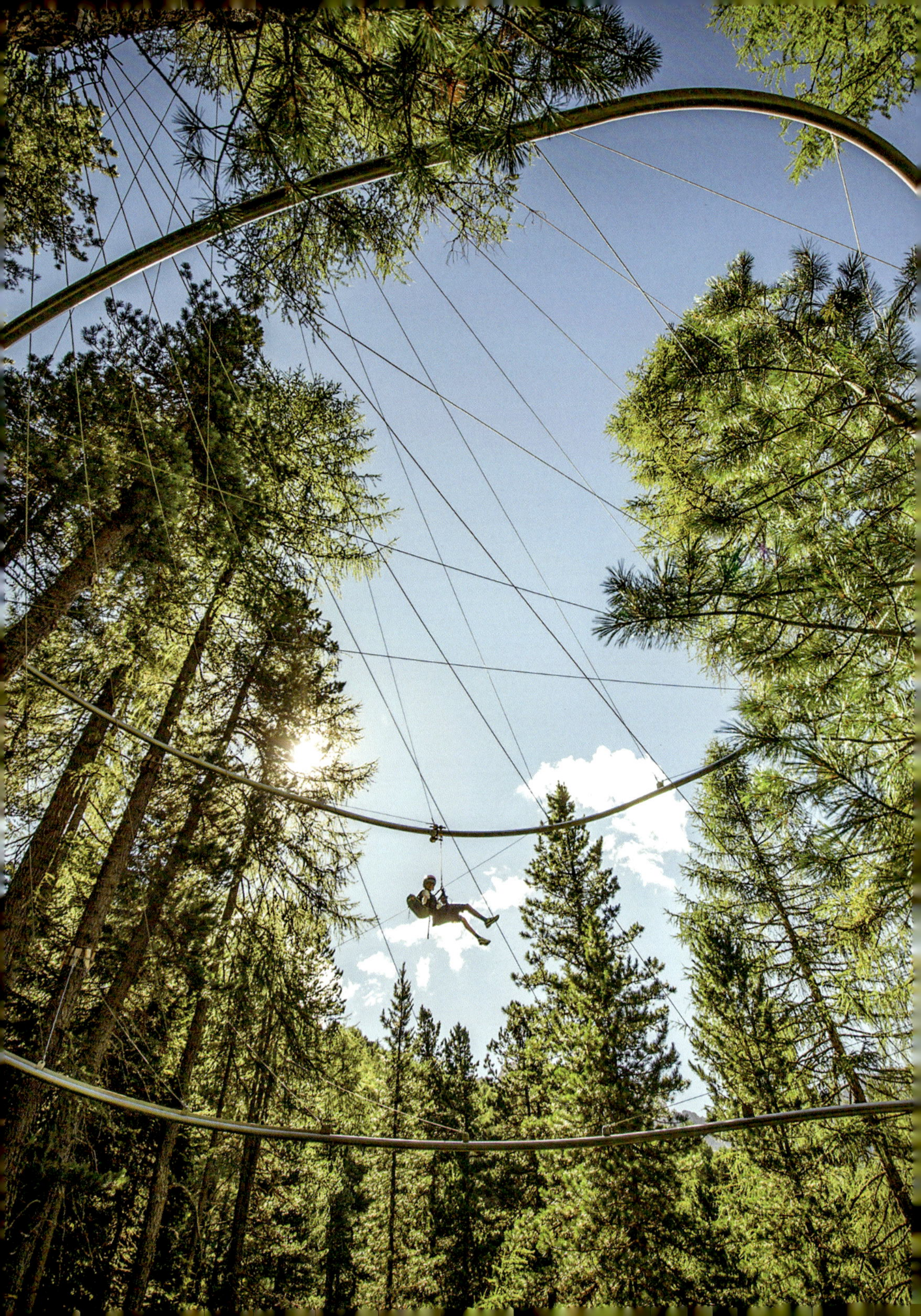

FLY-LINE CATINACCIO/ROSENGARTEN

Im Flug durch König Laurins Wälder

An der Fly-Line gleiten Sie in luftiger Höhe durch den Wald. Die Anlage besteht aus an Bäumen verankerten Stahlseilen und wurde ohne Bauwerke schonend in die Bergwelt integriert: Dank besonderer Schutzvorrichtungen aus Holz werden die Bäume nicht beschädigt und können langfristig uneingeschränkt wachsen.
Bei der Abfahrt hängen die Fluggäste in einem bequemen Sitzgurt, der sicher an einem Rollensystem mit Geschwindigkeitsbegrenzung befestigt ist.
Abenteuerlustige jeder Altersklasse von 20 bis 120 kg dürfen sich auf ein unvergessliches Erlebnis freuen: Die sechsminütige Fahrt durch den Wald beschert atemberaubende Ausblicke auf Rosengarten, Vajolet-Türme und Larsech.

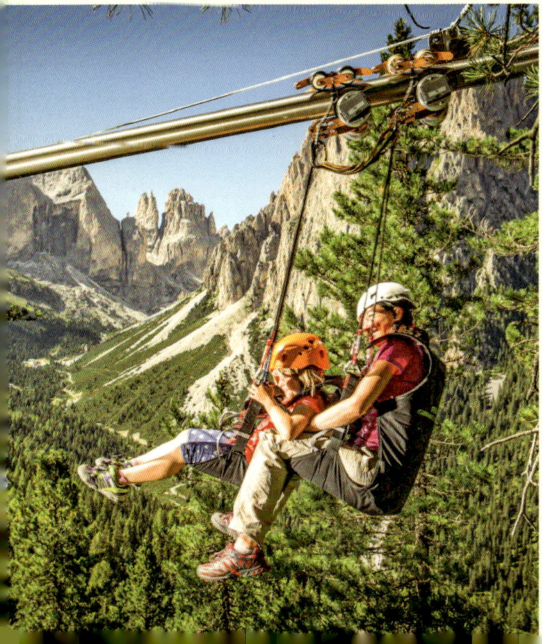

Die 1100 m lange Strecke führt von der Bergstation auf 2000 m Meereshöhe in der Nähe der Ciampedie-Hütte hinunter nach Pian Pecei auf 1800 m. Von hier aus kann man bequem mit dem Sessellift wieder nach Ciampedie hochfahren oder auf einem der vielen Wanderwege einen Ausflug am Rosengarten unternehmen.
Die Fly-Line Catinaccio/Rosengarten ist nicht nur die einzige Attraktion ihrer Art im Trentino, sondern die längste Italiens und sucht weltweit ihresgleichen!

Anfahrt:

- Von Vigo di Fassa aus mit der Seilbahn Vigo-Ciampedie. Der Startpunkt der Fly-Line ist 200 m von der Bergstation entfernt.
- Von Pera di Fassa aus mit den Liftanlagen Vajolet 1 + Vajolet 2 + Pian Pecei-Ciampedie. Der Startpunkt der Fly-Line befindet sich an der Bergstation der dritten Liftanlage.
- Keine Anfahrt mit PKW möglich.
- Von Vigo di Fassa zu Fuß auf Weg Nr. 544, 600 Höhenmeter.

Catinaccio Impianti a Fune
Strada de Col de Mè 10
I-38036 Vigo di Fassa/
S. Giovanni di Fassa (TN)
T +39 0462 763242
info@catinacciodolomiti.it
www.catinacciodolomiti.it

Öffnungszeiten:
von Juni bis September

BILDNACHWEIS

Athesia-Tappeiner Verlag, Airphoto Tappeiner/Georg Tappeiner, babyTrekking.it, Oswald Breitenberger, Alex Filz, Geomarketing Alpentesitin, Tamara Gruber, Thomas Grüner, IDM/Manuel Kottersteger, Archiv Familienhotels Südtirol, Andi Kern, Christjan Ladurner, Marzoner Alm, www.muehlerhof.com, Hanspaul Menara, Thomas Plattner, Julia Schwärzer, Michael Schwarzer, Marlen Schwienbacher, Teresa Schwienbacher, Magdalena Staffler, stockadobe.com, Bernhard Thaler, Tourismusverein Ultental/Proveis, Marlene Weithaler, Christian Weber, Norbert Zöschg sowie Bilder aus dem Privatbesitz der Inserenten.

6., überarbeitete Auflage 2022

Texte: Leo Brugger, Marlene Weithaler, Thomas Plattner
Umschlaggestaltung: FAVORITBUERO, München
Design & Layout: Athesia-Tappeiner Verlag
Kartografie: geomarketing, www.geo-marketing.eu
Druck: Athesia Druck, Bozen
Papier: Umschlag Symbol Card, Innenteil Natural Extra White

Gesamtkatalog unter
www.athesia-tappeiner.com

Fragen und Hinweise bitte an
buchverlag@athesia.it

ISBN 978-88-7073-991-6

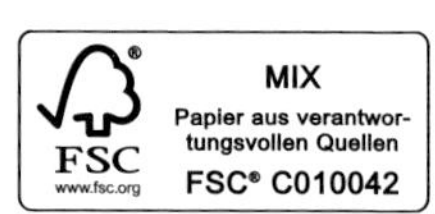

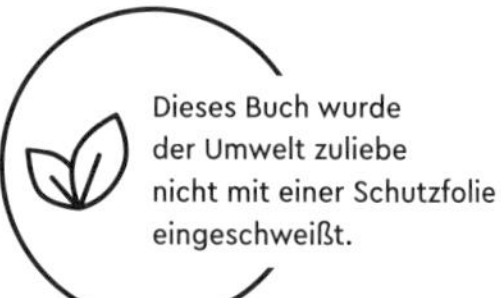

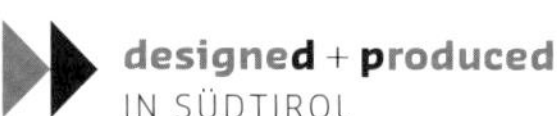